THE WILD PLACES

野性之境

羅伯特・麥克法倫 Robert Macfarlane —— 著 Nakao Eki Pacidal —— 譯

獻給我的雙親，
以及羅傑·狄肯（一九四三—二〇〇六）

「我只是想出去走走，最終卻在外面待到日落。
我發現，出外，實際上是入內。」

約翰．繆爾

向死而生

洪廣冀（臺灣大學地理環境資源學系）

《野性之境》爲劍橋大學英語系教授、當代著名的自然寫作者麥克法倫的第二本書，連同《心向群山》（2003）與《故道》（2012），構成其膾炙人口的「地景與人心」三部曲。出生於一九七六年的麥克法倫，在出版《心向群山》時，不過二十七歲；當三部曲完成時，他已經三十六歲。這三部曲爲他贏得英國各大文學與學術獎項，包括Philip Leverhulme Prize（研究成果深獲國際肯定）、Samuel Johnson Prize（英國年度最佳非虛構文學獎）。在完成《故道》後，麥克法倫於二〇一九年又出版《大地之下》。感謝大家出版與譯者林建興及Nakao Eki Pacidal，中文世界的讀者非常幸福，能夠擁有麥克法倫前述四本著作的譯本。作爲一個地理思想史的研究者，當我打開麥克法倫的著作時，心中滿是感動。依我看來，這位自然寫作者體現了當代地理學已幾近遺忘的傳統：浪漫地理學。

不尋常的地理學

什麼是浪漫地理學？以家、地方等概念揚名學界的地理學者段義孚，在退休後，曾撰寫一本小書，書名就叫做「浪漫地理學」（romantic geography），副標爲「探尋崇高卓越的景觀」（in search of the sublime landscape），於二〇一四年出版（中文版由立緒出版）。開宗明義，段義孚寫道：「將『浪漫』和『地理學』結合，可能看似用詞矛盾，因爲現今很少有人認爲地理學是浪漫的。地理學務實、充滿常識，爲生存之必需，是的——但有何浪漫可言？」

事實上，段義孚指出，「不僅是由於地理學科的盲點，才造成了地理學家的想像和工作中所缺失之物，這反映了二十世紀後半葉的一種反浪漫主義情緒。」就他而言，諸如環境主義、生態學、可持續性（sustainability）和生存等琅琅上口的概念，都是這股「反浪漫主義情緒」的產物。爲何如此？他的回答是：因爲這些概念「都力圖使地球成爲一個穩定的、可居住的家」，屬於一種「家政學」（home economics）。他承認，「家政學對於人類的安居樂業既用處多多，又不可或缺，但是這類研究無法使人激情澎湃，精神振奮，這不是浪漫主義式的學問。」（頁13）在該書前言，他又自承，原本他是想跟著艾可（Umberto Eco）的腳步，撰寫關於「醜惡」的歷史，但他承認他辦不到。他說這有違他的「天性」：「我生來不喜歡關注生活的陰暗面」，浪漫地理學是「關於對明亮的熱忱，卻也不乏陰暗的深淵」。（頁8）

在後續篇幅，段義孚先介紹「兩極化的價值觀念」，再帶入地球及其自然環境、城市與人類等主題。就他而言，浪漫地理學之所以浪漫，且讓人「激情澎湃」，關鍵就在於普遍存在於各種文化中的二元對立，如黑暗與光明、混亂與形式、低與高等。他指出，「這些觀念不僅界定人類尋常生活中可以接受的底線」，同時「暗示能夠超越尋常的可能性」。他強調，目前我們熟知的地理學，也就是尋常的地理學，旨在處理「尋常」，探討尋常如何超越者則為浪漫地理學（頁16-17）。

在尾聲中，段義孚又回到了「家政學」。他強調，「『家政學』會使思想被官僚性框架所困，使學術性地理學系變成搜集和分析社會經濟資料的辦公室，使地理學家變成贊成或是反對當今意識形態的權威人士。」那麼，地理學該何去何從？這位退休的地理學者指出，「務實管理是必要的，但是需要用浪漫主義的、出類拔萃的洞察力加以補充」，「一種昇華的意念，深深地融入某種東西，彷彿正棲居於落日的餘暉」，又或者說是「天籟之音」（music of spheres）（頁206-207）。

浪漫地理學

回到麥克法倫的三部曲，特別是各位手上這本《野性之境》。這位劍橋大學教授的文字無疑地讓人熱情澎湃，讓人直想背起背包，跟著麥可法倫，走入群山、荒野與古道，探尋那些「不尋常」的地理學。且看《野性之境》中的這段話：

道路地圖集很容易讓我們忘記真實地形，那超過五千座島嶼、五百座山岳、三百條河流，那稱為英格蘭、愛爾蘭、蘇格蘭與威爾斯的國度。早在轉變為政治、文化和經濟實體之前，土地本是石頭、樹木與流水之地，道路地圖卻否認這一點。（頁26）

他接著說，爲了探尋那些被道路地圖抹去、排除或以圖標輕易代言的森林、沼澤、洞窟與溼地，他展開一系列旅行。他認爲，這些未被當代地圖涵蓋的地點即是「荒野」（wilderness）。他考察「wilderness」的語源學，認爲此詞彙包含兩大含義：「自有主見之地，依照自身法則紀律行事」，以及「神奇、多樣、豐沛的領域」（頁44）。對他而言，麥可法倫表示：「我始終熱愛荒野，心中總強烈渴望荒野，卻說不上這始自何時。『野』這個字從小在我心裡喚起空間寬廣的形象，偏遠且單調。大西洋沿岸島嶼形單影隻，森林無邊無際，藍色雪光落上狼爪留痕的雪堆。山峰因霜凍破碎，冰斗坐擁深湖。」（頁22－23）

麥克法倫也注意到，包括當代最重要的地理學家，人們不時宣稱「荒野已死」；他引述美國作家摩恩（William Least-Heat Moon）之語：「不列顛是『玩具王國的整潔花園，荒野幾乎蕩然無存，對荒野的記憶也付之闕如』。」（頁24）即便如此，麥克法倫表示「我不相信也不願意相信野地已死。這說法言之過早，甚至很危險，就像哀悼未逝之人，暗示著過早承認無助，或不合宜地渴求結局」（頁26-27）。於是，他把流行的道路地圖放在一邊，前往「不列顛極北或極西，位於蘇格蘭或威爾斯的高地或偏遠海岸」。他「與道路地圖唱反調」，自製「散文地圖」，「重現不列顛群島僅存的一些荒野，或者記錄荒野於永久消逝之先。我希望這地圖不連結城鎮、旅館與機場，而連結岬角、斷崖、海灘、山巔、突巖、森林、河口與瀑布。」（頁32）

地景與人心

不過，仔細推敲，麥克法倫的浪漫地理學還是不同於段義孚的浪漫地理學。關鍵在於，與其說他關心的是「浪漫地理學」，倒不如說是「浪漫的地理學」，以英文表達為「geography of romanticism」。我的意思是，相較於段義孚，麥克法倫不打算勾勒一個不同於尋常地理學的地理學，並以「浪漫」為此類地理學的形容詞；他想要回答的是，那種浪漫的情緒是從何而來，又是從那裡來。

例如，在《心向群山》中，他想要回答的問題之一是，為何高山讓人魂牽夢縈，不僅衣帶漸寬終不悔，甚至還以身相殉。不同於段義孚，對麥克法倫來說，這種迷戀並非來自文化中二元對立的概念，而是「地景與人心」的反覆對話。這裡有必要釐清麥克法倫所稱的地景（landscape）。當文化地理學者不時強調地景爲文化的投射，是人類社會的建構，麥克法倫在意的是高山、湖泊、沼澤、草原的「物質性」。人類窮盡各種詞彙，仍難以形容這些「地質事件」的龐大、堅硬、柔軟、執拗、險峻、深邃、荒涼、孤寂、異質、繽紛於萬一。在《心向群山》中，麥克法倫寫道：

我們如今所稱的「山」，實際上是自然的型態加上人類的想像所合力構成——是一座心目中的山，而且人對山的所作所為與岩石和冰那樣實際的物體沒有多大的關係，甚至沒有關係。山只是地質的偶發事件，山不存心殺人，也不存心討好人。山所具有的任何情感屬性都是人類的想像力所賦予。（頁41）

他強調，不管人們如何訴說，山就在那兒，拒絕回應，但卻「激發了我們的驚奇感受」。麥克法倫認爲，「高山眞正的恩賜並不是提供一道挑戰或一項競賽，靜待人類來克服或掌控（固然有許多人是以這種態度去登山），而是提供某種更溫和且極其強大的體驗，使我們心悅誠服地讚嘆造物之奇。」（頁364）

在《野性之境》，麥克法倫俯身在一處岩溝，見識到「另一種野性」：「植被繁盛、生機勃勃、紊亂無序又充滿活力」。他表示，他一度以爲，追尋荒野就是要走出人類的歷史，「與岩石、高海拔和冰凍的災禍密不可分」（頁179）。但實際上，他指出，荒野往往存在於邊緣地帶，因爲土地遭到破壞，「自然被擠壓到地域邊緣近乎滅絕」。問題是，他指出，那些在邊緣滋生出來的「荒野」，正證明其「任性」——「不可抑制，且有復甦的本能」。就他而言，荒野實際上與人類世界「交織」，「而非畸零角落支離破碎的存在，如國家公園或遙遠的半島與山峰。」當我們以這樣的見解重新看待荒野，麥克法倫認爲，我們才能「終結文化與自然的對立，花園與荒野的對立，最終認識到我們在這兩者中都能自在」（頁226）。

走過千山萬水，乃至於探索那些與人類社會交織的荒野後，在《故道》中，麥克法倫完整地提出他對地景與人心的看法：

長久以來，我著迷於人之利用地景以認識自己，著迷於我們內在的自我地誌，也著迷於這些我們所創造、賴以航行於內心地帶的地圖。我們以取自地方的隱喻來思考，有時候這些隱喻不僅為我們的思想增色，也主動地產生思想。（頁42）

他表示，「地景映入我們內在，並非像防波堤或半島那樣有其盡頭且受限於體積和所及範圍，而是像一種陽光，搖曳閃爍，不可量測，時時加速，往往散發靈光。」

對「尋常的」地理學者而言，麥克法倫的下一句話可說是種挑釁：「我們很善於大聊自己如何創造地方，卻不太善於討論自己如何爲地方所塑造。」（頁42-43）若從當代人文社會科學的理路，麥克法倫的見解爲「新物質主義」，主張物本身就活蹦亂跳（vibrant），內蘊生機（vitality）。以托馬斯（Edward Thomas）爲例，麥克法倫清楚地點出新物質主義的核心關懷：「自然和地景頻頻以此種方式影響托馬斯，樹木、飛鳥、岩石和道徑不再只是被思考的對象，卻轉變成生動的、歡快的存在。」（頁406）

向死……

除了地景與人心外，在三部曲中，還有另一個較爲幽微且低吟的基調：死與生。在麥可法倫筆下，相較於生氣勃勃的物，人的肉身是短暫、易朽且無可避免地朝向死亡。「地景三部曲」歌頌萬物之生，同時也在緬懷萬衆之死，如同三部輓歌。

在《心向群山》，麥克法倫回憶，在十二歲的時候，他讀到《攻向聖母峰》（*The Flight for Everest*）。該書記述一九二四年英國人遠征聖母峰的故事，高潮是登山家馬洛里（George Mallory）與厄凡（Andrew Irvine）於攀登聖母峰過程中失蹤。在該書倒數第二章，運用大量的書信，麥克法倫重建了馬洛里失蹤前的心境。他告訴我們，馬洛里曾致信他的愛妻茹絲：「最親愛的，我時時刻刻想要妳在我身邊，跟我一同享受，靜靜聊些事件、人物。我還想把妳擁入懷中，親吻妳可愛的棕髮……但願世上有辦法能讓妳離我更近。」一九九九年，也就是馬洛里失蹤的七十五年後，搜索隊在海拔八千二百公尺左右的山坡上，發現了這位登山家的屍體。麥克法倫已如下段落形容屍體的狀況：

> **經過幾十年的風霜，馬洛里的衣服已經扯裂開來，他衣衫襤褸地躺著。但是酷寒保存了他的屍體。肌肉在漂成白色的皮膚下鼓起，讓他的背部依舊起伏有致。在那樣的高處，他的屍體沒有腐爛，而是石化了——他的肉身看起來就像石頭。**（頁357）

麥克法倫告訴我們，得知馬洛里失蹤的茹絲，絕望地寫信給朋友：「但願這不曾發生，一切大可不必這樣……」（頁357）麥克法倫回憶，當他年輕時，他反覆讀著馬洛里與厄凡殉山的段落，期待自己是當中一個——因爲，馬洛里「已經融入了讓他付出生命代價的高山崇拜，成爲其中的強大新元素……在他身後，馬洛里把讓他喪命的那種情感化爲不朽——他使人類心中的群山變得更加巍偉壯麗」（頁359）。

《野性之境》則悼念著摯友羅傑．狄肯（1943-2006）之死。說他與羅傑是「基於對荒野的共同熱愛而結識。那時我已經寫了一本關於山的書，他則寫河流與湖泊。他的年紀是我的兩倍，但我們很快就成爲忘年好友」（頁28）。然而，在兩人持續朝荒野行去的途中，羅傑罹患癌症，從無法如常寫作，至失去胃口，再到說話含混不清，產生幻覺，長期昏迷，在生命的終點，骨瘦如柴，甚至無法從椅子上起身。羅傑的逝去讓麥克法倫心碎。他寫道，他無法擺脫「那近乎抑鬱的悲傷」；他一直忘了羅傑已經死去，「總想著等下可以打電話問他一些事情，或者打電話說要去看他」（頁264）。他以如下段落紀念羅傑：

他（羅傑）曾在筆記本上寫道：「我希望所有朋友都像野草一樣出現，而我自己也想成為野草，自發且無法遏制。我不想要那種必須培養的友誼。」這正中要點。自發，無法遏制。羅傑熱愛荒野，也一身野性，不是我曾經以為的那種嚴峻的、試煉的荒野，而是自然、充滿活力，就像一棵樹，像一條河。（頁264-265）

《故道》則環繞在英國散文家、詩人、軍人、歌者托馬斯之死。托馬斯於一八七八年生於倫敦，在三十六歲那年開始寫詩。患有憂鬱症的托馬斯，仰賴步行來治療。他走過數千公里的古道，留下上百首的詩，「改變了詩的走向」，吸引了無數人踏上他走過的路徑（頁40）。一九一七年復活節次日，從軍的托馬斯，在阿拉斯戰死，得年三十九歲。他曾寫信給愛妻海倫：「最親愛的：睡前，我在掩蔽壕內用我的手提箱當桌子寫信給妳……昨夜我睡得很好，而現在有陽光有煦風。我們還要熬過這漫長的一日。」麥克法倫寫道：

托馬斯走出防空壕，靠在門上，想要點起他的陶菸斗。白雪和紅日，一道瘦稜綿延達數公里長。他才剛填充一點菸絲，正在此時，一枚德軍砲彈落在他附近，砲彈飛過造成的真空使他重重摔倒在地。（頁423）

托馬斯的身上沒有傷口，陶菸斗沒有破損。飛馳的砲彈讓空氣「乍然消失」，他的心臟於是停止跳動（頁423）。托馬斯的遺物包含一張紙條，上頭有三行以鉛筆寫下的詩：

那裡每道轉彎可能都通往天堂
抑或每個角落都可能藏著地獄

道路閃亮，像雨後的水漫溢山丘……而生

對麥克法倫而言，以身相殉是種浪漫，但不會是浪漫的全部。三部曲的尾聲都在處理死亡，但樂曲消逝後的低鳴則在重生與傳承。在《心向群山》與《野性之境》中，在分別悼念馬洛里與羅傑之死後，麥克法倫均安排了野兔出場。在《心向群山》中，他描寫與摯友攀登蘇格蘭花楸樹山（Beinn a’ Chaorainn）的過程。他說他站在山頂時，感到「全然且令人激動的孤獨」，直到一隻野兔進入他的視野：「我們在漫天飛雪中對峙了半分鐘，沉浸於暴風雪奇異的靜寂。我張著我結冰的小丑嘴巴，野兔展示茂密的白毛與晶亮的黑眼珠」（頁366-367）。在《野性之境》中，他則寫道：「兩隻野兔從我們上方岩石隱身處鑽出來，上坡飛奔而去。而且毛色是白的！牠們動作輕巧，彷彿小幽靈在岩石、藍莓和石楠間滑行，五秒後就消失了，我的心怦怦直跳。」（頁300-301）

野兔並未在《故道》的最後一章登場。在這允爲三部曲的最後一章中，麥克法倫帶我們來到利物浦北方的弗姆比角（Formby Point）的海岸線上，這裡保存了五千至七千年前的人類足跡。麥克法倫跟著一位男人的足跡，朝北行去。他說這是一種「共在

感」：「史前與現在相契合，乃至於無從分辨究竟是誰走入誰的足跡」（頁432－433）。「大地本身布滿了文字、語彙、篇章、歌謠、記號與故事」（頁434）。「我在那男子的最後一個腳印旁停步。那是五千年前的腳印，而我的道路也止於他停步的所在。我轉身望向自己來時的足跡。太陽再度透過雲層斜射而下，那些積滿水的腳印突然成了一面面鏡子，映著天空和顫動的雲朵，以及望向那水鏡中的任何人。」（頁435）

什麼是生？當過去被認爲是死氣沉沉的物被賦予了生機，什麼叫做「活著」？爲前兩部曲作結的野兔有其意義。麥可法倫表示，野兔是他的「圖騰動物」，當中他格外鍾情「雪兔」（snow hare, *Lepus timidus*）。雪兔是個古老的物種，廣泛見於更新世歐洲，但在冰河退卻時，雪兔則「逐冷而去」，不然就是被困在孤立的高地，如威爾斯、奔寧山脈，坎布里亞與蘇格蘭。麥可法倫寫道：「雪兔因冬毛而有著幽靈般的美麗，此外還有一種特殊的冷漠優雅。靜時沉著，動時優雅，這是雪兔的特點。看著雪兔在陡峭雪原上曲折奔跑，就能明白古埃及象形文字如何以波折水面上的野兔來表達是、存在、堅持等動名詞字義。」（頁299）對麥克法倫而言，野兔以及其他的野生動物「就像荒野」，「牠們與我們截然不同，毫不妥協地不同」：

牠們走的道路、引導牠們的本能衝動，都屬於另一種法則。海豹凝視良久，而後

栽入海中，甩動尾鰭闢出另一條水道，野兔疾奔、高鷹盤旋，這些都是野性。看到野生動物，我們就短暫意識到另有一個世界與我們並存，但存在的模式與目的都與我們迥異。（頁302）

生命的「野性」不是源自那些被國家公園或保護區限制的「荒野堡壘」，也不是什麼「偏遠、沒歷史、無標記的地方」。這是「自然生命的野性，生命存續的力量本身，活躍而混亂。這種野性非關粗暴，卻是繁茂、活力與樂趣」（頁32）。

就麥克法倫而言，從馬洛里到羅傑再到托馬斯，乃至於《故道》那位五千年前行走於弗姆比角的人，這些人至死都保有野性，如同野兔一般。他們的野性也成為地景的一部分，讓後續的人們持續往高山、荒野與故道走去。

目次

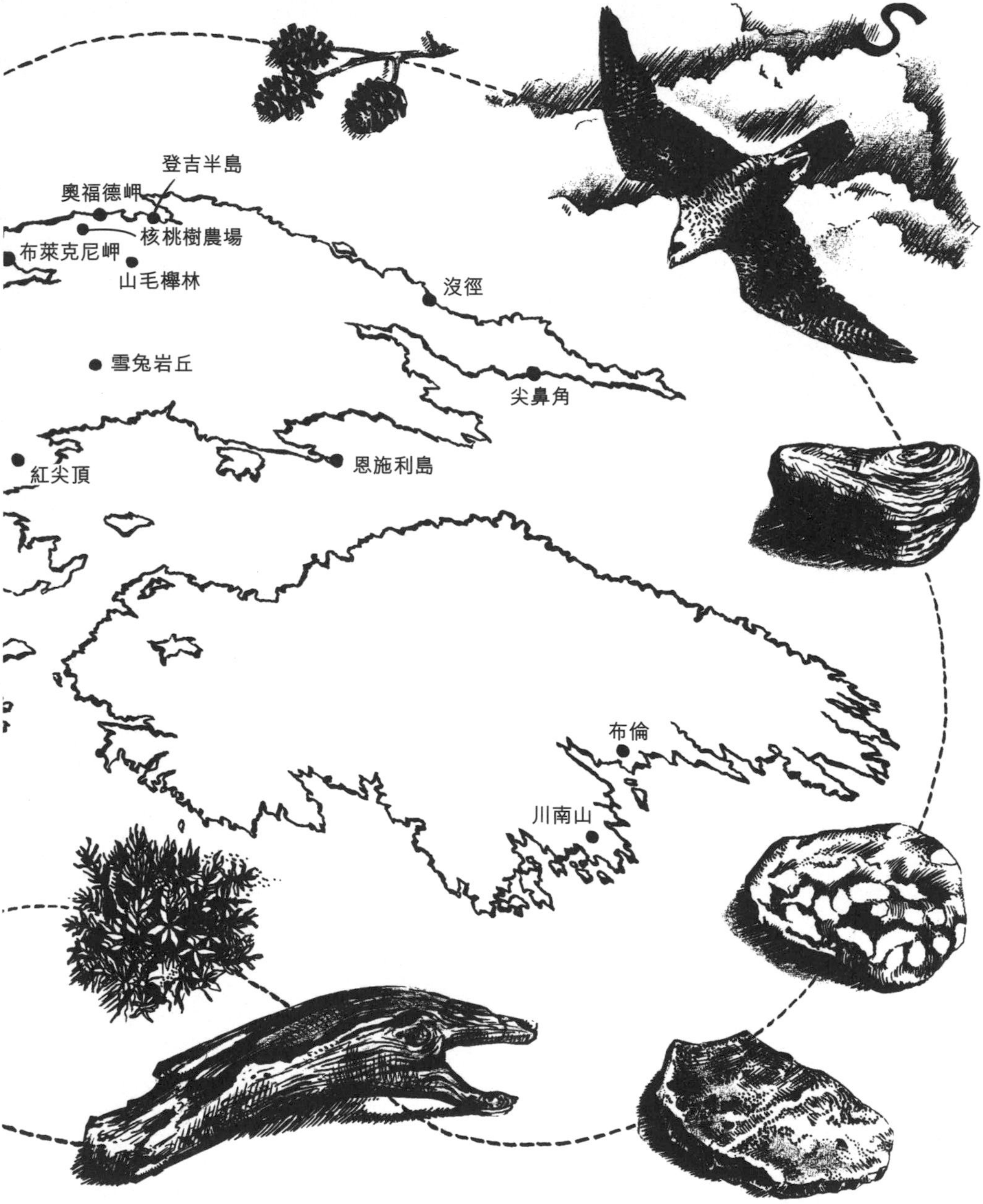

登吉半島
奧福德岬
核桃樹農場
布萊克尼岬
山毛櫸林
沒徑
雪兔岩丘
尖鼻角
紅尖頂
恩施利島
布倫
川南山

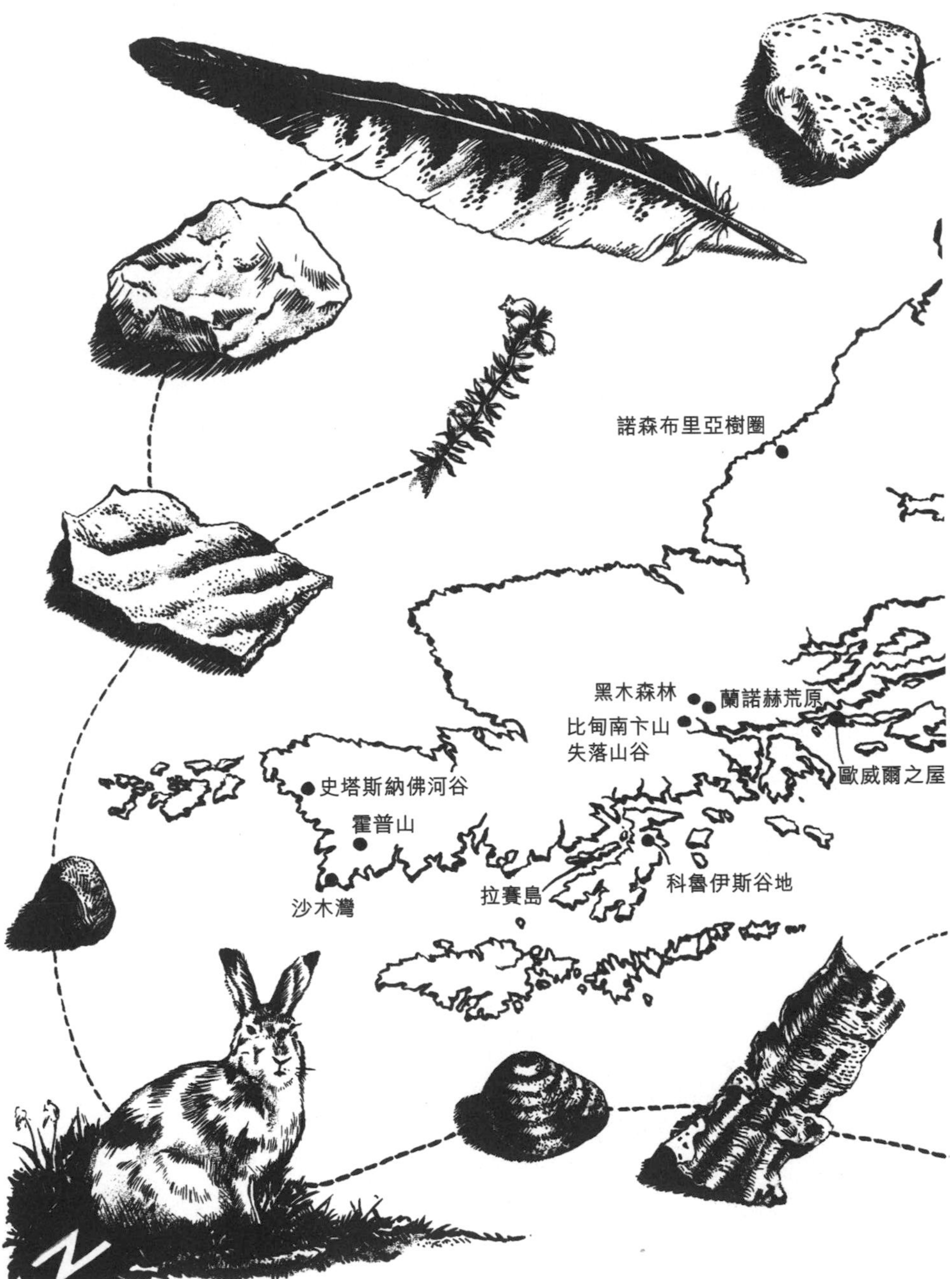
諾森布里亞樹圈
黑木森林
蘭諾赫荒原
比甸南卞山
失落山谷
歐威爾之屋
史塔斯納佛河谷
霍普山
沙木灣
拉賽島
科魯伊斯谷地

一、櫸林

起風了，於是我前往樹林。離我家不到兩公里，城市南邊有片無名櫸林，坐落淺丘頂端。我沿街步行到城市邊緣，穿過山楂與榛的樹籬，走上田邊小徑。

烏鴉在樹木上空嘲哳不休。天空明亮冷藍，邊緣逐漸淡成奶白。我聽得到五十公尺外風中樹響，還有柔和的海濤。葉子煩擾葉子，枝幹摩擦枝幹，聲響浩蕩龐雜。

我從南角進入樹林。碎屑搖落樹冠，是山毛櫸細枝和堅果，啪嗒落上紅銅色的落葉層。陽光歡然灑落林間地面。我走入樹林，沿北緣走了一半路程，來到我的樹前，一株高大的灰皮山毛櫸，枝條向外伸展，易於攀爬。

我爬過這棵樹許多次，熟知樹身特徵。靠近樹幹基部的樹皮皺起下垂，彷彿象腿皮膚。約三公尺高處有條枝幹猛然內縮，上方有個多年前的刀刻字母H，如今已隨樹木生長而脹大，更上方有枝幹斷裂後癒合形成的樹椿。

我爬到山毛櫸樹頂附近，約九公尺高處，這裡樹皮較爲平滑銀亮，有條分岔側枝，就在主幹一道彎曲下方，我把這裡叫做瞭望台。只要背靠樹幹，將雙腳放上樹幹分岔，就能坐得穩當舒服。如果我維持幾分鐘靜止不動，樹下經過的人可能根本不會注意到，畢竟大家想不到會有人坐在樹上。再維持不動更久一點的話，驚走的鳥也會回來，因爲鳥通常也想不到竟有人坐在樹上。落葉叢中烏鶇騷動，枝幹間鶺鴒呼嘯而過，快得彷彿靠念力瞬間移動。一度有隻灰鷦鴣自藏身處焦慮現身。

我在瞭望台上坐穩了。樹因我的體重和動作而搖晃，風又加劇這晃動。不久山毛櫸樹端就前後擺盪，咿呀作響，在空中畫出五或十度的圓弧。那天瞭望台不像瞭望台，更像洶湧海濤中船桅頂端的鴉巢。

從那高度看來，大地宛如地圖，在我下方展開。破碎林地散落各處，有些我叫得出名字，如梅格丘林（Mag's Hill Wood）、九泉林（Nine Wells Wood）、苦艾林（Wormwood）等。燈芯絨布料般的田野西側有一條車輛川流的幹道，北方是醫院，三管式焚化爐高塔聳立，比我的樹頂還高。胸膛厚實的大力神飛機正要降落城郊機場。一條向東的道路上方，一隻紅隼御風而飛，翅膀因用力而顫抖，尾羽開展好似一手紙牌。

我大約在那之前三年開始爬樹，或者說，是重新開始爬樹，因爲以前我上的學校就有一片樹林操場。我們爬樹，給樹命名（天蠍、巨橡、飛馬等），還爲爭奪樹木發生領土糾紛，訂立繁雜的規則和忠誠義務。父親在我家花園給我和弟弟各建一棟樹屋，多年來我們成功抵擋海盜攻擊。到二十歲後半段，我又開始爬樹，單純只爲好玩。不用安全索，其實也不危險。

爬樹的過程裡，我學會辨認樹種。我喜歡銀樺、赤楊和年輕櫻桃樹的輕盈柔韌，但避開松樹（枝脆皮硬）和梧桐。我也發現馬栗樹身低處無枝，卻有刺人果實，且樹冠巨大，對爬樹者是一大挑戰，但也激勵人上前一試。

我發覺爬樹也有文學，爲數不多，但著實令人興奮。繆爾在加州一個風暴天攀上三十公尺高的道格拉斯雲杉，望見整座森林「燃成連綿不絕的熾白日光火海」。卡爾維諾小說《樹上的男爵》主人翁柯西謨出於青春期的怒火，爬上他父親森林莊園裡的樹屋，誓言不再踏上地面。他遵守這輕狂誓言，後來甚至在樹冠上結婚，在橄欖、櫻桃、榆樹和聖櫟之間遷徙，達數公里之遠。BB①的兒童小說《布蘭登森林》（*Brendon Chase*）描寫孩子們不回寄宿學校，興高采烈跑進英格蘭一片森林，爬上一株「蘇格蘭威士忌松」②，想搆到滿布山毛櫸葉的蜂鷹鳥巢。當然還有小熊維尼和羅賓的組合：維尼乘天藍色氣球飄上橡樹頂端盜取蜂蜜，羅賓準備好空氣槍，維尼一拿走蜂蜜就擊落氣球。

我也開始欽佩當代一些認眞倡導爬樹的人，尤其是在美國加州和俄勒岡州研究紅杉的科學家。這種樹學名 *Sequoia sempervirens*，可以長到百公尺高。成年紅杉主幹幾乎全無分枝，頂冠卻龐然複雜。紅杉研究者爬樹技藝非凡。他們用弓箭將線射過樹冠層枝幹，以這條線來升起攀登繩，一旦抵達樹冠層，他們就能施展近乎現代蜘蛛人的繩索技巧，安全地自由活動。他們在那空中世界發現失落的王國、無人探勘的非凡生態系統。

我的山毛櫸樹不特別，不難爬，樹頂沒有生態啓示，也沒有蜂蜜，但卻是我思考時的去處，一個歇息地。我很喜歡它，而它，嗯，它對我一無所知。曙光中，薄暮裡，刺眼的正午陽光下，我爬上很多次。我曾在冬日爬上，用手刷去枝葉積雪，樹木觸手冷如石頭，鄰近枝幹上鴉巢黟黑。我曾在初夏爬上，在樹上眺望蒸騰鄉野，空中熱氣黏稠，附近某處傳來拖拉機嗡嗡聲，令人昏然欲睡。我也曾在季風雨中爬上，落雨如注，粗得肉眼可見。爬樹是獲取視野的方法，縱然這視野可能微不足道。藉著爬樹，我能俯看平時總是橫觀的城市。這是解脫中的解脫，更重要的，是反抗城市的方法。

城市居民都知道在城中待太久的感覺。那種街道給人的峽谷印象，那種閉塞感，那種渴望，想見到玻璃、磚塊、混凝土和瀝青以外的表面。我住在劍橋，是世上農業最密集、人口最稠密的地區之一。對我這樣喜愛山林野地的人來說，這裡是很古怪的居住地。劍橋就如歐洲其他地方，時時刻刻都與傳統上所謂的野地相距甚遠，而我對那距離感受殊深。當然也有好事將我留在這裡：我的家庭，我的工作，我對這城市本身的情感，和石造老建築凝結光線的方式。我已在劍橋斷斷續續住了十年，接下來幾年應該也會住在這裡。只要還留在這裡，我就得去尋找野地。

我始終熱愛荒野，心中總強烈渴望荒野，卻說不上這始自何時。「野」這個字從小在我心裡喚起空間寬廣的形象，偏遠且單調。大西洋沿岸島嶼形單影隻，森林無邊無際，藍色雪光落上狼爪留痕的雪堆。山峰因霜凍破碎，冰斗坐擁深湖。我心裡始終有這樣一幅荒野景象：極北某處、寒冷、遼闊、荒僻、原始，對旅人極其嚴苛。對我來說，去到一片荒野，就是跨出人類歷史。

那棵山毛櫸樹無法滿足我對荒野的需求。附近道路喧囂，西向火車鳴笛，這些都清晰可聞。爲了提高生產力，周遭土地都施過化肥和除草劑。樹籬被當成方便的垃圾堆。垃圾如磚頭瓦礫、濕脹的合板、破爛的新聞報紙會一夜之間突然出現。我還曾發現棘刺上掛著胸罩和蕾絲內褲，彷彿過大的伯勞獵物。我想這是亂丟垃圾，而非路邊激情，畢竟——誰能在山楂樹籬上做愛？

風暴來臨前數週，我感到一種熟悉的渴望，想要活動，想去到焚化爐陰影之外，走出城市外環道的界線。在樹上看到鴉巢的那一天，我俯瞰道路、醫院、田野和其間侷促的樹木，迫切感到必須離開劍橋，去某個遙遠地方，一個星光清晰落下，風由八方吹來，少有人跡或全無人跡的地方。我想應該是在遙遠的北方，或者遙遠的西方，因爲在我心中，那是荒野尚存之處。如果還有荒野的話。

◆　◆　◆　◆　◆

不列顛和愛爾蘭不時有人宣告荒野已死。一九六四年小說家佛斯特（E. M. Forster）

寫道：「兩次大戰促成組織化管理，科學助其一臂之力，英倫諸島荒野原本有限，很快被踏勘興築巡邏。如今已無山丘森林可供人逃逸，沒有可以蜷宿的洞窟，也沒有寂寥的山谷。」作家拉賓（Jonathan Raban）認爲野生動物更早就已滅絕。到了一八六〇年代，「不列顛人煙如此稠密，農業如此密集，如此工業化，如此都市化，乃至於再無全然獨處的去處，也無處……冒險，除非出海。」一九八五年，小說家法爾（John Fowles）堅稱：「事實上，我們正置身一道冷峻門檻，即將失去大多數舊日景觀。我們對鄉野殘酷無道。只在海岸高山等零星地帶，古老豐富的自然生命才不至危殆。」五年後，美國作家摩恩（William Least-Heat Moon）形容不列顛是「玩具王國的整潔花園，荒野幾乎蕩然無存，對荒野的記憶也付之闕如。樹林都是非自然植被。英格蘭人，歐洲人，全都離荒野太遠。這就是他們和我們之間的區別」。此等慨嘆或鄙夷一再出現。

有大量確鑿證據支持荒野已死的宣告，尤其是上世紀，不列顛與愛爾蘭海陸都頻受災害侵擾。災害統計數據被一再提起，爲人耳熟能詳，如今看來更像輓歌而非抗議。一九三〇到九〇年代之間，英格蘭有過半古老林地被清除，代之以針葉樹造林。半數樹籬被翻掘，幾乎所有低平牧地都被犁去，改爲建地或鋪上瀝青。四分之三的荒地轉爲農田或被開發。不列顛和愛爾蘭罕見的喀斯特灰岩面被撬開，當作假山石頭出售。耗時千萬年形成的泥沼被排乾或開採。數十個物種消失了，還有數百個物種瀕危。

不列顛面積僅有二十四萬平方公里，卻有六千一百萬人口。得力於汽車和道路，島上幾乎沒有偏遠地區可言。如今離機動車道路超過八公里遠的地方已很少，且越來越少。不列顛約有三千多萬部使用中車輛，光是主島上的道路就將近三十四萬公里，若將這些道路接合成一條連綿道路，幾乎足以從地面駛向月球。尖峰時間移動於不列顛與愛爾蘭的汽車人口，估計超過倫敦常住人口。道路本身已經成爲新的機動文明。

道路地圖集是英國最常見的地圖。隨便拿起一本，便可看見道路密實覆蓋全國，構成道路的瀝青和石油成了地景主要元素。

道路地圖集有一顯然缺失：不再標記野地。高地、洞穴、岩峰、樹林、荒原、河谷、沼澤，幾乎全都消失了，頂多以背景陰影表示，或化約爲通用符號，就像淡去的陳年墨跡，成爲古老群島被壓抑的記憶。

當然，土地本身並不在乎被如何表記，也漠不關心地圖和製圖者。但地圖上的分類資訊是依重要性挑選、排列，這種組織地景訊息的方式深具影響力，於是造成強烈偏見，影響人對地景的感知和處理。

地圖造就強大偏見，忘記或擺脫都不容易。扭曲想像力最嚴重的莫過道路地圖集。不列顛的第一部道路地圖集出自蘇格蘭製圖家奧格爾比（John Ogilby）之手，做成於一六七五年，多達六冊，是「英格蘭及威爾斯所有道路的圖像及歷史描述」，號稱僅此一家。奧格爾比地圖描繪景觀細節一絲不苟，不僅涵蓋道路，還刻畫道路環繞、並行、穿越、覆蓋的丘陵、河流與森林。

奧格爾比完成創舉之後的數世紀，道路地圖集無所不在，影響與日俱增。如今在不列顛和愛爾蘭，道路地圖集的年銷售量都超過百萬冊，不論何時總有兩千萬冊在市面流通。現代道路地圖以衛星圖像爲基礎，由電腦繪成，訴說通行與流離，所重至爲明確。這樣的地圖鼓勵人們將土地想成機動化移動的背景，將讀圖者導離自然世界。

每當我想著這樣的地圖，或者說，當我在這樣的地圖之中思考時，在監視器粗粒子的拼接畫面上，在方向、終點與目標的圖像中，我看到的地景是黃昏時分汽車的煞車燈和車輛排放的熱氣。道路地圖集很容易讓我們忘記眞實地形，那超過五千座島嶼、五百座山岳、三百條河流，那稱爲英格蘭、愛爾蘭、蘇格蘭和威爾斯的國度。早在轉變爲政治、文化和經濟實體之前，土地本是石頭、樹木與流水之地，道路地圖卻否認這一點。

• • • • •

某次風暴過後不久，有個想法首度浮現心頭：也許我可以展開一系列旅行，去尋找不列顛和愛爾蘭僅存野地？我不相信也不願意相信野地已死。這說法言之過早，甚至很危險，就像哀悼未逝之人，暗示著過早承認無助，或不合宜地渴求結局。不列顛和愛爾蘭流失野地是實，所面臨的污染和氣候變遷等威脅，不論數量或程度都更甚以往。但我知道野地並未全然消逝。

我開始計劃行程，寫信給朋友，問他們會在何時向哪裡尋找荒野。有人回答：「伯明罕市中心，週五晚上剛過打烊時間。」還有人說，春季大潮期間，昔德蘭群島納維爾角的海濤能捲起上百公尺，將礫石投向內陸，達四五百公尺遠，形成一片遠離海岸的風暴海灘。然後好友羅傑（Roger Deakin）來電，推薦朱拉島西北沿岸偏僻的布雷肯洞窟，和蘇格蘭南方高地奧湖上一個半島，其上城堡毀棄，黑鴉盤據，引人入勝。他說曾在那城堡邂逅一房地產經理人，過程令人煩躁難安。他問我何不去找他，我們可以好好坐下來談。

羅傑是談論荒野最佳人選。他是環境組織「地球之友」（Friends of the Earth）創始成員，一生著迷於自然和地景。這迷戀在一九九〇年代達到高峰，他於是展開遊遍不列顛的旅程。長達數月旅程當中，他游過英格蘭、威爾斯和蘇格蘭數十河流、湖泊和溪澗。他以獲得所謂「蛙眼視角」爲目標，要沉浸於陌生風土，以不曾嘗試的角度觀看土地。他將遊歷寫成遊記經典《水誌》（*Waterlog*），風趣與抒情兼具，捍衛荒野尙存之水，同時也是逝水輓歌。這呼應他活力充沛、天馬行空、熱情洋溢的性格。我們一個共同朋友曾經對我說：「他已經六十幾歲了，還跟小狐狸一樣充滿活力！」

在那之前數年，羅傑和我基於對荒野的共同熱愛而結識。那時我已經寫了一本關於山的書，他則寫河流與湖泊。他的年紀是我的兩倍，但我們很快成爲忘年好友。我女兒百合（Lily）出生時，他等於扮演伯父的角色，送給百合的一歲生日禮物是一具木製蒸汽引擎，以梧桐葉包裹，用草紮起來。百合首度造訪他那雜亂住處之前，他說又給她準備了一份禮物，原來他耙梳成千上萬亮黃色的桑葉，做成一座適合百合身材的樹葉迷宮。

於是，我們通話後大約一週，我在一個陽光明媚的日子開車去找羅傑。他家在薩福克郡的梅利斯公地。那裡有棵寬大柳樹自然死亡後又萌生出新枝幹，在那裡轉彎，就是通向他農場的小路起點。

羅傑家之異乎尋常，是我生平所見之最。一九六九年，二十六歲的時候，他買下一座伊莉莎白時代的莊園廢墟，及周邊近五公頃的草地。十六世紀的建築幾乎蕩然無存，只留下泉水注入的護城河，和巨大的壁爐凹室。他在壁爐邊安置睡袋，就此住下，圍著自己蓋起一棟房子。

羅傑給屋子取名爲「核桃樹農場」。這屋子主要以木材建成，主結構是橡木、栗木和梣木，另有三百多根橫梁支撐屋頂和地板。東風強勁的時候，屋子木材會嘎吱作響，他形容彷彿「風暴裡的船隻」，又像「游動的鯨魚」，既是建築物，也是生物。羅傑敞開門窗以利空氣和動物流通。樹葉從一扇門進來，又從一扇門出去，蝙蝠從窗戶飛進飛出，如此這般，彷彿屋子也在呼吸。每個角落都有蜘蛛張掛贓物與絲桁。主煙囪有燕子築巢，椋鳥棲身茅草堆。常春藤和薔薇攀爬外牆，卷鬚穿過木材孔洞和裂隙入屋窺探。屋子前方有一株與屋同名的核桃樹，每到初秋結滿堅硬的綠色果實，哐啷落上穀倉屋頂和訪客腦袋。屋後是護城河，夏季數月裡，羅傑多半都在這裡洗澡。護城河由成千上萬羊角螺維持清潔，是池塘世界的衛生管理員。

我經常拜訪羅傑，對他家戶土地知之甚詳。他的田地生機盎然，有人照料但無人耕種。雀鷹盤旋其上，鐵皮波紋板下刺蝟安睡，他種的櫪樹和橡樹間有灰林鴞呼呼啼叫。數十年來，他在草地上建起各種外圍結構，包括一棟牧羊人小屋（裡面有一張床和一個帶煙囪的火爐），一輛窗戶裂開的舊木製大篷車，還有一節鐵道貨廂，被他漆成普爾曼豪華列車的紫色。他喜歡暴風雨夜在貨車廂裡睡覺，某次夏季暴風雨後他寫信給我：「昨晚我躺著聆聽那驚人的暴風雨。就像和整支交響樂團一起置身銅鼓內部，周遭是四聲道環繞雷響！」還有一天早上他醒來，發現整個屋子都在搖晃。地震？不，其實是一隻狍正抵著屋角搔癢，渾不知裡頭有人。

那天我去拜訪他，我們坐下來閒聊荒野，一聊就是幾個小時。我們用燒陶大杯喝茶，不時從他書架抽出書籍或地圖，比較我們對荒野這概念有何不同想法和體驗。羅傑向我說起他認爲英格蘭最奇怪的一些荒野地點：英格蘭東部的布瑞克蘭地區（Breck-lands）、南部海岸萊里傑的底崖（Undercliff）、艾塞克斯郡的肯維島。我告訴他蘇格蘭高地費希河谷（Glen Feshie）深處的瀑布池有遊隼漫天飛旋，池水色深宛如馬鬃，還有庇護石（Shelter Stone），是紅山山脈（Cairngorms）核心地帶一塊巨大的平衡礫，即使冬季也能在那下面過夜。

我問他會不會陪我旅行，他說會，尤其在英格蘭和愛爾蘭，還說特別樂於跟我一起從事一些非法闖入的活動。他說明他的具體願望：爲了主張人有權在美麗樹林間漫遊，他想闖進瑪丹娜在威爾特郡的莊園探險。我不同意，膽怯咕噥說，那裡設有捕人陷阱，還有狩獵管理員巡護，但也已經開始期待一同探險了。那時我還不知道他在我旅程的重要性，也不知道他會大大影響我對荒野的認識。

◆ ◆ ◆ ◆ ◆

造訪羅傑後，一連數週我忙於規劃，或買或借，弄來各種專業地圖，有地質的、氣象的、博物的，任由思緒漫遊其上，探索可能地點，試圖想像地圖未能盡表的全貌。我在圖上追隨河流墜下斷崖，揣想水會將岩石雕成何等模樣。我在蘇格蘭和愛爾蘭地圖上圈起湖泊中林木蓊鬱的無名小島，想像我游水而來，緣木而上，夜裡棲樹而眠。我標記地圖上空曠與無路之處，如蘭諾赫荒原（Rannoch Moor）高地和費雪菲荒野（Fisherfield Wilderness）。我也追究岩類分布，看輝長岩、角閃石、蛇紋岩、鮞狀岩、冰礫泥縱橫大地，露出地表又復隱沒。我書桌前釘著一段蘇格蘭登山家莫瑞（W. H. Murray）的話，他在舊式一英寸地圖[3]上研究蘇格蘭高地奧德山（Ben Alder），盤算一場攀登探險時說：「即便印在彩色地圖上，奧德山也帶著鮮明的野地印記，巨大冰斗深處別有荒涼塊壘，其間祕密尚有待發掘。你可能會問，什麼樣的祕密？我當然不知道是什麼祕密。」

我列出威爾斯與英格蘭邊界及西南各郡的丘堡、墓塚和古墳，盤算造訪的路徑。我在圖上標出峭壁：北哈里斯島烏拉戴爾岩（Sron Ulladale）聲名赫赫的船首岩、瑪爾島西南方直落千呎斷崖下的礫石海灘、蘇格蘭北部風怒角一帶的克羅莫爾（Clo Mor）斷崖，還有蘇格蘭紅山山脈的灰高地山（Braeriach），那裡北向的冰斗山壁終年積雪，漸凍成冰。我也記下避冬的鳥獸：金鵰、小嘴鴴、青足鷸、水獺、雪兔、雷鳥，還有偶爾出沒極圈以南，幽靈般的雪鴞。

這些地方幾乎全在不列顛極北或極西，位於蘇格蘭和威爾斯的高地或偏遠海岸。這根本上的偏向似乎讓此行具有某種粗略的自然形貌。我打算由我所知所愛的地方開始，然後向上向外投射，直至法爾稱爲「舊自然」最後飛地的山巔水濱，而那也最全然符合我對荒野的想像。而後我會在北方某地轉而向南，穿過愛爾蘭，最後進入英格蘭都市地區，荒野最岌岌可危、最難捉摸，我最感陌生之處。

我也決定要在旅途中自製地圖，和道路地圖唱反調。我要製作一幅散文地圖，試圖重現不列顛群島僅存的一些荒野，或者記錄荒野於永久消逝之先。我希望這地圖不連結城鎮、旅館與機場，而連結岬角、斷崖、海灘、山巔、突巖、森林、河口與瀑布。

本書就是那張地圖。我由威爾斯北部啓程，沿利因半島（Lleyn Peninsula）西行，直達一偏遠之島，在那裡捕捉荒野意識最初微光。

注1：即英國博物學家暨兒童文學作家詹姆斯・沃特金斯—皮奇福德（Denys James Watkins-Pitchford），ＢＢ爲其筆名。——編注

注2：即歐洲赤松（*Pinus sylvestris*），英國稱此種樹爲蘇格蘭松（Scots pine），小孩誤稱蘇格蘭威士忌松（Scotch pine）。——譯注

注3：過去英國軍備測量局所使用，即比例尺1:63,360的地圖。——譯注

二、島嶼

船首波浪閃耀夕照微光。風很強，船身斜傾，與水平面呈二十度夾角。船帆緊繃，大海灰霾不安。船上三人各找支撐，設法立足於傾斜的甲板。我掌舵，試圖把穩前往島嶼的航線。海潮從側邊推動船身，迫使我們微微往北側滑，朝向不列顛主島遠處岩岸，那裡海浪拍岸，碎成一條細長的灰白浪花。島嶼上方兩層薄雲低垂，上黑下白，是氣流紊亂的徵象。

這是初夏傍晚，威爾斯北部利因半島最西端。我們知道風高浪急，很晚才出港，現在離天黑至多只剩三小時了。

船以近八節速度航行，穩定乘浪彈跳前進。突然傳來爆裂聲，有什麼白色東西猛烈拍打，彷彿天鵝振翅起飛。水好像突然變厚重了，船驟然減速，轉向下風，我們全都東倒西歪。冷劑爆開，噴上右舷，濺了我一臉。我聽到類似不規則鼓點的聲響。

原來強風扯開固定支索帆的粗栓，帆已脫離船首甲板，現在鬆鬆垂掛，只有桅頂處還相連。原本固定船帆下端的沉重金屬索現在四處亂甩，打上玻璃纖維甲板。

船長約翰下達簡單精確的命令。他掌舵，將船導回順風，再由我接手維持。甲板被海浪浸濕。約翰的妻子珍爬過船身泡水的那一側，抓住金屬索，綁上欄杆。我們將降下的帆從風中拉回捲起，沿甲板平放，捆紮起來。

航程最後一段在危機過後的平靜裡過去。船帆並未全部升起，我們行進很慢，船速頂多四節。

那島嶼在我們西南方，襯著落日變成剪影：巨崖峭壁從水面升起一百五十公尺，而後變細，形成一道狹長低淺的海岬，高大燈塔矗立其上，乳白鏡子每隔數秒閃爍一次。

我們終於航入島上懸崖的背風區，單帆因無風而垂下主桅。然後，低垂日光穿透雲層，海面頓成銀色，好像歡迎我們，又好像奇蹟發生（當然兩者皆非）。我們啓動馬達，航向小小避風港那明亮水域。

我們接近海岸時，空氣充斥某種響聲，離陸地愈近，音量愈大。我以爲是風所造成，是空氣快速通過船上緊密電線的聲音。我環顧周遭，想確定其他人是否聽見。隨著音量漸大，我意識到這不是一個音，而是數十個音符編織混成，每個音高略有差異。我這才明白過來，是海豹！發出聲音的是灣中海豹，數以百計，盤據每塊岩石及每座海藻垂覆的石礁，以及每道彎曲的海岸線。牠們一如蜜蜂或水，悄悄發出聲音。牠們顏色各異，灰、黑、白、小鹿色、狐狸紅、皮革棕。我們行經三隻較小的母海豹，毛皮有優雅的漩渦和線條。

夕照時分，約翰划小艇載我去到礫石灘。我獨自離船上岸，走下島嶼西南方較窄一側，穿過唱單聲聖歌的海豹，去尋找睡覺的地方。

◆ ◆ ◆ ◆ ◆

這島嶼叫做恩施利島（Ynys Enlli），字面意思是「潮流之島」。這名字取得很好，恩施利島周遭確實有好幾股猛烈海流交會。潮流或上升或下降，驅使海水迅速流過海峽，於是產生急潮流。急潮流海水不穩，兩股以上潮流會合處尤其混亂。潮汐變化時，海水可能波瀾不興，流動時卻沸沸揚揚，還有暗流糾纏海面之下。急潮流相遇之處，波濤倒豎有如鯊鰭，海面翻騰起沫，彷彿海床本身遭受攪動。

看似開闊的水域也可能出現急潮流。急潮流若遇上利因半島尖端這樣的岬角，就會向外偏轉，幅度取決於潮流速度。高速潮流可能衝出數公里遠，由此不難理解受此種潮流牽引的早期航海者，何以將一切歸咎於海岬和半島的超自然惡意。

正如不列顛與愛爾蘭西岸及西北岸許多偏遠地區，恩施利島早在西元五百到一千年間就有人定居。那幾個世紀曾出現非比尋常的遷徙。僧侶、隱士、獨居者、虔敬的傳道者，成千上萬前往大西洋畔的海灣、森林、海角、山巔和島嶼。他們船隻脆弱，經驗闕如，依舊險渡荒海，尋找我們今日所稱的荒野。他們在落腳處建起修院、小居室和禮拜堂，爲死者挖掘墓地，爲上帝樹立十字石架。這些旅人稱爲遊人（peregrini），拉丁文原意帶有長程漂泊之意，我們今日所謂的朝聖者（pilgrim）正來源於此。

來到恩施利島之前，我在地圖上標出已知的當年巡禮者路線和登陸點，結果這些如今依舊是不列顛和愛爾蘭數一數二荒涼的地域，構成一面繁複花窗。

這種凱爾特基督教隱修文化起源於西元五到六世紀的愛爾蘭，主要受到先前數世紀沙漠僧侶的啓發，最早的從事者是西元四三〇年代的聖博得（St Patrick）。這種隱修方式傳播到今天的蘇格蘭西部和威爾斯沿海地區，是一種離心運動，將人們帶往歐洲邊緣乃至其外。

遊人追求安詳禁欲，顯然也在這些邊緣地帶找到回報。他們前往荒野，反映他們渴望在信仰與地方之間、內部與外部景觀之間尋求對應。我們不妨如此揣測：僧侶出走，是爲了離開人類定居地，因爲定居地所有地貌皆已被命名。凱爾特地名都具有紀念意義，直到十七世紀，吟遊詩人還以地名講述地方歷史，於是地景成爲記憶的劇場，持續喚起居民依戀心與歸屬感。離開已有名字的地方（與人群和記憶相始終的地域），移居海岸（未勘測的島嶼、無名的森林），就是前往不曾被占領者標記的土地，是一種從人類歷史走向永恆的運動。早在凱爾特基督教早期，恩施利島就以遊人去向聞名，據說六世紀便建起第一座修道院。這島嶼固然難及，在僧侶居處當中卻稱得上最不偏遠。人們好奇千年前的僧侶如何抵達蘇格蘭西部阿蓋爾（Argyll）海外的加韋勒赫群島，住在未糊灰泥的蜂巢狀小屋，或者如何抵達斯凱利格島（Skelligs），這島嶼位於愛爾蘭凱利郡以西十四公里，岩崖深入大西洋兩百多公尺，島上岩坡滿是小屋，都是六世紀在此登陸的僧侶所建，在此面向大西洋懺悔冥想。小屋下方岩壁陡然直下，讓人懷疑究竟身在陸地，還是盤旋於空中海上。在那裡，海洋無限伸展，水平線上視野無阻，正適合僧侶思考何謂無垠無限。

一九一〇年，蕭伯納乘坐煤渣打造的槳船前往斯凱利格島，儘管天候平靜，還是花了兩個小時，回程路途更長，更加令人不安。那是無月之夜且沒有指南針在手，蕭伯納的嚮導卻憑藉本能與知識，在濃霧黑暗潮汐海流之中划船。蕭伯納回到愛爾蘭斯尼姆村，隔天晚上在下榻旅店的火爐旁寫信給朋友傑克遜（Barry Jackson），講述他在斯凱利格島的經歷：「我跟你說，這地方不屬於你我生活工作的世界，而是我們夢想世界的一部分……我幾乎再不能感受眞實了！」斯凱利格島之於蕭伯納，正如恩施利島之於僧侶，使他以嶄新方式思考。那是個做深沉之夢的地方。

遊人的海上旅程匪夷所思。我們駕十公尺長的遠洋遊艇前往恩施利島尙且困難，蕭伯納乘坐人手充裕的划艇，依舊不免懷疑能否平安返抵愛爾蘭，古代僧侶卻能去到斯凱利格島，之後甚且從事更長時間更危險的航行，搭乘少有遮蔽也不穩定的船筏，越過北大西洋洶湧波濤，去到冰島和格陵蘭。

他們乘坐的船在不同文化傳統各有名稱，威爾斯稱爲 coracle 或 curricle，蓋爾語稱爲 carraugh，挪威語稱爲 knarr。這些船的形狀也不同，carraugh 通常狹長而薄，前端短翹而船艏方，coracle 則呈圓莢狀。這些船的共通之處在於造船方法：都以橡木鞣製的牛皮製成，弄濕後以曲木和枝條固定，晾乾後皮革收縮，固定成形，再以牛油填滿縫隙。運動邏輯也是另一共通點：設計輕巧，吃水淺，可以滑過海流、潮汐與波浪。這是它們之爲船隻的天賦優點：詭行於海面，幾乎不與水爭，宛如水黽輕巧點水而行。

• • • • •

我在最後一絲日光中穿越恩施利島南方岩臂一片死海粉色的海石竹田野，這種小巧植物在這濱海鹽鹼環境生長得很好，花冠酥脆，莖梗硬直，在微風中擺動，暮色裡看來彷彿大地顫抖。南方水面傳來鸕鶿拍翅起飛聲響。可以望見微弱的船艙燈光在海灣搖曳。有那麼一刻，我但願與約翰和珍同在船上，那裡有熱食、威士忌，還有朋友相伴。

我回頭一看，暮色中不列顛島細如線條。當年僧侶想必也從利因半島海灣出發，即使在夏季此刻，天候不佳的話，也得兩三天時間才有望抵達，若恰逢冬季風暴來臨，恩施利島可能與世隔絕長達數週。

僧侶仔細衡量下海時機，久候風勢轉緩，觀察潮汐，而後下水，腳踩礫石嘎吱作響，入海激起水花。即使在小海灣的和緩波濤中，小船也左搖右晃。帆船迎風換舷，航入海灣寬闊水域，海流在船下層層疊積。

我想，他們會自覺身曝險境吧，但也許他們不這麼覺得，也許他們信念之純粹，近乎宿命論，也是一種無畏無懼。他們當中多數人都籍籍無名、不載史冊，就此葬身海灣，爲波濤潮流淹沒。「有一座島難以企及／只能乘舟而至」，詩人神父托馬斯（R. S. Thomas 1913-2000）如此形容他由威爾斯阿貝達倫（Aberdaron）教區望見的恩施利島：

那死灘碎石……
溺水久矣，猶咀嚼
恐懼面容
道路，沿途盡是
是聖徒所行

我們對遊人所知甚少，只知道其中幾人名字。然而閱讀他們的旅遊紀錄，和他們在恩施利島等地經歷，我發覺他們動機和態度之崇高，令人肅然起敬。這些人所求並非物質利益，而是神聖風景，以此惕厲信仰，至於極致。用他們自己的神學語言來說，他們是流亡者，所尋乃是聖徒應許之地（Terra Repromissionis Sanctorum）。

基督教有個悠遠的傳統：視所有人爲遊人，所有人生都是流放人生，這想法延續至晚禱常用的《又聖母經》（*Slava Regina*）。禱詞中說，「及此竄流期後」，一切終將安然。這禱詞吟唱時聽來古老而教人無法平靜，無疑是一種關於荒野的音樂，一種屬於荒野的古老視野，至今令人動容。

恩施利島僧侶留下豐富的文學作品，我們對他們的一切認識都來自於此。他們詩若長河，講述人與自然的關係，與自然之或即或離，既熱情，又精準。有些詩歌讀來彷彿清單，又像田野筆記：「蜂群，甲蟲，世界樂音輕柔，蜂鳴平和。黑面雁，白頰雁，諸聖節前不久，幽黑狂野洪流的樂音。」有些詩歌記錄某個迷人瞬間：貝爾法斯特湖畔，金雀花樹上烏鶇啼叫，林間野地狐狸戲耍。九世紀隱修士馬爾班（Marban）住在愛爾蘭羅拉赫脊（Druim Rolach）附近冷杉林間小屋，筆下曾提到「灰雲密布的日子，風過樹枝的聲音」。另有一名九世紀無名僧侶在蘇格蘭北羅納島構築乾石牆，停下手邊工作去寫詩，描寫自己站在「空曠岬角」上，俯瞰「光滑海灘」直到「平靜大海」，聽「奇鳥」鳴叫，心中深感喜悅。十世紀有一名抄寫員，在一島上修院工作，他暫停抄寫，在拉丁文正文旁以蓋爾語寫道：「今天陽光在這頁緣閃耀，令我歡喜。」

諸如此類文字讓我們一窺遊人信仰的本質。那些記錄下來的瞬間，跨越歷史長河而傳播，就像有些聲響傳播於水中或凍土，竟無比清晰。對這些記錄者來說，留心是奉獻及關注的一種形式，伴隨著崇拜。人類從來熱愛荒野，他們留下的藝術是最早的見證之一。

◆ ◆ ◆ ◆ ◆

思想一如波浪，有其行程，並與我們長途同行，過去卻往往不得而知，又或者難於想像。「荒野」（Wilderness）就是這樣一個概念，內涵與時推移，變化巨大。那時候人們講述兩則關於荒野的故事，兩者俱佳，卻相互牴觸。第一個故事認爲野性是一種有待征服的性質，第二個故事則認爲野性是該受珍惜的品質。

Wild 一字詞源幽微而棘手，其中有一說法最具說服力，認爲可能和高地德語 widi、古北歐語 villr 和前條頓語 ghweltijos 有關。這三字都帶有無序、不規則之意，正如納許（Roderick Nash）所寫，它們給英語的遺贈是英語詞根 will，「是 wilful（任性）的描述性意義，也就是不受控制」。據此詞源，野性是與人類活動無涉的一種表達，可謂自有主見之地，依照自身法則紀律行事，習性出於本身設計與執行，不論樹木生長、生物移動、溪澗自由奔流於岩石皆然，又如當代對荒野的定義，是「行止移動均自由不受控制；無拘無束」的土地。

荒野的基本定義自出現以來不曾改變，伴隨的價値卻與時劇變。

野性一方面被認爲是危險的力量，會擾亂人類文化及農業所追求的秩序。在這個意義上，荒野幾等於浪費。荒野拒絕爲人所用，因此必須摧毀或征服。不論古今東西，人類文化充斥對荒野的敵意。美國傳道家史塔克（James Stalker）於一八八一年寫道：「多虧那些人致力建造文明，否則我們所居土地依然是未經探索的荒野！那些人能遠瞻沙漠上的熙攘城市、繁榮工廠，其他人卻短視只見鼠尾草和鹼土平原……那些人鑿通山脈，橫渡大河，開啓我們財富之井！」古英語史詩《貝武夫》充斥詩人所謂的「野蠻生物」（wildéor）。詩中形容這些魔物狀如惡龍，棲息於野狼出沒的森林、幽深的湖泊、狂風肆虐的斷崖和險惡的沼澤。正是在這些荒野和野蠻生物的背景下，《貝武夫》中蜜酒廳溫暖明亮、戰士階級嚴明的吉特部族（Geats）建立起自己的文明。

除了憎恨荒野，還有另一段並行的歷史，訴說野性之爲能量，既優異又精緻，野地則是神奇、多樣、豐沛的領域。《貝武夫》詩人寫下征服荒野的寓言，同時間恩施利島、羅納島、斯凱利格島僧侶正歌頌荒野之美與其狂放的生命力。

早在遊人之前，人類熱愛荒野就班班可考。中國的「山水」藝術傳統源於公元前五世紀初，歷時兩千多年而不衰，身體力行者如陶淵明、李白、杜甫、陸羽等，往往漫遊或自逐於山區，描寫周遭荒野世界。他們一如早期基督教僧侶，試圖勾勒世界之奇妙與生生不息。這些山水藝術家稱這種性質為「自然」，有自燃、自性、野性之意。

這些行者、朝聖者漫遊山野，或在端陽盛夏，或隨冬季長風，或趁暮春飛花。他們寫山谷曉霧微涼，光透猗竹而綠，平湖白鷺翩然如雪。他們觀照映雪冬陽，影垂寒枝，說這些景象帶來一種明晰之樂。夜晚於他們格外奇妙，因為月色皎潔如銀，能化凡俗為奇特。但美不盡然仁慈。傳說李白愛月，最終入水撈月而死。總之山水詩畫中，人與自然並無界限。形式斷然強加自身於內容，於是山水藝術不在描摹世間神奇，而在化入其中。

◆ ◆ ◆ ◆ ◆

黑岩海岬便是半島盡頭，我在約一百公尺外尋找安睡之處。夜空嘲哳，充斥哨笛般的蠣鷸叫聲和海鷗呼號。置身黑暗當中，鳥群之間，周遭是洶湧起伏的大海，我感到很興奮。

地面凹凸不平，朝下方波浪劈出的斷崖傾斜。我終於找到睡覺的地方了——階狀海岸有一片草地，長度約當一人身高，就在峽谷狀的小灣上方。階地略向內斜，躺在這裡沒有夜間滾落之虞。我能認出海豹在水中移動的身形。燈塔光束掃過頭頂，細長黃色光帶向夜空開散，穩定地慢慢旋轉。天候很暖，露宿袋無用武之地，我將睡墊和睡袋放上草地。

那喧鬧聲出現在午夜時分，又或許是我到午夜才被喧鬧聲吵醒。有鳥隻從我上方飛下，降落時發出尖叫，在空中留下長長聲弧。我聽見牠們在我周遭輕巧著陸。垂直俯衝的鳥和水平轉動的燈塔光束每隔幾秒就會重合，於是我看到了，到處都是，被燈光瞬間勾勒出輪廓——小小身形有如炸彈，如箭雙翼向後掠，轉瞬消失於視野，那條紋殘像卻還留在我眼中。

剪水鸌。當然了，是剪水鸌，長程遷徙的長壽候鳥，築巢於洞穴，藉黑暗掩護飛落陸地。牠們習慣以翼尖低空滑行於海面，激起飛沫，因此贏得剪水之名。大西洋鸌在波上滑行的最長紀錄將近兩公里半。牠們的飛行距離也很驚人，一天約可飛三百二十公里。繁殖季節結束時，牠們依循人類無從理解的本能，從恩施利島飛行數千公里，到南大西洋度完該年。

就像不列顛東西兩岸的許多島嶼和沼澤，恩施利島也是候鳥庇護處。數百鳥種聚集於此，尋找不受干擾的覓食地點。鳥如潮水，隨季節南北來去，散去又歸來，從遠方去到遠方。

兩點鐘左右，剪水鸌平靜下來。我躺在闃寂黑暗裡，看頂上光束默然轉動，直到再度入眠。

我在沉靜黎明中醒來。海水在我南方無聲起落，色如珍珠，上方薄霧低垂。天空蒼白，夾雜些許藍色。四五十公尺外一隻大黑背鷗俯衝而下，濺起水花，聽來彷彿石頭沉落附近水中。我坐起身，看見數十隻暗褐色小鳥將岩石當作高地遊樂場，嘰嘰喳喳四處亂竄，我一起身就轟然而散。

我爬下海蝕溝最淺一側，抵達海畔尖銳嶙峋的岩石，用積水洗了臉。我在岩壁上發現一塊心臟大小的藍色玄武岩，上面優美嵌入白色化石，是至多指甲大的球石藻，精緻的扇形身軀清晰可見。我用一扇薄貝殼盛起乾掉的海石竹花，放在水面上漂流，一股看不見的漩渦將貝殼從我指間吸去，隨柔波搖曳。

兩隻大海豹拖著身子通過海蝕溝遠端岩石。牠們看著我，我上前時，牠們在棲息處動起來，一個背翻滾滑入水，游過海蝕溝口，凝視著我。然後兩隻都潛入水中，一隻消失了，另一隻浮出我附近水面，抬起厚實頭顱，好像升起潛望鏡。牠那澄澈大眼與我對視，平靜超脫地看著我。我們對視大約十秒，然後牠迅速探頭入水，濺起水花，彷彿要洗頭，然後消失了。

大西洋畔民間傳說總以爲海豹不可思議，擁有雙重性質，半人半海，是介於二者之間的生物。一九四〇年代，作家湯姆森（David Thomson）旅行於愛爾蘭和蘇格蘭西部沿海地區，收集關於海豹的故事。他發現各地所述如出一轍，都說海豹能以目光收服對方，說海豹離海而化爲人類，人類入水即成海豹。湯姆森指出，海豹活生生提醒我們，人與動物何其相近，與海中始祖何其相似。他寫道：「陸棲動物在傳說中或許有其作用，但沒有任何一種動物，即便野兔，也沒能像海豹那樣，對人類心智產生夢幻般的影響。」

那個寧靜早晨，我走回礫石海灘，經過剪水鸌的洞窟，踩過菇蕈夾雜的軟草，回到海石竹田野。我試著想像當年僧侶如何談論所居之地，想像他們或隱晦或直接地談起親近所居土地的意義。我欽佩他們在物質世界中找到靈性的表達方式及關聯——由岬角俯瞰薄霧籠罩的海面，光線落在紙緣或海上，羽毛在靜止空氣中飄然如雪，或雪在靜止空氣中飄然如羽。他們住在那些地方固然困窘，彼此間也必有分歧嫌惡反感，但苦行者渴求推崇的富足超越財貨，體現於澄淨的海上空氣，抑或海鳥成群飛翔的模式。梭羅曾經撰文談論此種意念的價值。他說，一片湖泊，一座山丘，一道斷崖，或者每塊岩石，「森林或卓然獨立的古樹」，「這樣的景物很美，其用途之高，金錢永遠無法代表。」

遊人時代之後，世界已大不相同。塑膠廢棄物沖上恩施利島海灣與溝壑。不列顛本島附近海域動力船砰砰作響。威爾斯沿海城鎮排放污水到愛爾蘭海，有些時候污染的化學物質就像洗髮精，在岩石上激起泡沫。我大概無法像僧侶那般住在島上，我甚至過不了一個月——城市牽引我，我自己有日常事務，也需要圖書館和奢侈品，需要聯絡和變化。但許多世紀前吸引遊人的面向仍在。我想，前往過去人與荒野和諧相處之地，以此展開我的旅程，應該大體不錯。

之後我們趁著潮汐交替穿越海峽，回到本島，水流豐起，水面閃亮如膜，其下湧流似停頓又似顫抖。

• • • • •

約翰將船停在離岸一百公尺處，鄰近西方向恩施利島突出的海角，面朝小海灣。海灣兩側鋸齒狀懸崖聳立，錯雜切入洞穴，洞穴中傳來鳥叫。小船在綠浪微波裡擺動靠岸，每次擺動都收緊錨繩，水自其中湧出。從船艉看過去，船桅就像節拍器，滴答作響，從一邊晃到另一邊。

我潛入水中，眞是藍色震撼，寒凍有如染料，滲入我身體。我浮出水面，大口喘氣，向海灣東側懸崖游去。我感覺海水一直將我牽向西方，推回恩施利島。我斜斜游向懸崖。

近懸崖處，海中溫差分明有如條帶，一時暖，一時冷。巨岩之間長波瀲灩激盪我，爲免撞上岩石，我伸手一阻，卻讓藤壺割傷手指。

我游到最大的洞窟，抓住岩石邊緣，任海濤托我上下起伏。我望向洞內，看不見洞窟盡頭，但似乎深入懸崖三四十公尺，口寬內窄，呈錐狀。我放開岩石，慢慢漂入洞中，經過洞頂投下的陰影，水驟然變冷。洞內傳來低沉的吸吮及拍打巨響。我大叫一聲，聽到我的聲音從四面八方傳來。

洞窟深處水變淺了，我改游蛙式，儘量放平身體。我游經深紅和紫色的岩石，是巫毒色的玄武岩和輝綠岩。洞穴下部生滿蜷曲的綠色海藻，沾水光滑閃亮，就像濕漉的頭髮。

再往洞窟深處，光線散射，空氣有如粉末。溫度降低了，我周遭和頭頂的岩石不受日照，寒氣逼人，散入空氣和水中。

我回頭望向身後。半圓形洞口已縮小成一塊光亮，我只能看到水平線，突然一股恐懼襲來。我慢慢游泳前進，試圖感受所經岩石有多鋒利。

而後我抵達洞穴盡頭。洞穴最深也是最中央處，有塊白色巨礫幾乎完全浮出水面，乳白光滑，形狀大致像王位或座椅，應該至少有五六噸重。我從水中笨拙爬出，滑過海藻，坐上岩石。水在岩基翻湧。我回望洞口曲折光緣，那便是僅存的洞外世界。

現在回想那塊白岩，一切彷彿幻覺。我無法確切形容那岩石外形，無法解釋它何以躋身紅紫玄武岩間，也無法想像數世紀以來風暴以何等威力，將巨礫深推入內，至於洞底，在水中央。

◆ ◆ ◆ ◆ ◆

那天下午日光重現，空中瀰漫低垂暖光。我們攀上灣澳附近的陡崖，採集峭壁上的野生海茴香，下方是深邃大海，萬一失足還有海水接住。我們棲身岩上角落，面向夕陽，隔著崖壁交談，咀嚼淡綠色的海茴香葉，享受那股鹹味。

天黑了，我們回到小船停泊的海灣，那位於一座小河谷的入口，溪流切出兩側陡峭的谷壁，上面長滿小樹——白蠟樹、接骨木、山梨樹，樹上垂掛野金銀花和旋花，空中瀰漫杏仁香氣，暮色中隨風陣陣飄送，喇叭形白色杏花在暮色中閃耀。

灣內海灘有數十萬顆石頭，有些光滑如蛋。懸崖附近幾輛鏽蝕、裝有黑色塑膠桶形座椅的拖拉機被拉到海灣兩側，準備將漁船拖離水中。近水沙多處有三隻鳥排成一線涉水而行，前進時喙向兩端作弧形擺動，好像一隊金屬探測器。我們移動礫石設座，在那裡坐了一陣子，看太陽焚盡於西方海面。

天色全黑，海灣最西側懸崖下，我們圍著石砌火坑坐下，燃起一段樺木，吃喝閒聊。橙色火堆向黑暗呼出火焰，亮如烈陽，樹脂嘶嘶作響，木頭沿紋理裂開。火花成群結隊竄入黑暗，而後消失不見。礫灘上海水沉寂。火的起落計量時間。那天稍晚，我穿過海灣，在黑暗中回望火焰，看那橙色搖曳，人盡成影，圍火而動。

凌晨兩點，火已成一堆餘燼，隨微風吹拂閃現黑與橙的光亮。此夜無月而微涼。就在此刻，我看見水的微光。長長海灘線鑲上紫與銀的閃光。我走到水邊蹲下，手伸入水中拂動。我的手也發出紫橙黃銀的光芒。這是磷光！

我把衣服留在礫石上，涉入溫暖淺水。未受擾動的水整片黑幽，一攪動便灼然亮起。我每個動作都激起明亮渦旋，渦旋一拍上漂浮物體便滲入顏色，停泊灣內的幾艘小船被螢光勾勒出輪廓，潮濕船舷流光溢彩。我回頭一看，海灣、懸崖和洞穴，全都光彩照人。我發現可以從指尖射出巫師般的長長火焰，於是在淺灘上快意待了幾分鐘，假扮大法師梅林，向左右施放魔法。

然後我走向水深處，向前滑入水中，在一陣橘色光飈中泅泳。我翻身沿海岸線而游，回頭望向陸地，雙腿向外踢出繁複色彩。梭羅在華騰湖畔有類似經歷，他怎麼寫的？「那湖滿溢虹光，有那麼一小段時間，我身如海豚。」我記得羅傑曾描述某個夜晚，他站在薩福克郡沃爾伯斯克村的海灘上，見到數十人在磷光水中游泳，身體「拍打霓波，宛若蛟龍」。

海灣裡一片漆黑，天空幾乎無光，我發覺看不見自己，只能看見圍繞我的磷光，彷彿我根本不在水中——我的身體不過是旋轉水光襯映下模糊的暗影。

◆◆◆◆◆

如今我們知道，海洋磷光（更準確地說，是生物光）是甲藻和浮游生物等微生物在水中積累而成。這些簡單生物受推擠時會發光，內中情由不甚清楚。要數十億個發光的單細胞協作，將動能轉為輻射能，才能成為人眼可見的磷光。

有些非比尋常的現象和這些浮游生物有關，長期以來為水手（尤其熱帶水手）津津樂道。一九八〇年十一月八日，加州戈達盆地地震（Gorda Basin Earthquake）期間，岸上目擊者看到大片海水亮起。一九七〇年代，幾名航行印度洋和波斯灣的船長報告說，海象平靜時，他們見到直徑近兩百公尺的磷光巨輪挾帶著旋轉光輻在船後的尾波中搖顫，有時在水下，有時似乎就在水面盤旋。

一九七八年，荷蘭船狄奧尼號穿越波斯灣，星空下，船長看到星子拖曳長長綠尾墜落，且看到好幾個這樣的光輪。這種現象不見於二十世紀之前的記載，一般認爲是船舶引擎亂流造成。另有一說認爲，這輪子之所以看似在天上，是靜水發揮透鏡作用，將磷光投射上低垂水面的薄霧。

二〇〇四年，一對父子航行於墨西哥灣，遊艇在離岸近百公里處被一陣狂風傾覆。他們緊緊抓住船身，隨強大的墨西哥灣流漂去。夜幕降臨後，水中滿是磷光，空氣瀰漫高亢不諧的音樂，由許多音符組成，是海豚的歌聲。這對漂流父子發覺置身兩個略呈圓形的磷光環內，一個環在另一個環內轉動。他們意識到，內側的光是一圈海豚，圍繞翻覆船體游動，外側是一圈鯊魚，圍繞著海豚游動。海豚保護他們，讓鯊魚無法靠近。

◆ ◆ ◆ ◆ ◆

最後我離開大海，回到海灘，充溢光亮的水從我身上流去石上，一閃一閃消失了。我慢慢走向內陸，在海水遠去時重回黑暗，而後躺下，在火堆餘燼旁入睡。

三、谷地

僧侶尋找無名之鄉，從一片野地去到另一片野地，是我製作地圖的先例。從恩施利島回來之後，我又找到另一個例子，是一部愛爾蘭傳奇詩作，可能寫於十四世紀，名爲《瘋狂西尼》（*Buile Suibhne*），英譯有《西尼浪遊記》（*Sweeney Astray*）和《遊人西尼》（*Sweeney, Peregrine*）等，講述烏斯特國王西尼冒犯基督教僧侶而受詛咒的故事。西尼被變成「空中生物」，只能生活在愛爾蘭和蘇格蘭西部荒野。他就像流浪之鳥遊隼，必須離群索居，不斷尋覓遠方。①

詩中說，僧侶的詛咒落上西尼，他便對「已知之地」興起「反感」，「憧憬奇異遷徙」，就這樣展開漫長的流浪生涯。他越過山脈和荒原，穿過狹窄山谷與黑暗樹林，擠開常春藤和杜松灌叢，嘎嘎踩著碎石坡上的卵石，涉過河口，披星戴雪，嚴寒中行於荒山禿嶺，直至渾身黑冰。他來回穿梭於河流，從一潭水游到另一潭，在狼群裡過冬。他爲自己建造藏身之處，或在柔軟泥沼，或在樹腳根窩，或者依傍瀑布。這些地方盡皆嚴酷，西尼卻在粗曠中見美麗，欣賞它們與時節天候同步。

我盡可能在兩張大比例尺地圖上標示西尼去過的地方，試著確定那些地點現在的位置或對應地點：Dal'Arie, Glen Arkin, Clonkill, Ailsa Craig, Swim-Two-Birds, Sliebh Mis, Cruachan Aighle, Islay，這些名字共同構成一首荒野之詩。許多地方不復存在，爲歷史所遺忘，有些地方不復荒野，或爲道路穿越，或者建爲城鎮。

儘管環境變化，西尼的探索形式與詩歌意象依舊強而有力。我將大頭針插在地圖上，標出西尼去過的每個地方，再用白線串連起來，穿梭交織的棉線於是標示他的旅程。他從一個野地去到另一個野地，在荒野過冬，睡在地上，這一切都鼓舞著我。身在野地時，西尼偶爾也會想要「柔軟的枕頭」，想要一張床、一頓熱食，我略帶困窘感到心有戚戚。

西尼去過的許多地方當中，他覺得以博凱恩山谷（Glen Bolcain）最爲神奇怪異，這地方不見於任何當代記載，但可從詩中清楚窺見當地風貌。這是個兩側陡峭的失落山谷，「籠罩著風與隨風飄送的迴聲」，清澈小溪中有水芥生長，河岸苔蘚如茵，寬廣厚實足以躺著安眠。我做著關於博凱恩的白日夢，想起我去過最特別的山谷——斯凱島②濱大西洋岸的科魯伊斯（Coruisk）谷地。於是我想，下次旅行要從西海岸的火成岩恩施利島前往另一個火成岩島，斯凱島。

• • • • •

我們通常認爲極地冰帽與山巔能牽動思維、激發想像，卻罕見谷地（河谷、峽谷、旱谷、溝壑）能塑造激盪思想的記載。谷地類型衆多，其中以禁谷（Sanctuaries）最爲強大。禁谷是四面高地拱衛或有水環繞的下陷空間，極富魅力，如同失落世界或祕密花園。當旅人從隘口攀上山脊，發現腳下土地陡然陷落，頓時因那禁地與封閉之感而心蕩神馳。喜馬拉雅山區的安娜普納和南達德維，以及非洲坦尙尼亞的恩戈羅火山口，都是世上著名禁谷，首次進入這些空間的驚奇與恐懼也見於西方探險文學。

不列顛和愛爾蘭也有禁谷，規模不及亞非，卻也不失色。英格蘭西部埃克斯穆爾高地的峽谷，曼迪丘（Mendips）和約克郡谷地的沼澤窪地，還有蘇格蘭莫法特（Moffat）附近有「惡魔肉盆」（Devil's Beeftub）之稱的陷落盆地，這些都是禁谷。曾有親戚告訴我，蘇格蘭西北部阿辛（Assyn）一個偏僻地區有座無名小禁谷。他說某個晚上，他獨自睡在戶外一塊突出巨石下方，看見一群紅鹿（歐洲馬鹿）在一隻雄鹿領隊下進入山谷。他說，鹿對人感到驚訝，但並不緊張。

比甸南卡山（Bidean nam Bian）位於蘇格蘭高地寇河峽谷西側，是一片寬廣錯雜的山地，第一道及第二道支脈中間有一片谷地，有些人稱之爲「失落山谷」，三邊被比甸南卡山的黑色鰭狀岩與垛形岩包圍，第四邊有雙重屏障：一整面封鎖山谷入口的崩岩，和雨後水位高漲時便無法度過的寇河（River Coe）。一九三九年冬末，蘇格蘭登山家莫瑞（W. H. Murray）進入失落山谷，再次嘗試攀登比甸南卡山的峭壁。當時地面積雪三十公分，表面光潔無瑕染，更顯山谷孤絕，也加深此地寂靜。莫瑞寫道，這裡讓人「很容易保持寧靜」，在這裡，心的「自然運動」就是「向上升起」，進入山谷就像

「居於北極，遠離文明視線與聲音」。

不過，科魯伊斯谷地（Coruisk）才是禁谷之最，這是斯凱島西南岸一片湖泊密布的谷地。Coruisk 是蓋爾語 Coir'uisge 的英語化，意爲大水鍋，遺世獨立，名聞遐邇。科魯伊斯三邊是山，第四面是伸入大西洋的斯卡瓦湖③。這裡屬於黑卡林（Black Cuillin）山區，是不列顛最嚴峻最具哥德風的山脈。它們是古老火山的基部，經歷五千五百萬年侵蝕，如今只存十公里玄武岩和輝長岩的破碎垛形岩。

要徒步進入科魯伊斯谷地，只能取道卡林山脈的陡峭隘口，不然就得沿斯卡瓦湖步行數公里，中間還得橫越衝突峰（Sgurr na Stri）的惡崖（Bad Step），那是一塊冰河磨平的岩石，斜倚斯卡瓦湖綠色湖水上方約六公尺處。這谷地稱不上人跡難至，但確實遺世獨立、超凡脫俗，氣象天空雲層都自成一格，其間光采出人意表。隨著天氣變化，大水鍋兩側岩石不時更易顏色，多雲時灰，中午色如太妃糖，傍晚變成紅褐，遇雨和日光是金屬光澤。

流經山脊的寒凍之水匯入禁谷中心的科魯伊斯湖。湖水會隨觀者視角改變顏色，從湖畔看是黑色，從上方峰脊俯瞰是天藍色，置身其間是焦糖棕色。卡林山脊從盆地延伸到遠方，彼端深潭還有水下岩拱，夏日潛入水中，就能在透水藍光裡潛游穿過拱門。

長久以來，荒野寫作者深受科魯伊斯山谷特殊形貌習性吸引。一九三六年，莫瑞初到他口中的「科魯伊斯盆地」，發現「夢境遠不如現實狂野」。一八一四年，蘇格蘭喀里多尼森林負責人史考特（Walter Scott）造訪科魯伊斯，描述此地「黑暗、陰鬱、狂野、怪異、嚴峻」。史考特此番概括激發十九世紀的浪漫哀愁。維多利亞時代的藝術家、作家和探險家煞費苦心前往科魯伊斯盆地，數以百計結隊前行，或徒步或乘船，冒蠓蚊、大雨和風暴，棲身於帳篷洞穴或泊船在斯卡瓦湖。那是一種美學追求，爲讚揚科魯伊斯谷地型態，甘願忍受嚴苛的谷地生活。這些人來歷五花八門，有維多利亞時代紅髮詩人斯溫伯恩（Algernon Swinburne），還有風景畫家特納（J. M. W. Turner），爲見識史考特所述野性，他於一八三一年來到科魯伊斯，作畫時差點摔死。他在那幅畫中將卡林山脈扭曲成細長山峰，不像岩石，反像攪打過的蛋白。

◆ ◆ ◆ ◆ ◆

一個炎熱的八月天，我從南方來到科魯伊斯，沿斯卡瓦湖岸行走，同行的還有理查，他與我交情最老，這些年來我們一起攀登過數百座山峰。一連數小時，我們循一條狹路前進，這小路沿湖迤邐，裙襬一般流暢。大西洋始終在我們左側，時間推移，日照漸低，慢慢轉爲黃銅色。鸕鶿四散棲息於巨石，凝視大海，有些站立不動，兩翅從腕骨張開，在陽光和風中晾曬，活像鐵製的十字架，又像泡沫聚集在岸邊石間，是書寫紙的那種奶油色。

我們走了六七公里，穿過一片長近兩百公尺的迷你森林。向岸風不停吹來，將樹木向東折彎，壓向地面，因此樹高都不超過三公尺，我們得彎腰側身才能通過樹木和山坡間的狹窄空間。

現在斯凱島上樹少人也少。斯凱島在十九世紀高地大驅逐中失去許多居民，在那之前不過數世紀，島嶼因為人為焚燒和砍伐而失去大部分林地。現存最早關於斯凱島的記述見於一五四九年，形容這島嶼有「許多樹木，許多森林，許多鹿」，如今只有幾條穿過偏遠地區的古道還能一瞥島上森林茂密的過往，其中有些本是森林工作者走出的路。斯凱島以荒涼聞名，但這名聲是晚近才形成，不免令人唏噓懷想島嶼過往。這裡正如蘇格蘭其他荒野，本非空曠荒地，而是被淨空。斯凱島民還記得「荒涼」（bleak）一字來自古挪威語 bleikr，意為「白色」或「閃亮」，正是骨頭的顏色。

穿過森林後，小徑陡然通向一個小灣，礫石灘滿布垃圾，更甚恩施利島的海灣。我們停步清理，藍色的牛奶瓶板條箱、坑坑洞洞的立方體家具泡棉墊、菸頭、瓶蓋、噴霧罐，還有利樂紙盒，上面印的數十種語言都已褪色。即使在這面向大西洋的偏遠海灣，依舊可見人類破壞環境的鐵證，土地難逃污染，也難以自主。

每年有數千噸垃圾沖上不列顛與愛爾蘭海岸，且數量逐年增加，不只有礙觀瞻，也造成嚴重影響。鯨豚因消化道被塑膠堵塞而死亡。二〇〇二年，一隻小鬚鯨被沖上諾曼第海岸，人們發現鯨魚胃裡有近一噸塑膠包裝和購物袋。海豹和海鳥被拖網漁船遺棄或丟失的「幽靈」魚網糾纏。船舶航行或海上鑽井排出浮油，覆蓋海藻森林，污染鳥類與海豹。

我仔細檢查塑膠殘屑，發現一塊碎片，被岩石磨得粗糙，輕如貝殼，用拇指腹摩擦，感覺像貓舌頭一樣刺刺的。我撿起一根繩子，藍黑交纏，編成相扣的菱形，就像蝰蛇背上圖案。蠣鷸成群站在沙灘，縮起脖子，彷彿身著燕尾服。三隻絨鴨在離岸不到二十公尺處來回飛翔。風與水編織石楠花莖與草，織成大片雜亂的秋收花環，沿潮汐線迤邐數公里。海水將石頭帶上傾斜岩架，按體積和規格排列，輕的礫石在岩架高處，重的礫石靠近水邊。

小溝裡卡著一隻海鷗屍體，才剛死去，濕漉翅膀張開，羽上油跡好似蝕紋，不過似乎不是死於污染。牠眼睛蒙上霧氣，像磨損的海玻璃。我俯身將海鷗翅膀疊回胸前，然後我們朝黑岩拱衛的禁谷入口走去。

• • • • •

我們在黃昏時分抵達科魯伊斯入口。一側是懸崖，一側是瀑布切割的岩牆。天色漸黑，遁入海面，有暴風雨正在水平線邊緣某處形成。我們走在懸崖之間，我起了一種強烈的感覺，彷彿正通過一個門戶，或跨越一道門檻。我記得祖父告訴我，他在瑞士長大，曾設法進入深鎖於南齒峰（Dents du Midi）後方的神祕蘇桑菲谷（Val de Susan-fe）。要進入這座禁谷，得先攀上瀑布上方的一道岩架，看似斷在半空，其實還通向另一道更寬的岩架，從那裡才再通向禁谷本身。他說，「這條密道是通往奇地的大門」，雪絨花與紫菀盛開的地方。

在科魯伊斯湖水注入斯卡瓦湖、淡鹹水交會處上方，我們發現一間小屋。理查先看到那小屋，叫了出來。小屋蜷縮在九公尺高玄武岩斷崖背風面，面向大西洋，偽裝巧妙，暮色中幾難辨認。懸崖背風面空氣平靜，蠓蚊群集雲湧，成百上千撲上我們手臉，令人發狂。

小屋壁爐上有一塊螺絲固定的松木板，記載這間小屋建於一九五二年，由兩名年輕人的父母出資興建，紀念兩人冬季攀登尼維斯山的塔嶺時喪生，並協助「富有冒險精神、勇氣和隊友情誼的人在高山找到施展的機會」。

暮色藍而寒冷，九點左右轉爲暴風雨。雨滴打上窗戶，就像一把把碎石砸上玻璃。我走到小屋西側窗前，雙手收攏在眼角，向外凝視。我只能看到玻璃上雨滴倒映的微型景觀，一個個像是銀色墓塚。玻璃之外全然黑暗，毫無景觀，若非聽得見風雨聲，我可能會以爲小屋正飛馳於深空。

我在窗台上找到小屋的留言簿，簿子上保存數十年來受科魯伊斯吸引前來的人留下的意見。漁夫、徒步旅行者、荒野朝聖者、畫家、獨行者，從世界各地來到這裡。門薩登山俱樂部（Mensa Mountaineering Club）寫道，他們不知怎麼開門。二〇〇一年四月二十一日有一條寫著：「韭菜少校在水管裡差點燒傷。」上面沒解釋韭菜少校怎麼進去的，也沒解釋後來怎麼把他弄走，但顯然供水已經恢復，皆大歡喜。

一個來自康沃爾的團體寫道，他們在一個晴朗的夜晚看見灣中海水閃爍綠色磷光。他們下到岸邊，把石頭扔進水中，看黑暗中湧出翠綠噴泉。我滿懷欣羨閱讀他們的描述，想起恩施利所見磷光，希望可以再見此等倏忽急變的光之奇蹟。

◆ ◆ ◆ ◆ ◆

第二天早上我們醒來，一條條淡薄陽光落上地板，暴風雨已經退去。戶外大片白雲高掛海上，間以藍天。海鷗輕盈飛旋，穿過光柱時閃閃發光。斯卡瓦湖很平靜，風暴已被遺忘，四下寂然，唯有海浪輕聲低語隨風飄蕩，還有灣中一艘繫泊遊艇桅杆掛繩慵懶的咔噠聲。那船想必是在夜間從開闊水域到此避風。海豹在岩石上曬太陽，百無聊賴俯臥著。

我們離開小屋，續行向上，進入禁谷。我們打算沿科魯伊斯湖長長北岸探索，通過崖底和湖面之間的土地，然後在湖泊盡頭攀上大崖壁直至山脊，最後要試攀號稱「尖峰」（Pinnacle）的紅岩峰（Sgurr Dearg），那鯊魚鰭般的黑色岩峰突出科魯伊斯湖上方數百公尺，我一直認爲是世上最荒涼的地方之一。

我們沿湖北岸穿越一兩公頃滲穴密布的濕透沼地。左邊地面是陡峭的棕色岩石，馬賽克一般，岩隙密生雜草，岩面上有前夜暴風雨留下的垂直水紋。這樣的岩面有數千片，呈一直線排列，每面濕漉岩面皆熠熠生輝，那是山壁傾角與光線投射的角度使然。

沼澤滲穴漲滿了水。岩石含有少量鐵質，染紅洞中積水邊緣，彷彿血池閃閃發光。唯有鹿隻行過的隱約痕跡向我們指出安全去路。

空氣潮濕，帶著沼澤淤泥氣味。地上植物密生，有杉葉藻，是現存最古老的植物之一，還有一種植物長著深綠色葉子，但我不知其名。我伸手從下方舀起一片葉子，感覺很像舊牛皮紙地圖，沉而柔軟，垂在我手掌。

行路之間，天氣迅速變換，先是陽光，然後是雨，然後忽來連珠砲般的冰雹。行過近五公里沼地，我們已近湖口，這裡都是平坦堅硬的輝長岩，每片面積達十公畝，上面坑洞密布，是數萬年前被冰河整平磨圓。我注意到每個坑洞底部都有塊卵石或岩石，嚴絲合縫，好像平頭螺絲的頂部。

我們從湖口開始攀登，周圍有渡鴉利用卡林山脈捉摸不定的風向來練習飛行——停頓、翻滾、鞭打出聲、半筋斗翻轉。牠們叫聲尖銳，好像鋼珠撞擊，敲打著斷崖。虯曲的花楸四下生長，多節的根部捆綁濕漉碎石。

我們艱困前行，在一塊小溪流過的平坦岩石旁停下休息。三團豐滿的綠色苔蘚垂掛岩石邊緣，狀似織布鳥的巢。流過岩石的水十分平穩，人造塑膠般光滑。我將手放到水面下，看水流漫過手掌，浮成掌形，好像我多了一層半透明皮膚。抬頭一望，我看到鰭狀山峰。山脊高處風力強勁，白雲片片，撕扯黑色岩石。我突然興起一陣恐懼，想起最早一名登頂者對尖峰的描述：「山脊彷彿刀刃，一側外傾，壁立無垠，另一側更陡更長。」

再往高處，我們行入雲間，溫度陡降。岩石沾染濕氣，變得滑溜。我們來到兩道峰脊間的狹窄缺口，設法攀上較低的紅岩峰頂，再從那裡沿著層疊陡峭的玄武岩片下到尖峰底部。

這裡有個圓形小岩屋，狀似隨手搭建的羊圈，可充作遮蔽之所。我們瑟縮在內幾分鐘，默默分吃一塊巧克力。我一直仰望黑色尖峰，就在上方約一百公尺，斜斜聳向飛掠的白雲。

我起身走到尖峰斜坡起點，一隻手放上岩石。岩石之冷，迅速吸走皮膚的溫暖。而我想著，這塊石頭也曾流動。億萬年前，這岩石奔過、滴過、濺過。尖峰兩側地面直降而下，我往鰭狀山峰方向走了幾步，因爲置身時間與空間邊緣忽感惴惴不安。現在我只想走下山脊，走回盆地。之前我們討論過，此行要攀登尖峰，還帶上繩索，然而一旦置身此地，這行爲突然顯得危險不遜，既無意義，也無可能。

於是我們下撤，沿山脊退回龍皮般的玄武岩層，再度回到隘口。我們在山脊背風處休息了一陣子。我靜靜坐著，試圖釐清剛才情況。那突發恐懼從何而來？那不只是生理上的脆弱感，也不只是令人眩暈的衝動，雖然二者也都兼而有之。這當然是一種野性，但屬於凶猛、混亂、嚴酷的類型，與恩施利近乎於美的野性截然不同。

山口以西，繁複雲層快速移動，好像滑動門板，分開時便能望見大西洋上空，之後又復闔起。我在某道雲隙中看到朗姆島（Rum），更遠處是外赫布里底群島從巴拉岬直到北部路易斯的低長海岸線，又在另一道雲隙瞥見科魯伊斯谷地。我心想，斯凱島上第一條冰河形成之處可能就類似這座山口——冰河在更新世一舉磨平盆地內巨大的谷地空間，始於兩百五十萬年前，直到約一萬四千七百年前最後的冰河從斯凱島退去爲止。

就像河流始於水滴落上斜坡，冰河始於雪花落入窪地。雪花成了漂流物，被自身重量燒結成冰，流過窪地，被自身堆聚的質量推動，流下山脈的岩架與碎石坡，追隨並拓寬逕流侵蝕的水道。最後一個冰河期的高峰期，科魯伊斯谷地滿覆寒冰，只有最高的山峰（包括人跡罕至的尖峰）突出冰面成爲冰原島峰，就像格陵蘭和極區那些突出雪上的岩石尖頂。

法爾以科魯伊斯和卡林等地爲「老自然」，我認爲他是對的。若野生動物瀕臨滅絕，必然以山巔和山所拱衛的山谷爲最後堡壘。這些地方大體上仍保有自身模式和節奏，創造自己的天候與光亮。但這裡並非如夢想那般純粹、無懈可擊。海灘因塑膠碎片顯得俗不可耐，油污沾染海藻與海鳥，在在警告我們入侵與變化。還有隱晦的警告以缺席形式出現，如清空的峽谷、無樹的山坡。

那天稍晚我們回到山谷，在寬闊的藍色河流逗留、游泳。這條河自大崖壁及山脊匯集水流，注入科魯伊斯湖。理查找到一道近十公尺長的光滑岩槽，河水順流而下，再湧入清澈深潭，是完美的泳池！我心想，羅傑會喜歡這裡。我父親也會喜歡。他總是在戶外游泳，瀑布洞中，橋下急流，海畔灣隩。我小時候，夏天我們通常會開車從英格蘭中部的家返回蘇格蘭高地。每次回去，父親都把車停在洛蒙湖西岸同一個地方，無論天候冷暖都跳入水中，游個幾分鐘。那之後他總是滿身濕漉，面帶微笑回來，繼續開車往北。

理查和我先後跳水，高舉雙臂，任水流呼呼將我們沖下，最後落入水池。河水落上池面有如傾盆大雨，蠓蚊飄浮在周遭空氣，只要我們靜止幾秒不動，立刻附上來叮咬。河邊綠苔密生如茵，讓我想起西尼心愛的博凱恩山谷，不由心中埋怨：西尼，你怎麼都沒提到蠓蚊……

我們沿湖走了最後幾公里路，水面陽光微弱，映上我們皮膚，旁邊河流自有光亮，我看到彩虹生成於下方山谷天空中，橋接禁谷兩端。我們走向彩虹，但彩虹似乎隨我們前進而後退，耐心與我們保持距離。我想起曾在筆記本上記下，如今已忘卻來源的一句話：「地景存在於我們夢見之先。地景看我們來到。」

◆ ◆ ◆ ◆ ◆

我們離開的那天早上，天空一片湛藍。啓程之前，我們最後一次在科魯伊斯湖中游泳。我們把衣服放在巨礫上吸收日光熱度，從岸邊一塊溫暖斜岩滑入湖中。水靜止如石，還留著夜的涼爽。泥炭水色爲我皮膚添上舊硬幣般的金色光澤。

湖對面不到一百公尺處有個小島，其實不過一塊低矮的黑色裸岩，被通過的冰河磨滑，最高點距離水面不過二三十公分，狀似鯨背，讓我想起我那棵山毛櫸樹。

我游過去，爬出水面，渾身滴水站在那裡，感受腳下岩石粗糙，和來自太陽的溫暖。然後我仰面躺下，雙手枕在腦後，望著天空。

三四分鐘後，一股倒轉的眩暈感襲來，我彷彿即將往上摔倒。天地之間沒有空間或時間的線索，深度標記一概付之闕如。四下靜寂，只有水波輕拍小島。躺在那裡，眼睛所見除了自己眼緣便無人跡，那種寂靜彷彿退回冰河時代。

我在盆地裡開始以不同方式想像時間，或者至少以不同方式體驗。時間不再是小時和分鐘，而是色調與質地。才過了幾天，我就發覺很難思考科魯伊斯以外的世界，那世界有商店、學院和汽車，不斷前進，輕快又緊迫，甚至很難去想我的家庭，我那城市中的家和庭院，院中的蘋果樹因結實纍纍而垂下枝條。

盆地裡多種時間並存，不是所有時間都很慢。我也在盆地看到速度，如渡鴉飛行時陡降，豆娘飛竄如箭，水流激轉於岩石，還有出生旋舞死亡於一日之內的蠓蚊。但這一切所創造出來的大型年表——寒冰順時間的斜坡渾然向海推進，卻對我的心智產生最強烈的影響。

即便只是短暫在盆地逗留，也會意識到人類感官侷限狹隘，對世界的設想也侷限於一時。在盆地裡，一般計時單位（如世紀、壽命、十年、年、日、心跳）變得難以察覺，個人姿態與衝動（舉手、游泳划水、一陣憤怒、言語或思想的轉變）卻快得令人毛骨悚然。人類世界更大的推動力如戰爭、文明、時代，似乎都很遙遠。盆地時間太快又太慢，無法理解，全然無意遵循人類時程。盆地奉行的是荒野時間。

在這樣一個時代的山谷裡，人不得不放棄習慣的計時方法，放棄那些勉強維持正常生活的衡量計數。此地時間存在於礦物與空氣，不在錶面或日記，於是這類人類裝置顯得薄弱且微不足道。來訪者會想在禁谷門前悄悄交出日記，將手錶錶面朝內，以爲之後還有機會恢復。

鳥開始在我上空移動，起初看來都是黑點，之後我的眼睛開始認出不同種類。海鷗大張雙翼，飛在較低處，其上有三隻嘲喳烏鴉，最上方有一隻鵟鷹。突然間，天空變得深不可測，分成層層與圈圈。科魯伊斯本身也發生變化。這地方對我來說如此陌生，卻是這些鳥的家園，是牠們狩獵、玩耍、生活之處。

我游回岸邊，在約只三公尺深的湖口附近下潛到湖床，抓住一塊黑色鰭狀岩石，把自己固定在那裡，身體和腳向上傾斜直至垂直，然後向下游傾斜，讓身體像水草一樣，被柔和水流輕推。我呼出一口氣，放開岩石，浮上水面，回到明亮的空氣裡。

我們沿一條古老的護林員小徑離開禁谷。這小徑沿一條溪流而上，通過谷地南部隘口最低點。我在離隘口約三十公尺處（以一座寬闊疊石爲記）發現一小片礫灘，被水沖刷成白色，與最初塑造礫灘的寒冰差相彷彿。我拿了一顆要帶去堆疊石，另一顆放進嘴裡滾咂止渴。我們沿小路上行時，那石頭一直和我臼齒咔噠相敲。

疊石標誌這神奇地點的出口。我在此停下環顧。東北方是斯利加坎（Sligachan）砍伐清空的山谷，河彎上，廢棄房屋牆石散落，上面長滿青草與苔蘚。西邊可見人跡罕至的尖峰投下一道銳利黑影。科魯伊斯湖在下方遠處，湖面光亮傾斜如鏡。我們舉步前往斯利加坎。地景目送我們離去。

注1：猛禽遊隼（peregrine）與遊人僧侶（peregrini）同一字源。——譯注

注2：斯凱島英文名爲 Isle of Skye，中文常譯爲天空島，然 skye 一詞與天空（sky）無涉，且因詞源過於隱晦，詞義至今未有定論。現有猜測如翼（skitis）、霧（skuy）、雲（Skýey）等，皆缺乏充足證據。——編注

注3：斯卡瓦湖（Loch Scavaig）其實是海灣，科魯伊斯湖之水在此入海。——譯注

四、荒原

多年前一個溫暖秋夜，我爬上艾提牧人山（Buachaille Etive Mor）。這座山呈箭形，矗立於寇河峽谷東部門戶。我抵達山頂時，太陽低垂我身後海面，牧人山彷彿日晷指針，向東投下三角形陰影，穿過蘭諾赫荒原的金色巨石圈。我在那裡站了一小時，看山影在荒原上漸窄漸長，從金字塔變成小屋山牆，再變成方尖碑。那時我就決定日後還要回來，我要徒步穿越蘭諾赫荒原，在遙遠的荒原中心找個地方度過一夜。

許多人知道蘭諾赫荒原，或者曾在周邊群山俯視這片曠野，或者曾開車行經曠野西緣。更多人不曾見過蘭諾赫荒原，但在蘇格蘭小說家史蒂文森的少年小說《綁架》（*Kidnapped*, 1886）裡讀到兩名主角逃亡時穿過蘭諾赫荒原。他們行過「杳無人煙的荒山」和「原始河流的源頭」，來到一片「低窪破碎的荒地」，「荒涼如海，只有赤松雞和綠霸鷸哀鳴其上，遙遠東方一群野鹿移動，狀如小點」。穿越這片荒沼幾乎要了主角性命。冬天人們命喪於此，迷失於其廣袤，死於寒凍折磨，浩淼湖水因寒冷而凝結，僅有的幾棵樹也凍入冰中。

許多人知道蘭諾赫荒原，但少人涉足其間，因為荒原廣闊無路跡，一年四季嚴峻險惡。風暴從海上來，穿過狹窄的寇河峽谷，席捲荒原。寇河峽谷是個高地草原，表面斑駁有如鬣狗毛色，是冰河侵蝕的結果，苦痛痕跡至今仍在。天鵝成群降落在荒原的兩座大湖泊：複雜破碎的巴湖（Loch Bà）和鹿角形的雷頓湖（Loch Laidon）。在晴朗的夜晚，從周遭山上可見荒野溪流河湖無數，月光下波光粼粼。觀者只在此時才意識到，這片荒野其實由水構成。

那個溫暖秋日，我夜間開車穿過蘭諾赫荒原。路途比我想像中漫長，一里又一里。我彷彿駛入無垠的黑色空間，所經之處不似在人間。我在下坡路段緊急煞車，減速到幾乎停下，等待鹿群從車前川流而過，前往黑冰斗（Black Corries）的棲息處。藉著車頭燈光，我看到鹿隻過馬路時緊緊擠在一起，每一隻都緊張地把頭靠在前方夥伴的背部或側腹。寒凍中，鹿群鼻孔呼出白霧，眼白捕捉反射汽車燈光，黑暗中閃閃發亮。之後我沿著荒原漸緩斜坡駛向奧奇橋（Bridge of Orchy），又有兩三群鹿在我面前穿過馬路，行向黑峰（Black Mount）的冰斗。

◆ ◆ ◆ ◆ ◆

那個遇上鹿群的荒原穿越之旅過後四年，我回到蘭諾赫荒原，履行我在牧人山頂對自己的承諾，把這旅程加入我的荒野地圖。莫瑞也把我拉回荒原。去過科魯伊斯谷地後，數週之間我一直在讀他的文章。莫瑞就像僧侶和西尼，是另一個荒野追尋者，也是我旅程的另一先行者。

莫瑞在格拉斯哥長大，但直到一九三三年才初次想要進入蘇格蘭高地探險。當時他十九歲，聽到熟人描述冬日在高地西北方橫渡鐵砧山（An Teallach）：「雲層從崎嶇高聳的山脊上升起，太陽光束點亮下方深處峽谷。」莫瑞大感著迷，日後他回憶往事寫道，想親身體驗的願望讓他「突然轉變信仰」。從那時起直到第二次世界大戰爆發，他盡可能探索蘇格蘭的島嶼、荒原和山脈，不分季節，無論晝夜，前往他所稱的「天空的野地」。他對峽谷山峰瞭如指掌，熟知其天候習性及天氣史，清楚岩石與動植物天性。於他而言，荒野之重要已近乎神祕。那時他還不知道，日後他也將因荒野而免於瘋狂。

莫瑞成年後，一些見過他的人形容他鼻子彎曲，舉止嚴謹敏銳，平素冷靜自持，但行動如兔起鳧舉。他們稱他爲猛禽，或者用蘇格蘭登山家麥伊恩斯（Hamish MacInnes）的話來說，是「一隻樸實沉思的鷹」。莫瑞行過的荒野以艾提牧人山最爲重要，那裡有鴿灰和淡粉的岩石，就在蘭諾赫荒原邊緣。

一九三九年九月三日，莫瑞穿過蘭諾赫荒原，要前往寇河峽谷。他在荒原西緣的小旅店「國王之家」（King's House）停步，聽說已經宣戰。他知道軍隊一動員，他就得遠離心愛的蘇格蘭大地，甚且可能永別。日後他回憶道：

我本能地轉向對我最慷慨的山——牧人山。於是我冒著微雨穿過荒原，攀上岩高蘭脊（Crowberry Ridge），上到山頂。我記得待在這山上的許多日夜——月色明亮美麗，冰閃閃發光，登山如此艱辛。我記得一切都靜止了，以及這份寂靜與山融為一體時的無聲樂音。……那探索內心及外界的日子已成過去了？……我在山頂待了整整一小時，然後盡可能慢慢下山。每塊岩石和石頭於我都那麼熟悉。

一九四一年六月十九日，莫瑞與下屬向西移駐利比亞前線，進入岩與沙的廣袤大地，面積比法國和德國加總還大。莫瑞後來寫道，這片地域如此空曠、單調，地圖彷佛「海圖，海岸線外是一片空白」。即使當地如此貧乏、形勢危險，他還是在那嚴酷險惡的沙漠世界找到美。他逐漸愛上沙漠，愛上那清晰線條、熾熱日出——「巨大日輪從地平線升起，那靜寂之涼爽，藍天之無際」，而日光最烈的數小時間，沙粒彷彿被日光漂白，宛如沙漠降雪。

一九四二年，行動前最後一次休假，莫瑞登上吉薩大金字塔的「刀脊」，又大膽重試攀登獅身人面像。不過最後外交考量戰勝膽大妄爲。後來他寫道，人面獅身像的「下巴是主要障礙，而且……在友好國家的岩石上使用岩釘，此舉似乎可議」。

歡樂時光結束於那年八月。在有「巨釜」之稱的利比亞沙漠地區，莫瑞的步兵營受命向隆美爾裝甲師挺進。這種策略是一戰孑遺，早已不合時宜，甚且致命。莫瑞和下屬奉命在平地步行前進八百公尺，光天化日下力抗坦克。

日後莫瑞回憶這次進攻。首先，支援火砲停止後，寂靜震耳欲聾。然後，敵方向步兵開火，子彈破空而來，彈殼四落亂響。一輛滿載母雞的卡車被迫擊砲擊中，羽毛轟然飛向天空。莫瑞轉身要和傳令兵說話，發現對方只剩兩條腿，沒有軀幹，正冒著煙。

那天莫瑞倖存下來，但有六百人沒能逃過一劫。他們這營幾乎沒有喘息機會，六月二十八日獲得一支蘇格蘭新徵兵力補充，又奉命在阿萊曼以西六十多公里的海濱陣地附近挖掘壕溝，要堅守這道防線，對抗正在挺進的隆美爾第十五裝甲師。莫瑞帶著手下挖掘淺溝，放置兩磅輕炮，他們只能以此迎擊德軍的四號坦克。黃昏降臨，第一絲星光照亮平滑的沙漠天空。消息傳來，隆美爾師迫近，大約半小時內就到了。昏暗光亮下，旅長靠向莫瑞：「今晚，你要麼死，要麼囚。」

莫瑞在狹窄壕溝低微光線下整理口袋，毀掉任何可能為敵所用的東西：稜鏡羅盤、身分證、製圖筆記。他找到通訊錄，看了一眼，多半是登山者的名字。日後他回憶說，在那一刻，他突然想起曾經走過的山脈和荒原，還有與他一同探險的人，頓時難以自持。「回憶在瞬間全來了——山……充滿一種不屬於它們的美。」

一小時後，德軍坦克展開第一波攻擊。坡上出現龐然黑物，是二十輛成排的坦克，行動間將沙塵攪成赭色煙霧。暮色中，兩磅炮的砲彈發出閃光，在天空劃出一道道紅色短弧。坦克發射八八毫米火砲，朝同盟國卡車隊後方掃射白色曳光彈，然後駛下戰壕與砲陣地。屠殺來得迅速徹底。莫瑞再次死裡逃生。他被俘虜，飛了九百多公里，送到義大利北部切提省（Chieti）的二十一戰俘營。

切提營內條件差勁，但並不可怕。有書，有食物，雖然永遠都不夠。暴力是種手腕，不會無端發生。戰犯會因小錯而遭槍托毆打，但不會有比這更遭的待遇。最重要的是，這裡有景觀。莫瑞向西遠眺，在營地圍欄鐵絲網後方能隱約看見阿布魯齊山脈。被監禁的幾個月裡，那些山是他的寄托。冬天到來，第一場雪落在山脈最高峰大薩索山（Gran Sasso），在他看來就像藍白相間的幽靈飄浮於天空，是「精神自由」的化身，不受柵欄、營房和哨兵的束縛。

到切提十週後，莫瑞開始寫作，寫被監禁前所知的野地，寫他喜愛探索的蘇格蘭山脈、荒原與山脊。

紙張稀缺。起初他寫在衛生紙上，但營地飲食匱乏，他省不出東西交換衛生紙。後來他母親通過紅十字會寄給他一本莎士比亞全集，「用最好的印度紙印刷。」營地的人喜歡那種緊實及質地，於是他拿書頁換來可以寫字的空白衛生紙。

莫瑞營地寫作，實爲做夢，是在囚禁中回溯召喚蘇格蘭的開闊空間，蘇格蘭的「岩石、冰雪、高原、綿長山脊與寬闊荒原」。他精力逐漸減弱，想像力卻日益強大。他回憶開闊與自由，在這當中茁壯成長。用他自己的話來說，他寫於切提的《蘇格蘭登山記》（*Mountaineering in Scotland*）是「寫成於浩劫核心之書」，以最細膩的方式表達荒野的力量，儘管那力量是回憶，很遙遠，只存在於腦海。

十月，莫瑞轉到巴伐利亞穆斯堡（Moosburg）戰俘營。戰俘被關在鐵刺網圍起的建築群裡，擠在人滿爲患的地下室，「就像貧民窟裡的老鼠」。跳蚤蝨子大量繁殖，晚上臭蟲從床墊蜂擁而出。他還是繼續寫作。

不久後，他又被轉到捷克斯洛伐克最西部，波希米亞省的一個營區。囚犯抵達時接受搜查，莫瑞一疊厚厚廁紙手稿被發現，蓋世太保審問他，認爲他以密碼記錄部隊調動。手稿被拿走銷毀。即使他精神強韌，這依舊是個沉重打擊。

莫瑞的健康在監禁的數年間惡化。戰爭快結束時，紅十字會包裹無法送達營地，營犯只能以黑麵包和極少馬鈴薯與胡蘿蔔配給維生。可能的話，他們會捕殺貓狗爲食。肺結核很普遍。「我只剩一副枯骨。」莫瑞給朋友的信中悲傷寫道。因爲缺乏維生素，他的指甲起皺，頭髮也稀疏了。他走不到十公尺就頭暈目眩，得停下休息。他認爲即使活到戰後，也永遠無法爬山了。

但夢想還在持續。他在波希米亞祕密重啓抵達時被拿走的手稿。缺乏食物令他虛弱，想像力卻不受約束。他回憶道：「任何對美的感覺，我都不再有所保留。」他閉上眼睛，山巒和峽谷躍入腦海，每個細節栩栩如生。他夢見荒原上紫色薄暮，夢見曾泅泳於碧灣綠水，夢見黃昏在牧人山頂看到的澄金天空，然後寫下一切。他回憶說，在監禁的最後一年，「我沒覺得自己被監禁。我住在山上，擁有山的自由。」

一九四五年五月一日，美軍解放他們的戰俘營。獲釋一個月後，莫瑞回到蘭諾赫荒原，身體枯瘦虛弱但精神亢奮。他再次攀登牧人山，逗留山頂，俯瞰廣闊天空下的荒原。

◆ ◆ ◆ ◆ ◆

十一月穿越荒原時，科魯伊斯充沛的夏日陽光已被棕色秋日取代。七八月漫長黃昏不再，取而代之是早來夜幕，涼爽空氣。

我曾希望冬天早點到來，因爲我想趁冰封時滑雪或溜冰穿越荒原。我知道一九五〇年代曾有過先例，而我很喜歡只取單一元素，只運用水來穿越這片大地的構想。我父親同意陪我，但指出計劃有兩個小問題：我們都不會滑冰，而且天氣潮濕，我們會沉下去。這邏輯強而有力，我們只能走路了。

我們從倫敦搭臥鋪火車往北。火車是愛德華時代的奇蹟，在睡夢中將人從一地送到另一地，那浪漫至今仍可感知。我們遠離倫敦尤斯頓車站，遠離快餐店、車站喇叭此起彼落的播音聲、角落裡壓扁的啤酒罐、人群中閃避的身影，醒來時空氣凜冽，白霧迷茫，一隻雄鹿消失在茫茫細雨當中。霧氣凝聚於低地。我們在蘭諾赫站下車，走上荒原。

那天早上，我們開始了解荒原有其習性和要求，不允許誰直線前進。莫瑞也知道，人在荒原行進緩慢，移動以小時計，而不以公里計。荒原大半是湖泊，還有許多泥沼，湖泊和泥沼之間有沼澤溪流緩緩流動，將水染黑，油一般閃亮。

我們從一個泥沼跳到另一個泥沼，躍過泥炭裂縫，穿過溪流與草叢的迷宮。之後我們穿過一條無名河流，我看到一條大鱒魚飛箭一般越過池塘，留下水面波紋盪漾。泥沼裡四處可見沉陷的千年松樹根。我好想爬上那些雄偉的松樹。泥沼木材防腐力很強，第二次世界大戰期間，美國海軍從新澤西州泥炭沼回收三千年高齡的白雪松原木，用以建造機動魚雷艇船體。我從其中一個樹樁取出一塊鬆散木頭，顏色被泥炭染成深棕，狀如海豚。我在另一道黑色堤岸上發現一塊白色石頭，像眼球一樣嵌著。我把它洗刷乾淨，邊走邊在手中翻弄。

荒原廣闊，景致重複，在在影響我們對距離的感知。物體與動作在此地很罕見，反而愈顯明晰。空間極其遼闊，行走其中，我不時抬頭觀望荒原以西群山，試圖測量我們行過的距離，卻看似毫無前進。我們的腳總落在抬起之處，就像探險家行走於旋轉的浮冰。

數小時後，我們在地圖上標示爲石堆屋（Tigh Na Cruaiche）的廢墟停下休息。這屋子角落立著一個生鏽鐵火盆，此外空無一物。空氣聞來青綠。我們坐在石上，從無門的入口向外望去，雷頓湖心有許多樹木繁茂的島嶼，其後是黑冰斗，是鹿隻與雪霧聚集的高地，空氣瀰漫冷藍色調。我羨慕莫瑞，戰後他在炎熱的八月天穿越荒原，只有他的狗陪伴。走到一半，他褪下全身衣服，收進背包，之後整日裸身行走，不時在水池與湖灣入浴。而我在冬日做著白日夢，想像此地陽光明媚無風，我可以一邊橫越荒原，從荒原一側裸體溜冰到另一側……

後來我們坐在十五公尺高的小丘上，吃黑麥麵包和起司，看雨雲聚集在數公里外寇河峽谷入口，而後從地面向我們滾滾而來。鼓丘岩上掛著片片地衣，好似天鵝絨般，被風吹得翻起漣漪。父親指向西邊：一隻紅隼正在狩獵，迅速飛過地面，然後停頓、俯衝，收起翅膀，重重衝入石楠叢。

如此深入荒原，我們置身廣闊空間，周遭大地有如培根狀的條帶：天空一條，白雲一條，深色土地一條，在這一切之下是黃褐色的荒原。那季節的荒原色調微妙多彩，遠看是斑紋，近看有顏色：橙、赭、紅、芥末黃，還有泥炭爲一切鑲上光滑的黑邊。

我們花了一整天時間才抵達我心目中的荒原中心，也就是巴河（Abhainn Bà）注入雷頓湖之處。暮色籠罩荒原，於是我們停步，搭起小帳篷，躺在黑暗中，討論走過的路、還未走的路，以及荒原在我們心頭激起的奇特情緒，混合了恐懼和敬畏。我們睡在河流曲處，那是個微型洪氾平原，被冬日洪水沖出、刷平，是廣袤荒原中心的避難所。

◆◆◆◆◆

英國人煙稠密，很難找到開闊地帶。少有不被遮蔽的地平線，少有地方遠處可見藍天。開闊雖然罕見，卻很重要。長年被街道房屋包圍的生活會產生封閉感，讓人視野淺短。荒原、海洋和山巒的開闊可以抵消這些。每次從荒原回來，我都感覺眼睛亮了，彷彿視野向兩邊拓展二十度。延展的空間不只可用以比喻自由開放，還能強化這些感覺。

用成長於北美大平原的美國小說家凱瑟（Willa Cather）的話來說，體驗開闊就是「不斷走向高地平原，對所有平曠土地抱有無限憧憬」。從歷史看，人類總是不愛空曠地區，而愛開闊之處，就得像凱瑟那樣，相信連續空間能創造美。我們得相信這般國度自有其積極擴展性。任何人在晴朗日子置身汪洋大海，四顧不見陸地，想到大海邊緣下垂，海水液面凸彎，都會明白地球曲率是多麼驚人。

開放空間給人的體驗難以表達又不容置疑，蘭諾赫荒原就是此等偉大空間之一。若將英格蘭西北部坎布里亞郡的湖區切下，移到蘭諾赫荒原，將被荒原抱在懷中。像蘭諾赫荒原這樣的地方，對人的影響無法衡量，卻不該因為無法衡量而被忽略。哈代在小說《返鄉記》（*The Return of the Native*）寫道：「斜倚荊棘樹樁，從下午到晚上，眼睛無法看見荒野之巔與兩側之外任何東西，並且知道周遭和腳下一切都來自史前時代，就像上空星辰亙古不變，心緒因而鎮定，不隨變遷而漂泊，不受難抑之新（irrepressible New）煩擾。」

對莫瑞來說，獄中安慰他的甚至不是直接置身荒野和山脈，而是那段經歷的記憶。他知道那些地方還在，因此而獲得支持。

一九七七年，十九歲的格拉斯哥人布朗（Robert Brown）以未曾犯下的謀殺罪遭逮捕，之後幾天被屈打成招，最後判刑二十五年。他上訴兩次都告失敗，二〇〇二年終於重獲清白。他獲釋後第一件事就是前往洛蒙湖（Loch Lomond），陽光下坐在湖南岸一塊巨石上，感覺「風吹過臉頰，看山巒起伏」。那是他被捕前一天坐過的湖邊，那個空間的回憶，那個闊別二十五年的地方，在囚禁期間滋養他。事後他回憶說，他一直把那情景記在腦海「一個祕密隔間裡」。

我們往往對荒原、苔原、沼澤、草原等平曠地區抱有想像上的偏見。一七二五年，小說家笛福對旅行經過的荒野感到厭憎，形容那是「一片荒廢咆哮的野地」。人們之所以有笛福這樣的反應，部分是因為對平坦地形感到陌生。平曠之地不回應人眼問詢，吞吃所有解釋。人不知在廣闊環境如何錨定感知，不知如何賦予此等地方以意義。我們有詞彙形容這樣的地方，如荒涼、空無、無垠，半是敬畏，半是不屑，但我們發現很難用語言來描述那些基調上近乎封閉，但在開闊、延伸和透明度上極為優異的地貌。

人類不知如何面對平野，其後果相當嚴重。平野價值難明，因此兩個多世紀裡，英格蘭低地荒野有四分之三用於農耕、種植或開發，面積大為縮減。倖存野地多半都是指定「公共地」，也就是不受私人利益變遷影響，向所有人開放的土地。第二次世界大戰期間，英國政府鼓勵民眾「為勝而耕」，那時又有許多現已不復存的荒地首次被用於耕作。其他平野如英格蘭中部的索爾茲伯里平原和東部的布瑞克蘭荒野，以其廣大開闊而成為射擊場、坦克演習及飛機跑道的理想地點，因而被封鎖改建，供作軍事用途。英格蘭西南部奇特的博德明荒原有長滿金雀花的高地，其面積在一八〇〇至一九四六年間減少將近一半。有些開闊平野遭採石業侵犯，例如英格蘭西部的提特斯通岩丘（Titterstone Clee）。北約克郡荒原和諾森伯蘭荒原有六分之一面積用於種植商用針葉樹。放眼英格蘭，開闊地帶已大為縮減。

數世紀以來，諾丁漢、德比、謝菲爾德、曼徹斯特和利物浦等城市已有數億人逃向英格蘭北部奔寧荒原的坡地和高原，而在十九世紀和二十世紀初期多數時候，那裡是許多私人松雞獵場所在地。在一九三二年羅斯曼（Benny Rothman）領導「闖越金德瀑布荒原」行動之前，只有富裕的運動家才能進入荒野，土地由獵場看守人巡邏，行人都被當作入侵者。這些獵場看守人還負責撲殺掠食動物，殺死數以萬計的猛禽、鼬科動物和其他食肉動物，並將死亡無動於衷寫入狩獵紀錄。

荒野的現代外觀和性質，很大程度上取決於其運動史和用途。有些遺留痕跡很是微妙：維多利亞時代，石角荒原（Stanage Moor）所有者威爾森家族（Wilsons of Sheffield）僱傭石匠，在岩石上鑿出孔洞水道，以便收集雨水，在繁殖季節供應松雞幼雛飲用，當時岩上鑿痕依舊可見。還有些痕跡更為明顯，如每年都有大面積荒原被燒毀，以刺激石楠嫩芽生長，因為這是松雞的主食。

荒原的形成過程儘管受到人類影響，還是有無數人以不列顛和愛爾蘭的荒原為野地。他們掙脫城市侷限，踏入別種領域：冰蝕槽與沼澤的迷宮、石間搖曳的麥穗，還有雲母砂，讓陽光下的河床閃爍銀焰。

◆ ◆ ◆ ◆ ◆

午夜前後的荒原，我被水中石頭滾動的隆隆聲喚醒。一群鹿循獸徑穿越石楠荒原，在我們數公尺外涉水過河，長腿踢動水中石塊。

清晨時分，天空晴朗，溫度低降。我們在靛藍與金銅的黎明晨光裡走了幾個小時，沿巴湖鋸齒狀的北岸行過海灣。太陽光束細薄，探照般穿透雲隙，彷彿以探照燈搜索荒原上的逃犯，又好像是雷射光束，正量測荒原之廣大。

荒原在那數小時間現身，無論我往何方望，眼前盡是古怪的形態、抽象的形狀。曲線是其中一種形狀：托著湖灣的小小金色沙灘、高處覆雪山嶺襯出一道山丘陰鬱弧線、從奧奇橋邊廢棄農舍窗口望見的樺樹枝幹、奧奇橋的橋拱，還有一條古道，濕潤閃亮，向遠方蜿蜒。荒原上也隨處可見三角形：見於鹿角、見於披覆樹木與巨礫的淺綠色地衣岔出的分枝、見於雷頓湖的形狀、見於泥炭裂隙、見於幾株蘇格蘭老松有如雄鹿叉角的乾枯枝幹。

我們繼續前行，地圖在我心中開始成形，一點一滴清晰起來。我試著想像尚未抵達的荒野，每個地方都因其獨特的空間和物種、岩石與光的角度而顯得不凡。這地圖永遠無法完成，但我滿足於這份不完善。這地圖無法囊括荒野全部，我也不如此希望。製作能與土地匹敵的地圖，最終不免成爲波赫士在警世寓言《論科學的精度》（*On Exactitude in Science*）所描述的那樣。那故事講述一個製圖技藝臻於完善的帝國，完善到「一省地圖占據整座城市」。波赫士說，隨著時間流逝，即使這等尺寸的地圖，準確性也不再令人滿意，製圖師公會於是製造出新的帝國地圖，「其規模是帝國的規模，且每一點都與帝國對應」。這地圖當然無法使用，且令人窒息，最後被交付「嚴酷的太陽和冬天。直至今日，西方沙漠裡依舊存留那地圖殘墟，是動物和乞丐棲身之處。」

不知道一世紀後的人會怎麼看我的地圖，不知道一世紀的時間裡，人與荒野的關係將如何變化。也許佛斯特一語成讖，屆時荒野已在島上滅絕，不復見於世界。果眞如此的話，觀者可能覺得我的地圖是古怪陳跡，表達早期世界與心智的一連串希望與恐懼。又或者眞有人深情閱讀這地圖，就像今日我們視早期航海地圖爲夢想和憂慮的化身——那些畫在大陸內部的黃金山丘、那些在已知世界邊緣嬉戲的海怪。

一九六〇年，歷史學家兼小說家史戴格納（Wallace Stegner）寫了後來稱爲「荒野之信」的呼籲文章，發送給一位參與美國「戶外遊憩資源」聯邦政策審查的官員，後來收入他的文集。史戴格納寫道，荒野的價値遠遠超越其遊憩經濟價値、其礦產及自然資源的成本效益分析所揭示。他說明道，我們需要荒野，因爲荒野提醒我們，在人類以外還有一個世界。森林、平原、草原、沙漠、山脈，這些景觀讓人體驗「一種自身之外的巨大感，這種感覺現在某程度上已經消失了」。

然而，史戴格納寫道，這樣的景觀數量正在減少。「殘存的自然世界」正「逐漸被侵蝕」，而侵蝕的代價難以估量。如果荒野全部消失，我們就再也沒有機會「看到自己在世上是單一、分離、垂直、個別的，是樹木、岩石和土壤等環境的一部分，是其他動物的兄弟，是自然界的一部分，有資格歸屬於自然」。我們將「一頭栽進我們的科技白蟻生活，一個美麗新世界，完全由人工控制的環境，連短暫反思休息的機會也沒有」。

去蘭諾赫荒原前一週，我讀了史戴格納的文章，他的想法在荒原上似乎迴盪得更加激烈。他總結說：「我們需要可親近的荒野，即使我們向來只是開車到荒野邊緣看看。荒野讓身爲受造物的我們確保理智，確保自己是希望地理（geography of hope）的一分子。」

我們在中午時分抵達荒原西側的公路。我站在柏油路邊緣，拇指塞入帆布背包帶子下方，渾身泥炭，疲憊不堪，看大型冷凍卡車呼嘯而過，運送新鮮蔬菜到北方的「大峽谷」（Great Glen）和更遠處。我們是沼地來人，從一個時代步入另一個時代。

在荒原消磨許多小時後，現在車輛呼嘯而過的角度、線條和花俏顏色都像太空船一樣陌生。

公路較遠處有汽車靠邊停下，人群三三兩兩站在路邊眺望荒原，不時轉過身來，輕聲交談。

五、森林

從荒原返家後，我把海豚狀的松木塊安置在桌子上方書架，成爲我又一個現成收藏品。這收藏還在不斷增加，構成一片小小的風暴海灘，多半是石頭，但也有一支紅隼羽毛和幾片金色酸沼草，還有一串楊柳花，側面都已經張開，溢出螢光黃的花粉。這些物體略成一線排列，我把松木塊放在尾端，工作時那木塊就以木眼注視我。木塊紋理流暢如水，表面密布微細孔洞，彷彿通往繁複難解的走廊和通道，激發人去探索木塊內部的微型迷宮。

我們家習慣收集石頭等物作爲護身符。我的父母都是收藏家，我家的架子和窗台上放滿貝殼、卵石、河流或海洋的漂流木。從我有記憶起，我們就邊走邊撿東西。這是平凡的日常儀式，爲數百萬人所實踐。有些收集抱有目的，例如我父親專門製作蘆葦船，我童年有許多時候在河畔湖岸從事此等工藝，通常遵照複雜的技術規格——以卵石爲壓艙物，用山楂或黑刺李將榛葉帆固定在適當位置，而後送蘆葦船啓航，或者單獨，或者成對，或者成群。

而現在，收藏成爲我另一種記住荒野、參與荒野的方式。十五世紀製圖家發展出「isolarion」的概念，也就是詳細描述特定區域的地圖，但圖上不清楚交代這些地方的關聯。在我旅程這個初步階段，我仍不知道即將造訪的地方有何相似之處，又可能出現什麼意想不到的模式或迴響。這些物件彷彿將我造訪之地相連結，又不至於綁得太緊。

這些物件也是提示和線索。松木塊建議我下一去處。這木塊來自一條保存完好的古老樹根，已有數千年歷史，想必本是大片松樹林的一部分——直到西元前三千年，蘇格蘭高地北部都還爲大片松林覆蓋。這片壯麗的史前森林消失，主要出於氣候因素：毯子般厚重的泥炭沼在寒冷潮濕的大西洋時期四下蔓延，森林因而窒息，只留下零星殘餘，其中以蘭諾赫荒原東方的黑木森林（Coille Dubh）最爲廣大。

造訪過荒原再前往黑木森林，是從濕地到樹林，從沼澤到松樹，從空曠到封閉的旅程，遵循一種對立邏輯。數千年前，荒原本是森林，因而這也是倒溯時光的旅程。於是，十二月初，第一批紅翼鶇抵達東英格蘭三週之後，當我家附近山楂樹結出豐盈亮澤果實，我再次啓程往北。

我在一個早晨進入黑木森林，從湖泊長長的北端出發，從外緣樹傘下方穿過。冬日空氣凜冽刺骨，天空一片蔚藍。冷風由側面吹來，穿透淡薄日光。我沒有隨身攜帶森林地圖，因爲不可能迷路。這片森林占地上千公頃，分布在古老冰河磨蝕的山脈北麓，即便天候最惡劣時，重力也能將人帶出黑森林，因爲此地所有滾落線都會將人帶回安全的湖畔。

我在森林裡漫遊整日，來來回回，循著林間馬道，穿過數十個隱蔽祕境：林間有走廊與通道，茂密灌叢幾無光線，還有林間空地驀然現身。我躍過小溪，越過濕爛如海綿的泥炭沼澤、軟墊般毛茸茸的金髮苔。有大片綠色杜松、赤楊、山梨和奇怪的深色櫻樹。松樹皮有如爬蟲動物，樹脂氣息辛辣，樹枝披滿綠色和銀色地衣，有鹿角、貝殼、海藻、骨頭、破布各種奇形怪狀。石楠與蕨生長在樹木之間。我爬上一株橙色漿果四散的柔韌山梨，還有一株高大的老樺樹，接近樹頂時，老樹因我的體重而顫抖。

有時森林太過茂密，我只能倚靠坡度感知方向。然後，就像在科魯伊斯北灘那時，樹枝框起的遠景將會開展，露出遠方高處地面，或是下方遠處閃亮湖水。林間無聲，通常只有樹枝在風中摩擦作響，就像住屋的暖氣管道，讓我想起劍橋郡我那株山毛櫸樹。

黃昏時分，風勢減弱，紅銅色雲朵緩緩拉拽，高冷雲頂上仍有夕陽餘暉。然後下雪了，輕薄雪花擦過空氣，翩然落至每個朝上的表面。一片雪花落上我的深色外套，融入其中，彷彿鬼魂穿牆而過。

雪！從有記憶起，我就喜歡雪中的老樹林。冬日樹林對我來說是美麗國度，巨大冒險，是梅斯菲爾《歡樂之盒》（John Masefield, *The Box of Delights*）裡狼群奔跑追逐的雪地，是冰雪女王的納尼亞寒凍森林，是圓桌騎士高文在瀑布下裸岩上一覺起來，爲尋找綠騎士而在聖誕前夕穿越的威勒爾天然林。「森林茂密，野蠻荒涼……蒼白大橡樹數以百計，榛與山楂枝幹交纏，參差苔蘚四下錯落。」羅傑和我試圖找出高文穿過威勒爾抵達綠騎士教堂的路線。若是放在今天，他走A主幹道的話，一天之內就能走完全程，若想消磨整個週末，他可以在途中民宿過夜。

我在空地上發現一株暴風雨撂倒的白樺大樹，匍匐在地，但還活著，一排健康新枝從主幹向上生出，從這生長狀況看來，這樹恐怕兩三年前就被吹倒，現在樹幹南側密生半圓形棕色眞菌，彷彿嵌著硬幣。我繞到樹根。樹倒下時，根部拔起，現在狀如圓形泥崖。樹根上緣乾硬有如岩石，已有草皮覆生，像蓋上三十公分高的屋頂。雪下得更快了。我在樹根下清理出一塊地方，四處找來松枝，疊成彈性床墊，然後將較大樹枝靠在樹幹兩側，架出門廊，大致呈三角形。

我很高興有此庇蔭，雖說森林本身就是廣大庇護所。在這小窩內，溫暖的睡袋裡，我望著屋頂外落雪愈大，愈輕。動作如此之多，發出的聲音卻如此之少，感覺很奇怪。入睡前那幾分鐘，我感覺爲森林所照顧，看森林移步入夜，黑暗就像毛皮，覆上一切，雪花飄零，鳥兒敏捷移動於樹間。我想起蘇格蘭小說家兼詩人雪柏德（Nan Shepherd）筆下的紅山山脈：「不曾在山上過夜，就不可能完全了解這座山。人入睡時，心智會增長，身體會融化，只留下感官。睡前靜止的感知時刻，是一天中最有意義的時候。我心無罣礙，與天地無所隔閡。」

・・・・・

要了解荒野（the wild），首先得了解樹木（the wood）。誠如歷史學家哈里森（Robert Pogue Harrison）所言，文明靠「清除森林而得來空間」。數千年來，「耕作範圍、城市邊緣、領域邊界、想像力馳騁，都以黑暗森林邊緣爲界」。眞正的天然林在新石器時代才告消失，但早在人類開始記錄自己歷史之前，幾乎所有文化的創世神話都始於森林覆蓋的大地。古蘇美史詩《吉伽美什》是世界文學開端之作，講述吉伽美什踏上旅程，從烏魯克前往雪松山，受命殺死那片森林的守護者胡瓦瓦。羅馬帝國建立的背景也是森林，即最初都城的所在地，建城者是森林中受狼哺育的雙胞胎。日後這個帝國將繼續摧毀古代世界的茂密森林。

Wild 和 wood 也有很深的詞源關聯。一般認爲這兩個字源於根字 wald，而古條頓語根字 walthus 意爲森林。Walthus 一字進入英語後有 weald、wald 和 wold 幾種變體，同時指涉「野地」和「林地」，有狼狐熊等動物生活其間。野與木在拉丁語中結合成 silva（森林），savage（野蠻）一字由此而生。

森林與荒野有關，森林衰落，荒野隨之減少。距今八千年前的全新世初期，不列顚還是樹的天下。森林沿海岸綿延，但分布並不連續。從花粉與天氣紀錄以及當代植物定殖行爲研究看來，那時森林已經被野生草食動物所破壞，早在第一個人類到來之前，草原般的林間空地便已出現，不過森林範圍還很廣大。

過去許多時期，不列顚諸島一直爲林木所覆蓋，這指的是我在黑木森林所見的那種深林（deepwood），或植物學家拉克漢（Oliver Rackham）所稱的天然林。上個冰河期的最後數百年是距今最近的森林主宰時期，也是人類出現的時期，原本覆蓋不列顚諸島（南部除外）長達數千年的冰河開始退卻。

要想像這數千年歷史，首先必須調整想像時計，以冰時（ice-time）與木時（tree-time）來思考。我們得想像氣溫逐年上升，暖雨傾盆，落上冰河灰色後部，冰河外圍藍冰翹起，有些高達一兩百公尺。在那幾百年間，冰河退卻，前緣聲響驚人，有冰裂的尖叫，還有冰崩的咆哮。

冰河退去。粗略地說，每世紀退卻八十公里，一年八百公尺。地形因而改變，山丘低了，山谷深了。藍色融冰從冰河口鼻湧出，在原始大地上耙出河道，塡滿郡縣大小的湖泊。

上個冰河高峰期，冰層密實廣大，重量將下方土地壓入地幔，向地球內部下陷。相反的，冰層融化時，重量減輕，地球骨骼隨之升抬，有些地方甚至上升數百公尺。

地質學家稱此為「地殼均衡反彈」效應。不列顛以北部冰層最為龐大，反彈最明顯，南部則因為反作用而導致海岸線下降。

冰河儲存世上大量的水，隨著冰層融化，陸地傾斜，海洋也開始膨脹。北半球融冰逕流匯入海洋，海平面因而上升近一百二十公尺，世界面貌丕變，英吉利海峽也是這類地貌變遷的產物，是切割、排水、填充而成。河流開挖白堊、沙子及黏土構成的古老陸橋，隨著海平面持續上升，海水溢入河谷，吞噬山丘，最終完全淹沒陸橋，不列顛變成群島。

冰層從陸地退卻，物體不論葉狀指狀片狀都被翻攪北上。冰河退卻，留下不毛之地：裸露的冰磧土、粉碎的岩石，巨礫、卵石、沙與黏土組成的晶瑩地帶富含冰晶網格過濾、分類的金屬。窪地銀池閃閃發光，池中厚積泥炭苔，沼澤形同燉鍋，烹煮荒地。與此同時，深林開始出現在冰層沖刷過的丘地、冰河打碎但尚未經雨水淋溶的肥沃礦質土，首先是矮樹林，柳、樺、松等容易擴散的寒帶樹木長在窪地、凹洞躲避冰河風。

樹林愈見深密，與冰層維持穩定距離。赤楊茂盛於河谷，柳樹生長於沼地，樹林之間和邊界長滿橡樹、椴樹、榛樹、栲樹、櫪樹，還有灌叢貫穿其間。

如此這般，年輕柔韌的森林誕生於冰河，藍冰讓道給綠樹。有時樹木著火焚燒，又將來自太陽的能量釋回大氣。

・・・・・

過了漫長、不安穩的一夜，第二天一早，我在黑木森林小窩醒來。雪停了，積雪處處，雪堆蓬鬆，輕盈柔軟，沒有任何東西能行過而不留痕跡。雪保留一切印記。即使樹葉散落雪上，也會陷入自己的凹痕。我走在雪上，雪被我踏平，在腳下嘎吱作響。林中偶有模糊聲響，彷彿被磨圓了邊角。溝壑中融雪流淌形成小溪，溪中石頭、樹枝、島嶼都形成小雪丘，水在雪丘周遭流現錯綜複雜的三角洲。昨日經過的林間小路已成白色大道。

一株倒松根部半埋入雪，我在其中發現一塊長方形扁石，紋理細密，白色與煙藍交織。我從土裡挖出石頭，刷去石上結霜泥漿。石頭貼合我的手掌。我用手指圈住石頭，帶著上路，感覺手中石頭重量。天空晴朗蒼白，積雪透出冷光。我穿過森林，轉向地勢較高的南方，走向高出森林六百公尺的峭壁。

我在十點左右抵達樹林西南緣，開始攀登通往頂峰的峭壁。雪在石楠莖上積出脈脊。登山之路又硬又滑。泥炭土表面有三角形冰紋。較大的水池凍結成一層層幽暗的同心圓，彷彿自己的深度圖表。空氣冷冽，我很慶幸身上有羊毛套頭衫。

我抵達山頂，坐在巨礫上俯視這白色地景。微風從下方森林吹來鳥鳴。雪花輕快吹過下方山丘，向北向西達一兩公里遠。不時有熾熱陽光穿透藍金色雲隙。白色山峰向北隱沒。我看不到南方的榭赫倫山（Schiehallion），這座山形狀相當接近等腰金字塔，因此一七七四年天文學家兼製圖家馬斯基林（Nevil Maskelyne）以之進行實驗來測出地球密度。

只有長湖依舊無雪，但也照出白晝的銀白。湖泊上方一座圓丘頂上，人工林被剷除殆盡，山丘就像頭顱，爲接受手術剃光了頭髮。

• • • • •

隨著定耕農業興起，人類在公元前四千年左右的新石器時代開始淺化（砍伐）深林，人類干預取代氣候變化，成爲影響森林的主要力量。第一批農民使用工具和嚙食動物來清理森林（可能的情況下也使用火，但不列顛和愛爾蘭的植被相對而言比較不易燃），騰出可耕地，而後鋤耕手犁建立牧場。青銅時代木工技術更加精巧，人類以木材建造道路穿越沼澤，打造人工島嶼或湖上住宅，建造籬笆小屋，冶煉青銅，也出於宗教目的立起巨木陣。

新石器時代以來，深林不斷減少。一般認爲英格蘭在公元前兩千年的青銅時代來到半林地（half woodland）轉捩點，十一世紀的《末日審判書》①則記錄英格蘭森林面積約占陸地總面積百分之十五。人口在之後兩個半世紀不斷增長，造成森林更大壓力。到了一四九七年，也就是義大利航海家卡伯托（John Cabot）從布里斯托航行到美洲，看到美洲大陸「沿岸蓊鬱深靜密林綿延」那一年，不列顛和愛爾蘭島上樹木多半已爲田野、牧場、草地、荒原、沼澤所取代。

燃燒和建築需要樹，建造船隻房屋需要樹，冶鐵所需木炭也需要大量木材。森林法專家，同時也是伊莉莎白時代主責「新森林」（New Forest）這片開放林地的司法官員曼伍德（John Manwood）於一五九二年說道：「這國家存在之前……這裡有許多壯觀的森林，裡面住著各種野獸，但新居民入住之後，森林逐漸被毀，尤其是在住屋附近。隨著土地上人口增加，森林與樹叢每天都受破壞。」蘇格蘭森林砍伐之徹底，到了十七世紀，蘇格蘭已成木材淨進口國。愛爾蘭的巨榆和巨梣消失了，莊嚴的松樹也絕跡了。

深林在二十世紀眞正走到盡頭。這段時間裡，整個西半球森林以前所未有的速度縮減。爲應兩次世界大戰之需，不列顛和愛爾蘭幾乎完全不管制森林砍伐。一九一四至一九一八年間，爲滿足戰爭所需，闊葉林砍伐達兩千平方公里，也不再施行過去數世紀發展起來的伐木和林業技術（定期的砍伐、修剪、矮林作業）。一九四五年後又有三十年蝗災，剩餘的半天然古老森林又有近一半因種植、開發和耕作而消失。

不列顛諸島已無深林，事實上在人類歷史開始前，許多深林就已經消失，但我們仍難以釋懷。深林在我們的建築、藝術，特別是文學中欣欣向榮。無數追尋、航行都在深林展開，童話故事與夢境在林間空地和小樹叢上演。樹林一直是個中間地帶，人可能經過森林而落入另一世界，或者落入過去時代，例如吉卜林《普克山的小精靈》（*Puck of Pook's Hill*），孩子就是憑借橡樹、梣樹與荊棘，從而具有回到英格蘭歷史的能力。

森林連向異世界，這並不神祕。走進森林的人都知道，森林是通訊、呼叫與應答之地，視覺上的相合比比皆是，如顏色、形象、紋理等。倒下樹枝與所在河床以三角形狀相呼應。秋天榆葉鮮黃，和黑鳥的黃眼圈同一顏色韻律。森林的不同面向彼此聯繫，方式出人意表，不同時代和世界因而能在森林故事裡相互連結。

幾個世紀以來，森林攸關不列顛群島乃至世界各國的想像力，因而當樹林被砍伐，被柏油、混凝土和瀝青所壓制，消失的不僅是獨特的物種和棲息地，還有獨特的記憶，獨特的思想形式。樹林和其他野地一樣，能刺激人們的新存在方式或認知方式，啓發人們的不同思維。

來到黑木森林之前，我盡可能廣泛閱讀，補充樹木知識。我讀到許多樹木和林地受到破壞的描述（德語稱之爲 Waldsterben，亦即森林死亡），也讀到並記下人們對森林和樹木大感驚訝的故事。例如中國道家哲學認爲，人與其他物種本質上一脈相連，於是唐宋時期樵夫遵循此種思想，伐木時向樹木鞠躬，承諾將木材良善使用於建築，成材之樹於是愈加莊嚴。又如波斯國王薛西斯（Xerxes）非常喜歡西克莫無花果樹，在攻打希臘時，不惜下令行軍的數千大軍停步，只爲了讓大家好好思索欣賞一株漂亮的無花果樹。梭羅講述他依戀麻州康考特家鄉周遭樹林，會定期造訪樹木，欣然「跋涉深雪十幾公里，去赴與山毛櫸或黃樺樹或某熟識老松的約會」。凱瑟搬到內布拉斯加州大草原後，思念維吉尼亞州的蓊鬱山丘，有時想看樹，就去南邊「造訪我們的德國鄰居，欣賞他們的楸樹林，看看地縫長出的大榆樹。樹在內布拉斯加極其罕見，我們因此時常掛念，並像拜訪人一樣拜訪樹」。

我最喜歡法國飛行員作家聖修伯里的故事。他在一九三三年帶幾名利比亞部落首領從他們在沙漠上的家飛往熱帶的塞內加爾。聖修伯里說，他們爬到機外，看見叢林沿著陸跑道邊緣延展，「一看到樹就哭了」，因爲以前從未見過這樣生物。

個別樹木本已出色，大量樹木更是非凡。走在樹林裡便會發現，蘇格拉底「樹木和空地於我無所教益，城鎮中人卻可以」所言不是。樹木保存管理時間的方法多端，人置身其間於是能有多種體悟。樹木的審慎判斷與耐心都能影響人。美國闊葉林等待七千萬年，才有人進入林間生活，這時間之久長，超乎人能領會，但值得我們嘗試理解。大橡樹長成需要三百年，再存活三百年，最後花三百年逐漸死去，此番認知既寶貴又令人不安，認眞思考的話，還能改變我們心靈紋理。

思想正如記憶，存在於人腦內部區域，也存在於外部事物。若思想對應的實質存在消失，思想或思想的可能也隨之消失。樹林一旦遭破壞，不論出於偶然或故意，想像和記憶也會隨之受損。詩人奧登（W. H. Auden）知道這一點，在一九五三年警告道：「文化怎及它的樹林。」

◆ ◆ ◆ ◆ ◆

奧登提出的命題直到數年後才被證明爲眞。一九六〇年代後期，一種荷蘭榆樹病菌的致命菌株隨一批美國的榆樹原木抵達英格蘭南部海岸，疾病旋即從南安普敦附近灘頭向內陸及海外傳播。兩三個夏天過去，英格蘭南部大榆樹所存無幾，十年內約有三千萬棵樹木死亡。一九七六乾旱之年是疫情高峰，此後又有數百萬棵樹死亡。榆樹是英格蘭地景特色之一，雖未滅絕，卻已凋敗。

榆樹仰慕者衆，包括地景畫家康斯塔伯（John Constable）。他愛樹一如愛人。他的朋友兼傳記作者賴斯利（C. R. Leslie）說，他經常看到康斯塔伯「欣賞優美的樹時喜不自勝，好像將一個漂亮孩子抱在懷裡」。所有樹木當中，康斯塔伯最喜歡榆樹。

康斯塔伯住在艾塞克斯郡和薩福克郡交界處的戴德姆谷地，此地榆樹高逾百英尺，年齡更是高度的兩倍。小榆樹長到樹籬內，或穿破樹籬，沿斯圖爾河畔排列成行，在戴德姆教堂兩側聳峙。人們爲標記古老的牧民道路而種植哨兵榆，讓人不至於霧中迷途，於是樹能領路，能標記地圖。

康斯塔伯仔細刻畫、研究榆樹。他畫出榆樹的下方世界，主幹下是一圈成蔭的綠金色樹葉。他也畫出樹冠，最大的榆樹樹冠可以遮蔽上千平方公尺的天空。

一八二一年，康斯塔伯在漢普斯特荒地畫了一株榆樹。他忽略樹葉，專注於樹幹，也就是樹與土相交之處。我們知道他畫的是英格蘭榆樹，因爲樹皮有多邊形裂紋，不同於歐洲山榆和杭亭頓榆樹（裂成細長裂縫或溝紋，更偏向直線）及歐洲光葉榆（樹皮上曲折的山脊及山谷呈規則的網狀相交結構）。

樹皮之爲物，暗淡柔韌，很容易被忽視。樹皮好比樹的皮膚，皺起或膨脹都會留下痕跡，伸展時則會裂成薄片、平板，或者皮孔。以慢動作鏡頭拍攝榆樹皮一年，就能看見樹皮在移動、工作、生活：張開裂隙、形成癒傷組織、裂縫不斷張開閉合。康斯塔伯知道樹皮裡自有世界，靠近樹皮就能發現一幅風景，你可以進入，可以鎮日漫遊於樹皮溝壑和邊緣。

康斯塔伯的漢普斯特荒原榆樹畫是關於短暫與恆久的研究。樹木勤懇生根，鑽入土地數十年，還要在土中繼續生活數十年。光稍縱即逝，落上樹後草地，慷慨但短暫。如今我們預知這株榆樹命運，而這預知也是轉瞬即逝。

荷蘭榆樹病流行期間，漢普斯特荒原的榆樹、斯圖爾河沿岸的榆樹、直立於戴德姆谷地天際線的榆樹，全都死了，康斯塔伯的無名榆樹也死了。他筆下的漢普斯特榆樹和其他榆樹一樣死法，先是正面深綠背面銀綠的纖細鋸齒狀葉子逐漸捲曲，變褐，變脆，然後樹枝枯萎下垂，然後樹皮變硬，結痂掉落，露出下方光禿木質，極其柔滑蒼白，富有光澤，宛如白骨。

荷蘭榆樹病起於一種眞菌，傳播方式極有效率，載體是英格蘭本地的歐洲榆樹小蠹。這種甲蟲在垂死的榆樹皮產卵，幼蟲在枯死樹皮下形成網狀坑道。眞菌在這坑道壁面產生黏性孢子，幼蟲成熟爲甲蟲時已被孢子污染。牠們飛去健康的榆樹，啃食活樹皮，眞菌孢子隨之沉積。眞菌透過樹的根系迅速傳播，導致毛細管收緊，導水系統失靈，樹逐漸渴死。甲蟲尋找榆樹，逐一摧毀，榆樹左右的橡樹和梣樹則毫髮無傷。

甲蟲留在樹皮下的圖案異常漂亮。甲蟲鑽出繁殖用的交尾室，食痕由幼蟲挖出的中央坑道向外輻射，彷彿黑暗太陽發散輻射，又像有翼或觸手生物留痕。這些甲蟲在樹皮內側留下獨特的線形圖案，就像熟練石匠刻字於墓碑，因而有「雕刻師」之稱。

榆樹自古就讓人聯想到死亡，因此榆樹毀滅彷彿讖言成眞。鄉村傳說榆樹不祥，是惡意之樹，若在榆樹下閒晃，樹枝就會從樹冠直落上身。榆樹往往長出強壯側枝，也成爲常用的絞刑樹。長期以來。榆木是棺材製造商主要用材。榆樹與死亡的關聯見諸歷史，在今日英格蘭也與死亡同義，人們不禁將康斯塔伯畫作視爲榆樹輓歌，是以未來完成式作成的研究。

榆樹死了，地表因其死亡而改變。熟悉的地平線更動了，人們不知如何在長年熟悉的地景中定位、行進。不過榆樹沒有滅絕。樹籬中有矮小榆樹由根部生出枝條，長成更多小榆樹，全低著頭橫向伸展，因爲長到三四公尺以上的榆樹都容易被感染。榆樹與死亡的關聯誠然可畏，其生存能力也同樣可敬。

動身前往黑木森林之前，我去薩福克郡見羅傑，和他談起森林，尤其榆樹。我生於一九七六乾旱之年，想知道荷蘭榆樹病肆虐時，他目睹鄉村發生此等巨變是什麼感覺。

羅傑在樹木和造林方面造詣極深，不僅來自閱讀，也來自實作：種植、編結②、萌生③、鋪設④。他對樹木的感覺一如對生命的感覺，具有強烈的公共性。他不贊成崇拜單棵樹（如巨松或橡樹王）。樹木於他是互惠的生物體，唯有考慮樹木彼此間的關係，才能眞正理解樹。換句話說，樹木對羅傑來說就像人類，而人類也像樹木，有成千上萬種複雜深刻的感受方式。完成《水誌》之後，他一直在寫關於森林和樹木的書籍《天然林》（*Wildwood*）。爲了研究樹木，他前往吉爾吉斯、哈薩克、澳洲、塔斯馬尼亞，足跡遍及歐洲和不列顚各地。隨著歲月流逝，這題目開始長出分枝，岔題到呼啦圈熱潮、鉛筆製造、綠人的歷史、他祖上的無政府主義者、掰彎樹枝搭成帳篷的結構……

羅傑和我父母一樣是收藏家。他收集知識，收集書籍，收集朋友，收集東西。他的心智與房屋都儲存大量東西。核桃樹農場每個架子和餐具櫃都堆滿他旅行中發現或朋友帶來的物品：鳥巢、燧石穿孔石、鷺羽、結塊羊毛、黑矽石箭頭，以及早期飛機的木製螺旋槳，還印有無法追溯的序號。這些年來，我帶給他幾塊石頭，他回報我礦物明信片，而且是親手捎來。

農場一切幾乎都是二手收集：屋子框架是回收自一座穀倉的橡木梁，回收的石板上立著回收的獨立斗櫃、書架和抽屜櫃。羅傑骨子裡是拾荒者，他參加農場銷售會和拍賣會，翻找舊貨店、廢料桶和垃圾堆（還有森林和河岸），尋找意料之外可能有用或美麗的東西。他的發現散布屋中各處和草地周遭。房子後方有他最喜歡的戰利品：一個鑄鐵大浴缸。夏季他喜歡在浴缸內泡水翻滾。他用一根伸出磚砌露台的水管將浴缸注滿水，讓太陽來加熱。

那天我去看羅傑，我們一起在廚房午餐，喝了幾杯蘋果汁。他談到榆樹消失，談到他所知已經死去的樹木，包括諾福克郡魯克里農場那株巨大的英格蘭榆。一九七六年，他在這棵樹下向高三學生解說佛斯特小說《霍華德莊園》（*Howards End*）。隔年這棵樹染上疾病，逐漸凋零。兩年後灰白枝幹上再無樹葉，終究倒下。

午餐後，羅傑說他頗自豪最近拾荒所得。他帶我進入他的尖頂穀倉。昏暗冷光下，我看到工作檯上有一列厚重金屬管，長短不一。羅傑期待我的反應。我卻一臉疑惑。他說明這是薩福克郡教堂的風琴管，本來即將報廢，他聽說後向教堂買來。他興奮地向我展示如何將一段蒸汽軟管安裝到風琴的中央C管，再加上頂蓋，就製造出蒸汽室，可以將木條蒸軟，用以製造家具。

然後他把我帶到另一個工作檯，拿起一個榆木碗，是他用一九八七年十月暴風雨中倒下的榆樹幹製成。那天他告訴我，榆木是絕佳木材，製成桌子或地板之後，還會存活呼吸很長時間。他說榆樹生命力獨步森林，還叫我不必擔心，說榆樹終會在適當時候重回英格蘭，屆時或許人類已遠。

◆　◆　◆　◆　◆

我從黑木森林上方岩頂棲息處回頭下望，看樹木風中搖擺，姿態各異。大橡樹保持圓形樹廓，樹枝描出圍繞定點的軌道，圈中樹葉譁然。年輕細瘦的松樹顫抖，擺動出弧線和線條。我尋思能否以柯西謨的方式穿越黑木森林，足不點地，始終留在樹冠層。

我西邊是蘭諾赫沼澤，一片銀與白，一望無際。而在北方，湖泊另一端的道路上方，山坡上密植針葉樹，構成工整規則的深色圖案，顯得很不自然，像是用線鋸機鋸出來。即使隔著這麼遠，即使積雪覆蓋，我也能看見皆伐帶翻攪的地面，看見黝黑水坑、樹幹殘骸和機械車轍，彷彿戰區。我起身，抖掉腳上的雪，下山走入搖動的樹林。

◆ ◆ ◆ ◆ ◆

詩人兼音樂家葛尼（Ivor Gurney）生長於十九世紀末英格蘭格洛斯特郡鄉村。他們家就像當時許多人一樣，習於長途跋涉，且以此爲樂。葛尼正如他欽佩的詩人托馬斯（Edward Thomas），成爲博物學家，探索格洛斯特郡的河岸、樹林與樹籬。

葛尼年輕時所寫的詩歌信件及日記裡，隨處可見他對格洛斯特郡風景的熱愛。他觀察田野沉浸於「雨後明亮的光芒」，描寫寬闊塞文河「歸於大海」。鄉村的諸多面向中，他最喜歡有「綠色與金色大道」的林地。對身兼作曲家和詩人的葛尼而言，木材（timber）和音色（timbre）攜手共生。他將許多詩作譜成歌曲，其中有他自己的〈夏日樹林之歌〉（Song of the Summer Woods）和郝斯曼〈最美的樹〉（A. E. Housman, Loveliest of Trees）。

葛尼於一九一五年參戰。他的第一個任務是前往比利時伊普爾（Ypres）突出部的薩拉斯（Sarras）。他抵達伊普爾時，此地成為戰場已有兩年，於他而言，那片地景是在滑稽地模仿他告別的家鄉。戰前薩拉斯的河流、果園、樹林和牧場可能與格洛斯特郡無異，但兩年戰爭改變一切。泥漿介於液體和固體之間，威脅著要將人淹死埋葬。葛尼使用的當地軍事地圖上還標有舊日名稱，但許多新地名與死亡有關：榴霰彈角、爆炸農場、地獄火角、康復之家、廢物農場、戰鬥森林、聖殿森林。森林不復存在，這些純屬幽靈地名。樹木伐去以利工事，或者被砲彈炸離地面，森林曾在的唯一證據是兀自矗立的死去光禿樹幹，樹葉、樹枝、樹皮全遭槍炮火藥削去。樹幹基部有人骨從泥土中伸出，有如樹根，土地亦因鮮血而鹽化。

葛尼寫信回家說，他感覺自己來到一處反地景（anti-landscape），單調的地貌是一種攻擊形式：「大量未掩埋的死者散布戰場。壕溝全無章法，唯有彈坑彼此相連……到處都沒有地標。」樹木的長久性、豐饒複雜的過去，那令人安心的堅定及深扎的根，葛尼視若珍寶，突出部卻棄如敝屣。

身在戰壕，他經常難以自拔，「熱切渴望」格洛斯特郡風景。他抱著「絕望的思鄉念頭」，想著「科茨沃德的小樹林」，因而「心痛如絞」。他在家書中寫道：「我們在這裡受苦，有時我感覺生不如死。」

但葛尼活了下來。他在戰爭中受了傷，胸部中彈，還吸到毒氣，於是被送回家。停戰後不久，他進入一段文思泉湧的時期。一九一九年至一九二二年間，他寫了大約九百首詩和兩百五十首歌曲。對他來說，行路和靈感難分彼此。不分白天黑夜，他在鄉下大步行走，通常一走就是幾個小時。從那些年間的書信看來，他特別「需要」夜行。他能在夜間行走於他所謂「大多數人不曾造訪的不夜街（white ways）」，他說，這是一種「發現」的形式。他給一個朋友的信中寫道：「啊，那天晚上！流星閃過，就像天空忽現歌曲靈感。空氣太靜，冷杉和櫸都不敢嘆息，但那深度啊！」他談到「風中美麗的黑莓灌木」，「月下墨綠色的山毛櫸葉」，談到一輪低垂明月如何烘托「山谷高處靜寂的天空邊緣」，以及「寒冷黎明時分金銅色的雲柱」。他晚年寫道，「土地、空氣和水，是歌謠及言語的眞正源泉。」

葛尼的精神狀態直到一九二二年都很不穩定，失去了平衡。他會暴飲暴食，然後又禁食一連數日。他體重迅速下降，行爲愈來愈難測。他的家人無奈將他交給收容中心。他先是去了格洛斯特郡一個機構，然後又去肯特郡達特福另一個機構。這兩處都不允他許走出場地外圍。

托馬斯在戰爭中死於薩拉斯，遺孀海倫（Helen Thomas）曾在一九二〇年代後期多次前往達特福收容中心看望葛尼。她後來說，第一次見到葛尼時，他精神失常很嚴重，只能和她短暫交談，對於她的來訪或她與托馬斯的關係幾乎沒有興趣。

之後她帶一張托馬斯的地圖再度前往達特福。那是一張英國地形測量局的格洛斯特郡地形圖，托馬斯和葛尼都曾走遍那區域。她後來回憶說，在精神病院裡，葛尼那鋪著白色瓷磚的小房間裡，陽光照上地板，映成圖案，葛尼一看到地圖，立即從她手中接過，攤開在床上。然後兩人一起跪在床邊，用手指描繪他們和托馬斯走過的路。

這般夢遊持續一個多小時，葛尼所見並非地圖，而是通過地圖看到土地本身。海倫事後回憶道：「他在那一小時重溫心愛的家……發現……一條小徑，一座山丘，或一片樹林，這全是他在腦海中所見，是一種因他的屏氣凝神而更敏銳眞實的心靈地圖。他以一種我們理智的人無法模仿的方式，踏上他熟悉喜愛的小徑和田野，以描摹地圖上道路的手指爲嚮導……他這場奇異巡行有愛德華爲伴。……有一段時間，我成了帶愛德華重回人間與他共遊鄉野的人。」

此後海倫還多次造訪葛尼，每次都帶著她丈夫親手弄軟摺皺的地圖。她和葛尼一起跪在床邊，一同走過腦海中的鄉野。

◆ ◆ ◆ ◆ ◆

那個冬日下午稍晚，我離開黑木森林，返回森林北緣。我從樹上下來時，聽到類似碎石扔上木桌的咔噠聲。那是六隻烏鴉在玩耍，其中兩隻還在幼年。牠們從一株松樹低枝跳下雪地，又撲騰起來，吱喳玩著家庭遊戲。牠們行走地面姿態獨特，點著頭，雙腳分開，似乎在努力保持平衡。牠們歪頭看我看著他們。雪光給牠們羽毛披上淡淡靛藍光澤，襯得牠們眼睛彷彿白珠。

烏鴉和所有鴉科動物如渡鴉、寒鴉、白嘴鴉、喜鵲一樣，較晚才抵達不列顛。一般認爲，新石器時代人類開始用手清理深林時，烏鴉也在不列顛定居下來。這是人與荒野的古老互動。烏鴉喜歡半開闊半遮蔽的空間，茂密樹林對烏鴉並無好處。

我站在那裡的時候，兩隻小烏鴉走出新雪地帶，開始繞圈嬉戲，彼此保持穩定距離，就像對立的磁極，棋盤上對峙的國王。

注1：征服英格蘭期間，征服者威廉下令就英格蘭進行大規模調查，《末日審判書》（*Domesday Book*）是一

〇八六年完成的調查紀錄。——譯注

注2：編結（pleaching）是將樹木種植成行，再把枝條編結起來，讓這些樹木長成樹籬。——編注

注3：萌生（coppicing）即矮林作業，在冬天將樹幹砍到接近樹木基部的高度，讓樹在來年萌生更多新枝幹。——編注

注4：鋪設（laying）是將整排樹的樹木主幹部分砍下但不砍斷，沿同一方向傾斜呈三十度，讓樹樁及主幹萌生出新枝椏，長成穩固、整齊、致密的樹籬。——編注

六、河口

恩施利、科魯伊斯、蘭諾赫與黑木森林。島嶼、山谷、荒原和森林。每種地景都令我驚奇，以我不曾預想甚至是我不想看到的姿態出現。不過，我也從中學到一些東西，開始思考各地出人意表的風貌與形態。地景可能蘊含某種思想，正如土中含有某些石頭或植物。此類關聯及模式逐漸浮現，都來自土地本身。

但我還想追隨最初方向續行往北，直入長久以來強力驅策我的荒涼原始之地。從黑木森林回來後數週，我再度離開劍橋，搭火車北上，一路讀著奧登關於夜航、暴雪和寓居多風岬角下的詩歌。

我想沿著北面彭特蘭海峽的蘇格蘭最北緣展開一場冬季旅行。到了那個緯度上，我離北極圈較近，離英格蘭南部海岸較遠。我想循莫伊內片岩、寒武紀石英岩、劉易斯片麻岩而行，多虧這些堅硬的崖壁，這片風暴肆虐的海岸才不至被大海吞沒，並連向堪稱本島最荒涼的一些區域：最西北端的風怒角（Cape Wrath）、居所有山脈最北的霍普山，還有蘇格蘭最美麗最蕭瑟的史塔斯納佛河谷（Strathnaver）。我想，造訪過這些地方，我應該就能安心返回南方了……

我的旅程始於史塔斯納佛。史塔斯納佛河發源自克利布雷山（Ben Klibreck）山陰，直至彭特蘭海峽，蜿蜒長達四十多公里，河谷基部寬闊平坦，草地豐美，東西兩側有山脊保護。

抵達谷地前一晚上，我在阿爾特納哈拉小村（Altnaharra）附近一條偏僻路上的小旅店停下，安靜吃了一頓飯，點了一杯酒，和一個穿迷彩褲和軍綠厚重套頭衫的大個子聊起來。他是林務員，名字叫做安格斯（Angus）。過去幾年裡，他一直在砍伐一九八〇年代地主為從保守黨政府獲取稅收減免，而在蘇特蘭和凱瑟尼斯泥炭沼澤大肆種植的針葉樹。

這些泥炭沼澤被稱為佛羅濕地（Flow），位於蘇格蘭極北部，面積廣達數百平方公里。和其他泥炭地一樣，此地景觀驚人，受保護程度與坦尚尼亞塞倫蓋蒂相當。也和其他泥炭地一樣，此地十分脆弱。英格蘭和愛爾蘭許多泥炭地已經消失。廣大的艾倫沼澤耗時數千年形成，建了發電站之後，二十年間泥炭便開挖殆盡。蘭開夏苔地被排乾了水以便耕作。佛羅濕地被種上生長迅速且耗水的針葉樹，導致沼澤窒息乾涸，苔蘚死亡，也摧毀當地繁衍的稀有鳥類、植物和昆蟲。

佛羅濕地才剛免於滅絕厄運。土地被高價買回，現在正採取措施要恢復到植樹前的狀態。第一階段的工作是砍伐針葉樹。安格斯稱這些針葉樹為「狗屎杉」，每砍一棵，他可以拿到二十五便士報酬，雖然夏季蠓蚊出沒以數十億計，還有鹿蜱會導致萊姆病，他還是熱愛這工作。他出生在薩瑟蘭，但娶了法國女人，在法國中部奧弗涅生活了十年，發覺自己太想念此地風景，於是搬回蘇格蘭。他有時在冬天深入森林，搭個小遮蔽所，殺隻鹿，逗留幾天或一週，省下來去長路。

那天晚上我們交談約一小時，然後我決定告辭去就寢。前往旅店之前，我已經看中過夜地點，是路邊的人造針葉林，那密密麻麻的針葉樹冠可以為我遮擋細雨。我沒告訴安格斯我要睡在針葉林。我想他可能不會贊成，我也覺得有點尷尬。

我起身要走時，安格斯問我隔天要不要和他一起去史塔斯納佛河口釣海鱒。我說願意，非常願意。他告訴我怎麼去他家，還說房子是他自己蓋的。他解釋說，他家是史塔斯納佛湖畔長路面河那一側僅有的房子，不可能找不到。他請我先到他家，我們再一起沿河開車，前往可以自由釣魚的河口。

他說，河口附近山脊上有座俯瞰河口的墳墓。一九〇二年，一個名叫艾莎（Elsa Danckwerts）的孩子死於白血病，她的父母是荷蘭移民，選擇將她埋葬在那裡，好俯瞰大海。墓碑本身就是景點，更不用說從那裡所見風景。他說，開車時會告訴我這片谷地的「大驅逐」，那是蘇格蘭歷史上最黑暗事件之一。

◆ ◆ ◆ ◆ ◆

一八一九年五月，那個溫暖的星期天早晨，是薩奇牧師（Rev. Donald Sage）最後一次站上史塔斯納佛河谷蘭代爾小教堂講台。事後他回憶道，那天極為和煦，樹木、山脈和河流「這些家與故土的象徵都緊密相連，似乎要將吸引力串連起來，向我們告別」。

薩奇曾服務於北部彭特蘭海峽和西南部北海海岸之間許多小教區。他知道那個星期天可能是他最後一次去蘭代爾教堂。他和會眾已經收到警告，史塔斯納佛鎮區將很快再次展開驅逐。山谷主人薩瑟蘭伯爵夫人的手下將大量湧入，驅趕居民離開家園，以便將土地轉用於利潤更高的牧羊業。

之後數週乃至數月之間，史塔斯納佛河谷究竟發生何事，相關記述彼此矛盾，莫衷一是。已知的是，那年共有一千兩百人（幾乎整個鄉鎮的人口）在半威脅半哄騙下被逐出谷地。已知的是，大驅逐無非出於地主貪婪。已知的是，到了一八二〇年五月，廢棄的蘭代爾教堂內已有一隻烏鴉築巢。

目前依舊不清楚這過程中動用多少暴力。史塔斯納佛河谷羅薩爾鎮居民麥克里歐（Donald MacLeod）記下大驅逐的某一天，他在夜間十一點步行到谷地上方一座小山，回頭望向鎮區。他寫道，黑暗中，他聽到婦女兒童哭喊，狗吠叫，牛低哞。他還看見當地兩百多座建築物正在燃燒，或者烈焰沖天，或者坍塌成紅通通的木頭。他說，伯爵夫人手下前來，有的騎馬，有的步行，帶著火炬、鋤頭和大錘，砸毀校舍、窯爐、玉米磨坊、馬廄、穀倉、牛棚和幾十棟房屋，然後付之一炬。

一八一四年和一八一九年，史塔斯納佛兩度發生驅逐事件。居民流離失所，多半被趕到北部海岸。他們得在彭特蘭海峽展開新生活，但那裡表土單薄，充斥沙與鹽。光是前往荒涼海岸的旅程都很艱難，一路上都有人死於疲病風霜。有個名叫麥凱（Donald Mackay）的男人，他的兩個女兒都因疾病和營養不良而虛弱不堪，爲了讓她們登上一艘前往凱瑟尼斯的單桅小帆船，他不顧一切將兩人背到海岸。他先背一個，放在露天海灘，然後走回去，再背起另一個。就這樣走了四十公里路。

順利抵達海岸的人，前程依舊艱苦。許多人不黯漁事，瀕臨餓死，只能在海岸撿拾鳥蛤，或以摻麥片的蕁麻湯果腹。他們被趕出蘇格蘭最具田園詩意的谷地，如此景況想必令他們十分痛苦。

而那之後五年，由於移民、徵兵、死亡和流離失所，史塔斯納佛就和蘇格蘭許多谷地一樣，幾乎不見人煙。一八八一年麥肯齊（Alexander MacKenzie）寫道，大驅逐期間，北部谷地家戶「被徹底根除燒毀」，教區一個個「變成孤零荒野」。

◆ ◆ ◆ ◆ ◆

安格斯家是灰色卵石砌成的單層屋舍，彷彿蹲踞在地，從路上看去顯得低矮氣悶。但屋子所在之地氣度恢宏。屋後就是湖泊，閃亮於澄澈晨光當中。銀色樺林風中搖擺，樹幹明亮好似白色粉刷。克利布雷山聳立屋子南方，背光輪廓優美曲長。屋子車道兩側各有一塊巨大的冰河漂礫，石面閃爍繁複的蝸牛行跡。

我們開安格斯的車沿谷地道路向上行駛，黑色釣竿有如天線，伸出後座兩個車窗。他沿途指出地點：大驅逐期間遭遺棄再無人居的房舍、馬鈴薯田、舊日魚塘、青銅時代的環形石堆。約四十分鐘後我們抵達河口，將車停在一座鋼梁橋附近，橋身新漆，黑得發亮。我下了車。冷空氣充塞鼻腔，聞來比湖上空氣更嗆更鹹。

我們走下橋梁西側，循陡峭岩壁上的小徑，來到金色寬闊的河邊平地。沙子飽含空氣，一踩深及腳踝。

乾燥空氣與強風攜手，創造出精美的光學效果。數十億鬆散沙粒吹過平地，讓風也有了表情，沙粒在下方穩固沙地上流暢移動，又彷彿沙地多了波紋狀的表層，光滑柔軟，速度之快，讓人難以想像兩者本是同一種物質，只是動作有別。

我們向下游方向艱難跋涉，穿過不斷變幻的沙，河在我們右手邊流向大海。有一次，我們驚動一隻水獺，牠大搖大擺奔過岩石，栽入棕色水中，瞬間消失。冬陽如此耀眼，彷彿河床上滿布精鋼。

安格斯指著最東邊河口處的岬角，說那裡有十九世紀瞭望台的遺跡。鮭魚產卵季節，男人會坐在那裡觀察游來的鮭魚群。他說那時鮭魚數量之多，成群游來時，甚至在水下形成黑影，大到能從瞭望台上看見。守望者一大喊，小船便將魚網拖過河口。但那日子一去不復返，現在這河裡少有鮭魚。

他告訴我，早在六千多年前就有人定居史塔斯納佛，之後此地多少總有人煙。谷地隨處可見後繼居民的痕跡。新石器時代的人將重要死者埋葬於石冢，遺跡至今可見。這裡有青銅時代豎起的立石，或呈環狀，或成行排列。他指向北方和西方的海灣角落，那裡有基督徒的聚落，是聖高隆（St Columba）的同僚柯馬克（Cormaic）所建。那聚落所在的尼芙島（Eilean Neave）又有聖徒島之稱。

然後他指著橫向延伸至河流的山脊，沙土岩石上長滿綠色濱草。他說那上面有個圓石塔，是鐵器時代遺跡，牆壁厚達四．五公尺！他慢條斯理笑著說，那時候的人很懂得把風擋在屋外。

那是陽光明媚的早晨，之後的時間裡，我們在河流西岸釣魚，數小時間默不作聲。釣竿低垂，斜入水面。我們上方有兩隻禿鷹緊緊盤旋。

◆ ◆ ◆ ◆ ◆

在此之前兩個世紀，遭逐的史塔斯納佛居民驚慌失措沿河岸出走，抵達河口時筋疲力盡。對他們來說，河口兩側的壯麗沙丘就是通往艱困海岸新土的門戶。

即使今天穿越這片蘇格蘭狹谷，也很難不看見過往災難遺痕，自己與土地的關係很難不隨著知悉過去而改變，也令人感到不安。這些地方的過去讓當下的荒野益顯複雜黑暗，讓人對浪漫主義和輕浮歡樂有所警惕。置身如此地景，不免陷入雙重束縛，不知如何既愛當下風景，又認知那惱人過去。

領導二十世紀蓋爾詩歌復興的詩人麥克連（Sorley MacLean）對此知之甚稔。他於一九一一年出生在蘇格蘭西岸的拉賽島（Raasay）。大驅逐期間，島上人口幾乎淨空。數十戶人家移民，數十戶人家被強行驅逐，留下來的被趕到島嶼北端崎嶇之地，將肥沃的南部讓給哲維綿羊。麥克連四位祖父母都被迫離開農場，住宅和棚屋用木板封起，又或者就這樣留待消解於土壤，化為苔蘚和常春藤的養分。

麥克連最好的詩歌都以拉賽島為背景，對他來說，島上野性有一部分出於失落：寬闊訴說缺席，孤寂宣告災難。這一點最明顯表現於他的夢之詩作〈哈萊格〉（Hallaig），該詩正是以清空的拉賽鎮及其周遭樹林為背景。

大驅逐之前，樹木是拉賽島文化核心。島上森林廣闊得驚人，由居民管理。橡木和松木為船，樺木製成槳和舵。山楂和冬青是樹籬。房子以橡木為梁，榛木支撐茅草屋頂。籃子以柳編成，接骨木做碗，打磨到環形木紋清晰可辨。居民生活仰賴繁茂樹木，森林也獲得維持。居民被逐之後，羊群取而代之，卻抑制樹林再生。於是樹林就像人類一樣，也離開了。

對麥克連來說，島上僅存的樹林既珍貴且美麗。他寫到暴風雨時置身松林，靠近那「綠色無羈之海」，感覺晃動的樹木令人「飄然」且「暈眩」，他說「這巨木搖晃／精神煥發」。但樹林也對他滔滔講述島上悲劇。樹林是不可思議的領域，時間來回閃現，過去與現在相混。他寫道，拉賽島森林中，「人們看到死者仍在」，消失者「依然與我們同在」。於是被驅逐的世代在〈哈萊格〉詩中以樹木幽靈的形式回歸。詩的背景是黃昏，麥克連想像暮色當中，一群拉賽少女「輕盈無憂」，徜徉島上蒼翠山丘，行過「搖曳的樺樹、榛樹、山梨樹」。

◆ ◆ ◆ ◆ ◆

我們釣到海鱒，安格斯拿四隻，我拿一隻。小小銀魚，每條只約五百公克，燈下閃閃發亮。下午稍早安格斯先離開，帶漁獲回去給家人。我感謝他的好意，目送他越過柔軟沙灘向橋走去。

我轉身走向早先安格斯指給我看的山脊，那頂峰上有史前圓石塔。我沿陡峭山壁往上，爬過沙子灑溢腳下的沙地，抓住鋒利的草作爲支撐，直至抵達岩壁。

山脊盡頭就是圓石塔。厚重牆壁保存完好，也可能重建過，石圈略呈圓形，內側直徑約九公尺，入口通道朝向西北。圓石塔周圍地面仍留有溝渠壁壘的痕跡，西側較低處地面有圓形凹陷，可能曾有小石屋。

我踏進圓石塔，突來平靜令我驚訝。黑色圓石間雜石英條紋，彷彿砲彈，散落滿生苔蘚的地面。焦黑炭圈是舊日生火之處。我跪在一堵牆邊，刮去牆腳的一片苔蘚和沙土，不論挖多深，都仍可見石塊下陷。我所站地板是數世紀漂沙而成。我記得撒哈拉沙漠某些地方的人並不試圖將沙子阻擋在外，反而歡迎沙子入內。他們在地面抹上厚厚一層沙子，再鋪上手工編織地毯，如此更能柔軟安睡。

那天下午稍晚，我離開圓石塔去散步，探索土地和水。河岸傾斜入水，潮汐切沙，狀如梯田。

我在岸邊發現一根乾燥的漂流木，蒼白乾燥，被海水打磨得紋理盡現。我看到水獺足印，可能是我們見過的那隻。那腳印壓上濕沙，俐落得像蛋糕烙印模，每個腳印尖端甩出沙子，表示牠行走快速。我遇到一組動物骨頭，散落如謎碼，我無從解讀。我撿了一些東西，帶去放在圓石塔地上：一塊磨損的黑色石頭，可能是玄武岩，五公分長，狀如海豹。一塊菱形小石，灰白交雜，令人聯想沙地與漂流木。一捆乾海藻。一支黃褐與奶油的鵟鷹翼羽，上有五條深色對角線，撥動羽毛兩側會發出拉動拉鍊一般柔和的撕裂聲。我把物體排列成線條或圖案，又改變順序。我想我會把海豹石給我朋友里奧（Leo），海藻給羅傑（Roger），其他保留給我的風暴海灘。

天色漸暗，我走回河口，鹹水與淡水在峽灣淺海交融，河流緩緩讓自己沒入廣闊海洋。我在水中游了一陣子。我看不出這兩種水如何相混，但我感覺得到水流微妙傾軋，感覺波浪與漣漪無數小小碰撞。

• • • • •

那天傍晚，我皮膚還因為游泳凍得發麻。我在圓石塔附近將石頭挪移成環狀，在石環內點燃浮木，在浮木餘燼上烹煮海鱒。

鱒魚皮膚會在燒烤時收縮變黑皺起。短暫落雨令火堆嘶嘶作響，雨打小石斑駁有如鷸蛋。而後一群小鳥彷彿箭雨飛掠頭頂。遙遠的北方峽灣有白—紅—白的船燈滑過，彷彿不動的星座。飯後我回到圓石塔，躺入柔軟沙地上的睡袋，抬頭凝視石壁圈起的星子。夜空晴朗，星光清晰銳利。

躺在漂流沙上，置身白色星光下，我想著展開旅程時我對荒野的想像：北方、遙遠、殘酷，這些在我與大地接觸時逐漸崩潰。英格蘭或愛爾蘭不存在純潔的土地，關於純潔的神話也無法存續。數千年間人類生死讓原始荒野不復可能。每座小島每處山巔，每片隱祕谷地與樹林，在過去五千年裡某些時刻都有人造訪、居住、工作或標記。人與荒野密不可分。

凱爾特基督宗教興起後，文化得以在野地上延續，野地也得以在文化中延續。地標和居處（如岩洞、岩畫、堆石、石牆、茅屋、羊棚、村莊、鄉鎮）都見於荒野。人們進入或穿越荒野的旅行，一直是故事、歌謠、傳說、詩歌的主題，其中也包括麥克連筆下人樹之間難忘的相互感。

這一點在史塔斯納佛最是明顯。峽谷裡，人類過往深深融入荒野，就像水獺的足跡，像舊日鮭群由大洋游向內陸，像岩石上的冰痕。不知何故，我想著河流和土地似乎在告誡人們，不要分類思考，不要有所區分。那天我隨處可見相融與混合：沙子吹過固定沙地，海水與淡水奇異交融。我想起作家哈里森（Fraser Harrison）曾說：「我們對土地的感知，不比我們對地景的感知穩固。乍看之下，土地是硬實沙地，地景是其上蜃樓，但事實證明，土地也會消逝……『地方』本是不斷變動的現象。」

史塔斯納佛河谷就有這種歷史與當下的浮躁交織。伐木的林務員、航行於峽灣艱困水域的漁船船長、鐵器時代的定居者、基督教僧侶、失去女兒的父母、一無所有向北方異鄉跋涉的人，不同的人對河流及鄰近荒野各有不同看法。當然，行經此地數日的旅人也有不同看法。

還有魚類、鳥類和動物等非人類居民，以比歷史更古老的模式在此活動，牠們各有所重，人所難解。我好奇此地生物如何看待這片土地，如何在其間自我駕馭？水獺追蹤氣味，跑過石頭，悠遊於空氣、水與土地三元素之間。鮭魚鼓譟於河口，在化學記憶與星辰指引下返回出生地。或者那漫長一日裡始終徘徊的鵟鷹，在盤旋中觀望，凝視下方地形的平面與形狀，隨時留意其間動靜。

那天夜裡，我因喉嚨乾渴醒來，從壺裡喝了一大口水。水因夜而冰涼。已經凌晨一點。我站起身，望向石牆之外，越過瞭望台，望向北邊空曠的海灣，望向那不知疲倦散流入海的河流。月光很高，在河口凝結成白色流光和曲帶，向岩石投下緊致的黑色月影。強風依舊，月光灑落平地，我只能辨識那吹沙游移的表層。

七、岬角

風怒角（Cape Wrath）之名來自古挪威語，但 wrath 本意是轉折點，並非憤怒。當年維京海盜踏上漫長的大西洋探險與掠奪之旅，繞過風怒角獨特的懸崖，就知道自己眞的已經遠離家園。對古挪威人來說，這岬角是海洋世界的標誌，他們也以此命名。

風怒角是我旅程樞紐。我打算抵達風怒角後，在周遭荒野度過幾夜，再攀上霍普山，露宿山巔後返回南方，穿越愛爾蘭和英格蘭西部，回到更平緩的土地，更溫和的季節。

那天我很早就離開史塔斯納佛河谷。我開車穿過整潔的唐格村（Tongue），停下來購買食物，之後繞過埃里博爾湖（Loch Eriboll）嶙峋湖岸，從那裡可以望見鮭魚養殖籠漂浮在海灣，之後又經過佛伊納文的廢船。我開上窄路，抵達金洛赫博維（Kinlochbervie）附近幾乎全然無樹的土地，道路盡頭就是通往沙木灣（Sandwood Bay）和風怒角的小徑起點。

沙木灣位於風怒角南部，是長鐮刀形的海灘，過去探險的維京人經常以此爲避風港，將長艇開到海灘上躲避暴風雨，也會前往沙木湖補充淡水。Sandwood 之名來自古挪威 sandvatn，意思是「沙水」。

我離開路口，輕快走了八公里，越過荒原抵達海灣，而後在陽光普照的土地上朝向岬角走了好幾個小時，大海銀亮柔順，一直在我左手邊。我記得那幾公里路程中，有鵟鷹的影子投上石楠，經過起伏地面時影子就上下擺動。我記得在無名溪畔駐足，看黑色小鱒魚在水中疾游飛掠。我還撿了一個褪色的海鷗頭骨，拿在手裡把玩，聽得見沙粒流淌頭骨腔室的聲音。我還在同一條溪流發現一顆近乎渾圓的乳白石英。

我停在岬角南邊突出的一角，望向西方明亮開闊的天空，從杯子裡喝了點冷水。岬角末端高出海面約一百二十公尺，其上白色燈塔高約十八公尺。東邊的陸軍實彈射擊場一片寂靜。空氣清澄，可以望見數十公里外的大海。暗色水平線平如條帶。

不列顛島和愛爾蘭島西北岸空氣透明非凡，因爲幾乎沒有微粒。潮濕土地揚起少量鬆散塵土，隨風吹向海面。光子在這樣的空氣裡不受阻礙，不會散射，直直落上這些地區衆形萬物。站在這樣的光裡，會對此種開放心生感謝。這是一種免費獲賜的感覺，也不減損光的本身。

西北部澄淨的光吸引藝術家和作家前來，在這些地區生活工作過的人也都抱著熱愛精確談論當地的光。許多人在這樣的光裡度過許多歲月，大驅逐期間被迫離開，卻還帶著渴望回憶那樣的光。

我望向大海，看海浪接近陸地而積高，沿岸捲起，彷彿彈起的繩索。海面上空有數十隻飛鳥，氣氛熱絡：管鼻鸌滑行風中，是一道白色曲線。海鴉身形粗短，彷彿帶翅雪茄，緊貼波浪呼呼而飛。海鷗輕快飛旋急轉，呼聲短促。這裡充滿生機！我相中一隻管鼻鸌，目光追隨牠幾分鐘，觀察牠滑翔時的側翼，揣想著如果描繪牠複雜的飛行路徑，不知是何模式。東邊的大釘斷崖（Clo Mor Cliffs）不在視野內，那裡的海鳥棲地更大，海鸚、刀嘴海雀、海鴉、管鼻鸌、三趾鷗，數以萬計。

但我知道大釘斷崖就和蘇格蘭及威爾斯無數沿岸海鳥棲地一樣，都承受巨大的壓力。之前一個世紀海鳥數量增長，如今開始減少，有些地方海鳥群甚至接近崩潰。長期過度捕撈影響沙鰻數量，而這種銀魚正是許多海鳥的主食。氣候變遷使海洋變暖，也讓沙鰻愈來愈往北遷徙。沙鰻稀缺對海鳥造成嚴重影響。成鳥（尤其海鴉和刀嘴海雀）不得不拋下雛鳥，向北覓食，有些雛鳥因而死亡。濱海崖上四處可見鳥去巢空。

◆ ◆ ◆ ◆ ◆

我在岬角待了半小時，看海鳥飛旋，波濤起伏，然後往南走向海灣。天氣驟然變化。原本涵納一切的光亮變得扁平，旋即被風暴的棕色光影取代——大西洋上澄淨天空閃現一種奇異油光。而後可見遠處海上黑雨如帆，彷彿幽靈長船向陸地移動。風暴將至，吹來空氣既鹹又濕。大海沉靜下來，波浪黏稠蜷曲。海浪升起，長而緊湊，全無泡沫，覆沒我走過的懸崖底部岩石。黑色雨帆抵達岸邊，雨水如注灌入海面，嘶嘶作響。

地圖上，我所在之處的內陸標示著 Strathchailleach，在海灣以北三公里似乎有某種屋舍，或許我能在那裡避雨。於是我疲憊走向東邊。地面陷落，形成寬闊山谷，一條棕色溪流蜿蜒而下，外緣是大片巧克力色的裸露泥炭，內部有幾片半圓形草叢，蓊鬱青翠，其中一片草地上有座小屋，白色山牆，灰色屋壁，波紋狀鐵皮屋頂鏽蝕成紅色。

我抬起沉重的門閂，推開門，閃入低矮門楣，走進一條甬道。空氣潮濕，充滿泥炭味。門在我身後關上，門閂落回原位。一片漆黑。雨從屋頂落下。我看見兩片薄薄光亮，是門。我走到其中一扇門前，摸索找到把手，將門朝我打開，光線落上甬道地板上一塊平板，那板子似乎一直靠在那邊。牆上釘著一個塑膠袋，裡面有一張打字的字條，寫著小屋是「偏遠地區的簡單避難所，供所有喜愛荒野與孤獨的人利用」。

我打開的門通向盡頭房間，裡面有燻黑的壁爐和一張粗糙木桌。光線從深陷牆上的四格窗射入，照亮這房間。我把手臂靠上冰冷窗檯，量出牆壁厚度是我手肘到指尖的長度。

房間內部滿是潦草壁畫，即使覆滿煤灰，色彩依舊明亮。一隻海鷹俯身抓住綠頭鴨。深色風帆的維京長艇駛向海灘。一隻鹿。一隻臉色陰沉的野貓。單層書架上有聖經和威廉森的《大西洋鮭》（Henry Williamson, *Salar the Salmon*）。一疊厚厚打字紙夾在兩本書之間，上方標題爲「Strathchailleach」。

我在壁爐旁找到一支蠟燭和一盒火柴。我點燃蠟燭，在桌子上滴了一灘蠟油，把蠟燭放上去，直到蠟油凝結固定好蠟燭。我在一個桶子裡發現幾塊乾燥的石楠泥炭，弄碎做成一堆火絨，點燃後，泥炭燃燒的氣味瀰漫整個房間，淡灰色煙霧落上我頭髮，刺痛我的眼睛。

火勢平穩後，我坐在桌邊讀那份文稿。第一頁寫著：「在不列顛本島，朝西北前往公路可達的最遠處，接著繼續走，沿著荒山野路，越過一條蜿蜒河流，越過大片貧瘠荒野，就會抵達Strathchailleach小屋……」全文講述小屋和往昔居民的故事。麥克羅里—史密斯（James McRory-Smith）在此居住三十年，少數認識他的人都稱呼他桑迪（Sandy）。他本來是鉚工，在克萊德造船廠工作，妻子死於車禍後他就放棄工作，離開格拉斯哥的家，隨興北上，直至一九六〇年代後期某個時刻，他來到Strathchailleach，當時這裡是無人居住的農莊。他在後面房間壁爐點起一堆泥炭火，一燒就燒了三十年。

我對麥克羅里—史密斯北上之旅感到好奇。他向途中遇到的人問了什麼問題？他是爲了逃離或尋找什麼鬼魂而來到此地？他爲什麼決定在此定居？或許只是因爲沒有更北的地方可去。

住在小屋的那些年裡，麥克羅里—史密斯在沙木海灘收集漂流木，秋冬季鮭魚溯游產卵，他在湖泊與河流中捕魚。他在小屋西邊棕色河岸敲鑿了三十年的泥炭。他不時走來回二十二公里長路，去最近的村莊領取物資和退休金，買收音機用的電池。屋內溫度低於零下的漫長冬夜裡，他聽著收音機，畫著壁畫。他並非因荒野而成聖的隱士，通常不歡迎訪客。他給我的印象恰與恩施利僧侶相反，性情暴躁扭曲，不向荒野尋求安慰，而是在此逃避悲傷。

一九八一年，Strathchailleach遭遇一場強烈的冬季風暴，小屋西部山牆倒塌。麥克羅里—史密斯撤到後面的房間，暴風雨過後出去求助。他在旁人幫助下重建西牆，繼續在小屋裡住到一九九九年去世前不久。

麥克羅里—史密斯的故事讓我想起喬治·歐威爾。一九四六至一九四八年間，歐威爾每年有六個月的時間在巴恩希爾（Barnhill）生活工作，那是一棟極其偏僻的石頭小屋，坐落蘇格蘭侏羅島北端黃褐色的荒野，從倫敦開車要四十八小時，最後再從島上唯一有機動車道的村莊阿德魯瑟（Ardlussa）步行十七公里才能到達。阿德魯瑟和巴恩希爾之間的小路長滿花藺，歐威爾初次造訪小屋後買了一把鐮刀，邊走邊砍。若在黃昏時分，有其他旅人看到這樣一個高瘦蒼白男子沿小路緩緩前行，一邊對生長快速的花藺叢揮舞鐮刀，想必認為這一幕很病態……

歐威爾在巴恩希爾擁有一座小果園和菜園，並養殖牛、羊、豬等牲畜。大海就在東方百公尺處，一片低矮沼澤彼端。向北幾公里是「吉拉之聲」海峽，潮汐變化期間，巨大的科里弗雷肯漩渦在此吸捲翻湧。歐威爾在河湖海中釣魚，天候溫暖時也在湖泊海灣游泳。他一直在房裡燒泥炭火，點石蠟燈照明，石蠟燈的火焰很快就燻黑了牆壁。

就是在那些年裡，在種地和散步之間，歐威爾在一張傷痕累累的大木桌前，寫下他最具遠見的著作《一九八四》。他顯然必須置身那片荒野，才能創作小說。他生活的土地自有意志，他寫作的故事都是關於精神自主，兩者間有一種互惠關係。他發現自己在吉拉島上能以不同方式思考看待事物，被嚴酷的、優美的、空中的、海洋的鄉野喚醒。

但這視野以生命爲代價。吉拉島最後奪走歐威爾性命。他的肺太脆弱，無法承受島上濕氣和寒冷。他於一九五〇年死於肺結核。

農舍屋頂上的雨聲突然變了音調，變得更加尖銳。我打開前門，探望天空。冰雹席捲海面。冰珠打上屋頂，然後整齊滾下波浪瓦，堆積在每條瓦溝下方的簷槽上。

我回到最後方的房間，跪在泥炭火前吹氣。火吞噬更多泥炭，石楠莖被火焰燃著，像保險絲一樣發光。我吹氣的時候，片片灰燼從泥炭表面剝落，被熱空氣烘托斜斜向上，構成灰黑圖形，乍看彷彿幾十張小地圖從泥炭表面升起，消失在黑暗煙道裡。

• • • • •

我從旅程初始就一直在學投影製圖。我讀了許多書，和測量員及製圖者交談，試圖了解各種投影技術的基本原理，如方位投影、球心投影、僞圓錐投影等。大地測量學的語言聽來就像咒語。

我首先了解，在成爲田野科學之前，製圖本是一門藝術。我們現在常視製圖爲一種精確的作業，致力於將主觀性剔除於地點表述之外。我們很難拋開此一預設，因爲我們習於信賴地圖，相信地圖提供的數據。實則前現代的製圖活動兼具知識與假設的追求，講述關於地方的故事，並將恐懼、愛、記憶與驚奇都納入投影。

廣義而言，地圖有網格和故事兩種類型。網格地圖將抽象的幾何網格置於空間之上，所有項目或個別元素都可以在網格內協調。網格地圖強大之處，在於能夠將任何個人或物體置入一個抽象整體的空間。但這將世界簡化爲數據，將空間獨立於生命存在而記錄，這既是優點，同時也是一種危險。

故事地圖與此相反，表徵的是地方，爲行經的人或文化所感知。故事地圖是特定行旅的記錄，而非描述可能發生過無數旅程的空間。地圖圍繞旅人的活動而組織，以旅人視線或體驗的邊界爲邊界。事件和地點並未全然區隔，因爲二者通常具有相同的實質。

故事地圖是最早的地圖類型，以口語製圖，描述地景及其間發生的事件。這種地圖可以在人與人之間學習、修改、代代相傳。這片獨特的峭壁、那道樹林線、這條河的彎道、事故發生的那塊岩石、發現蜂巢的那棵樹等等，這些特徵被描述繪成一條路徑，而路徑本身也是一則故事。或許也曾有這樣書面地圖，或者可攜或者固定，但如今已不復存在。義大利倫巴底平原上的貝多利納地圖（Bedolina Map）是世上最古老的書面地圖之一，那是一幅描述地貌的複雜岩畫，刻在一塊有角度的巨礫上，岩面被退卻冰河磨得平滑，成了理想的書寫面。岩畫上有人物、動物、聚落、住宅，道路有曲折（上坡）有筆直（平地）。這地圖在不同時間接續繪成，最早的圖樣約繪於公元前一千兩百年的青銅時代，最晚近的房屋繪於公元前九百年左右的鐵器時代。整幅地圖很大，寬四．五公尺，高兩公尺。

人類尋路歷史漫長，網格地圖是相對較新的發展，但現在幾乎占全面優勢。從十五世紀開始，新的量測儀器（羅盤、六分儀、經緯儀，最後是能確定經度的天文鐘）和新的分析方法（正交剖面、三角測量）應運而生，概念格網於是延伸覆蓋地球表面。

這種新的嚴謹製圖興起之前，前科學文化中更憑藉印象、更行腳的製圖活動已在迅速倒退。到了十八世紀後期，網格地圖效力之強大，當時兩個新興的共和國都據此原則確立自身地理。傑佛遜的製圖師將美國內陸領土以直線劃分為州郡鄉鎮，並沿用至今。法蘭西共和國則派遣兩名最優秀的天文學家和製圖師量測敦克爾克和巴塞隆納之間的子午線弧，以此重建法國公制系統，定義一公尺為該段子午線長度的百萬分之一。

網格地圖能夠有效將地方轉化為資源，設計出前往一地的許多方法。這種技術進步帶來無數好處，但這方法之權威，賦予一地的知識之無可辯駁，幾乎也讓人忘卻地圖之為故事的價值，忘了製圖是自製、感受、感官的活動。網格推崇幾何上的嚴謹精確，卻也抑制觸覺、感受和暫時性。

這不表示我們應該廢除網格地圖（我整個旅程中都帶著網格地圖），但我們不該忘了故事地圖，它們代表一種在大地上活動的方式，如今泰半為人遺忘。美國詩人沃倫（Robert Penn Warren）對此有一優美表達：「我們地圖的臆測性愈來愈低，對地球根本肌理的可能性愈來愈不感興趣，這表示地球已經失去保守祕密的能力。我們看地圖，通常是為了尋找想要避免的東西，而不是幸運的話可能發現的東西。我們無法進入的土地已沒有多少神祕可言。」

與特定地形密切相關的文化，通常也發展出代表該地形的特殊方法。這可能很嚴厲或苛刻，如某些印加部落會用布包住嬰兒頭顱，使頭骨大致長成部落起源山脈的形狀。有方法比較溫和實用。一八二六年，加拿大極區威爾斯王子角有一名英國海軍軍官遇到因紐特人的狩獵隊伍。因紐特人無法和軍官直接交流，但理解他想知道方向，於是在海灘上畫了一幅地圖，「以一種非常巧妙易懂的方式」，用木棍和卵石構建該地區的等比例複製品。因紐特人還以木雕海岸線三維地圖聞名。這樣的地圖便於攜帶且耐低溫，不慎落水也能浮起，還能取回。

因紐特人還發展出一系列天空圖和雲圖。他們熟知天空情緒，精準到足以推斷雲層下方冰的質量和未來天氣。阿拉斯加西北部內陸的科尤康人（Koyukon）以錯綜複雜的故事繪製地景——敘事即定位。人類學家尼爾森（Richard Nelson）和科尤康人住在一起，他說地景對科尤康人來說是：

> **布滿了路徑、名稱和關聯串起的網路。人們對每個景觀特徵都瞭如指掌。湖泊、河灣、丘陵、小溪都有名字，充滿個人與文化意義。人們移動於一個不斷觀看的世界——世界是眾眼之林。人行動於自然當中，無論自然多麼蠻野偏僻……也從**

不孤獨。周遭環境有意識，有知覺，與人一般，也能感覺。

確實，以現代量測標準來看，此種地圖並不精確，卻對現代量測可能忽視的土地面向保持警覺，因爲在這樣的地圖裡，人類記憶與自然形態不斷相互反彈。

它們也是深度地圖，記錄歷史，認識記憶與景觀如何分層交錯。它們是活生生的概念，被獨特創造出來，證諸一地脈動，源於經驗和注意。例如漁夫在同一片海域捕撈多年，能憑直覺得出海床地圖，儘管他從未見過，但他知道海底的不同紋理和物質、深海丘陵和谷地的輪廓，能分辨風暴造就的海面變化。或者，非常了解水域、洋流和沙洲的河流領航員，可以在黑暗中甚或蒙眼駕駛。我讀過莫里森（Cathel Morrison）其人著述，他是農夫、環保主義者，在沙木灣附近出生長大，一生觀察海灣沙丘的位置變化，以手繪圖、定點攝影和記憶來追蹤沙丘的奇特遷徙。

這類地圖被牢記在心，對於景觀的變與不變始終很警覺。它們講述事物的尺寸和色彩。它們誕生於複雜的地方文化，而非僅由中性的數據組成。我們自我導航不能只用抗拒夢想與想像的地圖。這樣的地圖（尤其公路地圖）會將驚奇從人與世界的關係中消除掉。一旦思考土地不再懷抱好奇，我們也就迷失了。

・ ・ ・ ・ ・

我走最後幾公里路返回海灣，那時日光已低。我從附近河岸切下泥炭磚，彌補我所燒用。我把泥炭磚堆起來晾乾，然後離開小屋。這本是睡覺的好地方，但我想在沙木灣的沙丘過夜，想置身暴風雨中。探險家史考特（Robert Scott）給妻子凱瑟琳的信中怎麼寫的？他在南極的小帳篷裡垂死掙扎，距離補給站不到十八公里，他心裡明白，他是再也見不到家人了：「這比在太舒適的家裡閒度要好得多。」這是我讀過最無情的一句話！儘管我不贊成，但我愧疚承認，那當中有一種對嚴苛的自私之愛。那天晚上，我內心的史考特告訴我：離開小屋，去大海風暴中過夜。

我抵達海灣邊緣，尋路走下北端堅固峭壁，穿過暴風雨中洶湧澎湃的小瀑布。狂風增強，我屢屢失去平衡。霰雨冰冷，斜斜落下。海灣以南一公里遠，夕陽餘暉籠罩一塊突出黑色。荒原之草在我腳邊顫抖。

峭壁下，環繞海灣的河流急劇上漲。那天早些時候我輕易就能涉過，現在卻有近十公尺寬，水流洶湧。

我已經兩天沒見到人了，正站在那裡考慮如何過河，河對岸沙丘後面意外走出一名女子。我一手遮眼阻擋飛沙，另一手向她揮動。她也揮了揮手。沙粒形成鬆散層流，流過每道表面。

我坐上一塊岩石，脫下靴襪，涉水過河。水太冷，我的腳很快就麻了，感覺就像踩著短蹺走路。我隱約感覺岩石滑溜，礫石在腳下移動，不由得想起蘭諾赫荒原渡過巴河的鹿群。

我一踏上對岸沙地，那女人便上前接應我。她一隻手伸得筆直，好保持平衡，我用手腕扣住她手臂，跨出河水，另一隻手抓住她肩膀好穩住身體。

我們以那奇怪的半擁姿勢站著，艱難地移動雙腳，好在大風和軟沙上保持平衡，彷彿跳著尷尬的交際舞。我湊近她耳邊嘶吼，她也湊過來大聲說話。風撕扯我們話聲。我們交換消息。從湖靠內陸一端流向東北的河現在水流湍急，沒有繩索和夥伴就無法渡過。北邊的大瀑布被風吹回懸崖。她說，根據她聽到的預報，風暴為時很短，但很猛烈。我們說話時，我看見她肩膀後方遠處灰色水平線上有貨船如低矮平坦的形狀，靜止猶如配有炮塔的城堡。

我們告別彼此。她要向南返回金洛赫博維，我要在沙丘找個地方睡覺。我目送她走了二三十公尺，輪廓因沙塵不斷席捲愈顯粗糙，就像有人將收音機調到別的頻道，訊號逐漸模糊，然後突然啪的一聲，她不見了，我孤身一人站在沙灘。

• • • • •

昏黑天色籠罩閃亮沙地，西邊太陽像個橙色爐孔，還有一股強大的向岸風。我看風暴在最後的暮色裡壯大，聽到風聲之上還有吹沙細碎的嘶嘶聲，巨浪拍打海灣北部懸崖，發出圓潤的隆隆聲。

我沿著長長海灘走去，穿過巨大的沙丘，這些沙丘會隨著每次劇烈風暴而增長、移動或縮小。海上吹來強風，我背著大風奔跑跳躍，發現我可以月球漫步，一步能跨兩公尺，腳跟先落上柔軟的沙灘。好像有一隻手將我舉起，一個長步後放下。我就這樣跑過大半海灘，然後轉身頂著風走向水邊。

海岸沿線都是黃色海沫，濃稠有如奶油，在顫抖的漂流中聚集，三公尺深，上百公尺寬。鬆散的泡沫球被風刮起，吹過沙灘，在沙灘上翻滾飛濺，體積越來越小，越來越小，最後像魔術戲法一般消失了。

我在兩座大沙丘之間的谷地度過那個漫長夜晚。那裡靠近海浪破碎水沫變稠的岸邊，但在潮汐線上方，很安全。露宿袋讓我保持乾爽，睡袋維持我的溫暖。我在沙裡挖出淺坑，一個坑放肩膀，一個坑放臀部，然後拍出淺淺的枕頭。沙谷微微向水面傾斜，從我所躺之處可以看見大海，黑色海面起伏，白色波浪自暗中捲起，向海灘破碎。

暴風雨聲令人難以入睡，但我樂於失眠於暴風雨中。那夜晚非比尋常。最初幾個小時，黑暗之絕對，幾乎變成一種黑色液體，其間存在可以感知但無法看見的湍流，形式各異，如漏斗、管子、紡錘、螺紋，大風陣陣，還有神出鬼沒的強力漩渦。午夜時分，我感覺自己置身死寂的風暴中心。短暫平靜過後，風暴內緣襲來，黑夜再次陷入動盪。

我終於睡著了，醒來時天才破曉，暴風雨過去，風平息了，沙也隨之平靜，層層濕漉覆蓋著我，我一移動就裂出乾土圖案。我甩去身上沙子，爬到沙丘頂端，坐在濱草上吃蘋果和巧克力。

海灘上，一條新的漂流物標誌出風暴範圍，有著神經節般展開上肢的海藻莖、浮木、塑膠瓶等。漂流物上的水還很清新，閃閃發光。初升的小小太陽垂掛高地上空，我臉頰能感覺微弱熱度。我口渴了，爬下沙丘，走到海灣南端，在那邊發現一條雨水逕流沿斜坡而下。我洗了臉，在積水處俯身喝水，然後起程前往金洛赫博維和霍普山。

八、山巔

若一隻雪鴞從石英和麻粒岩構成的霍普山頂起飛，沿子午線向北，會在彭特蘭海峽上空轉向，飛過法羅群島東側，穿越北極圈，進入格陵蘭海。雪鴞會飛過冷岸群島（Spitzbergen）和格陵蘭之間的浮冰海峽，和所有子午線一樣，穿越北極，維持相同方向，往南飛過楚科奇海上冰封的弗蘭格島（Vrangelya），數小時後抵達與霍普山高度相當的陸地，西伯利亞西北部山區一座無名山峰，那裡溫度之低，只要斧頭一碰，便能綻鋼裂鐵，讓落葉松滿樹火花。我從金洛赫博維驅車往東上山，想著霍普和那座無名山峰在高度上相互唱和，隔著數千公里寒冷地帶，各自朝北向對方走去。

有人告訴我，若在晴朗的夏至攀登霍普山，在山頂過夜，太陽就會一直在視線之內。這是因為海拔和偏北位置相結合，夏至太陽的最上緣始終維持在地平線上，是眞正的白夜。據說秋天此地也是賞北極光的好地方，空中或紅或綠，彷彿磷光閃爍。但我最喜歡霍普山冬日情調，幾年來一直想於積雪時登山，在頂峰度過寒夜，感受極地空間向外延伸，冰山與冰晶的氣息從望不見的北冰蔓延而來。

霍普這座山擁有北方的極晝及極夜，認得永不消逝的太陽之堅決，也知道十八小時長夜之冷漠。我想，不列顚或愛爾蘭或許沒有別處比霍普山更能令人感受史戴格納所謂「自我之外的偉大」。蘭諾赫荒原和沙木灣都曾給我那種「偉大」感。身在科魯伊斯谷地，也一直有偉大感如影隨形。而我想知道，這感覺是否會因我南行而消褪，變得無從尋覓。

我開車穿過雨雪，然後穿過陽光，然後穿過狂風，漿果大小的雨滴落上擋風玻璃。一個多小時裡，天候變幻莫測。午後不久，我來到霍普山西南腳下。雲層載滿雪，向東北方移動。雪花輕輕降落佛伊納文山，向西飄過荒原。我頂上天空晴朗，是一種冬日蒼白。我抬頭看著霍普山，回憶我研究地圖時看到的形狀。

霍普山形態繁複，海面看去是個陡峭山錐，均勻對稱，遊隼築巢的北面山脊險峻曲折，構成一道屏障北方的斜堤，也藏起霍普山東翼共十四座失落湖泊的祕密水域。南面長長的高原山脊梅賽爾（Leitir Mhuiseil）蜿蜒五公里，逐漸變細，西麓鑲著一帶銀灰片岩，石英閃爍其間。

光線漸暗，我開始攀登霍普山，因孤身一人而興奮歡快。我循溪流行走，通過被水沖刷成奇特形狀的巨石。攀登時周遭視野大開。數百公里曠地水泊交錯，向四方輻射，高峰林立，克利布雷山和羅耀山（Loyal）東側冰斗抱雪滿懷，霍普湖引人目光向北，通過斷崖壁壘而至廣闊海峽。

我抵達梅賽爾斷崖上緣，看到三隻鹿警惕地站在山脊邊緣，觀察我的動靜後，同步轉身，邁開長腿奔離我視線。我坐在溪邊喝了幾捧冷水。向西方望去，遲暮太陽透出雲層，白晝之光緩緩散落於荒原。雪被吹成一道道白弓，被銳利陽光串起，我能數出地面共有四場風暴。夜幕降臨於東方，那個世界的邊緣籠罩著陰影、暮色與凜冽的冷藍色調。

霍普山很難攀登。這山幾乎從海平面陡然升起，頂峰是個巨大錐體，四面斷崖，陡峭如一。我到達山頂時，周遭空氣幽暗且粗礪，風更冷了。山頂毫無遮蔽，被狂風霜凍侵蝕，光禿一片。碎裂的灰色岩石上，霧淞形成羽狀堆垛，萊姆色和橘色地衣點綴其中。岩石之間，積雪成條成溝，乾燥顆粒彷彿沙子。我搬動石頭，清理出一個大致平坦的菱形空間，將石頭排成數十公分高的彎曲矮牆。我動作很快，雙手已經麻了，且愈來愈擔心這裡太冷太硬，不適合過夜。

那天晚上，風從西向北緩緩搖蕩，陣雪散落我露宿袋的帆布，冰雹掃過山頂岩巔。月亮衝破冰冷雲層，高掛天空。太冷了，難以入睡。我像羅盤針一樣頭朝北，望著大海，看遠處水面銀光片片開合，設法維持溫暖。

半夜兩點我還沒睡著，於是離開那裡返回主峰，前往曲折的山頂高原。雲層變薄了。狂風裡月光來去。每塊岩上覆蓋一層冰殼，稍有接觸就裂開飛濺成碎片。風吹去所有尚未結凍的雪，只有岩石背風處積聚少量冰雹。空中氣息明朗。

我走到東方山脊起點，從那裡下望，失落湖泊映照月光如雪。我前往高原西南端，雖看不眞切，但能感覺數公里外龐然的佛伊納文山。那雪域閃爍銀光，黑暗中不見形體。寒氣逼人，我開始發抖。不是表面的顫抖，而是深處的抽搐。在那深沉的冬日黑暗裡，我突然感覺離我那陽光明媚的英格蘭東部山毛櫸林非常遙遠。這地景屬於另一個大陸或時代，不僅僅是另一個國度。

這是我到過最不宜人的地方之一。大海、石頭、夜晚與天氣自行其是，維持各自習性，過去幾千年如此，未來幾千年也將如此。月光直落水面，風吹白雪橫移，只有此地如是。這是一片大火燒去，又在冰中倖存的地形。除了我搭造的石牆和山頂堆石，此地沒有人跡，也沒有人。我轉向東方和南方，努力觀察周圍數百公里黑暗，想看是否有一絲光亮。即使只是一點亮光，無論多麼遙不可及，多少都能令人心安。但什麼都沒有，連微光也沒有。

這裡比其他地方更合乎我展開旅程時所想像的純粹荒野。我被一種空間邏輯吸引至此，渴望抵達這高海拔與高緯度的重合點。但現在我迫不及待想離開。此刻之難受，尤甚我在人跡罕至的科魯伊斯山巔意外經歷的不適。

我希望能在黑暗中安全走下霍普山。這嚴苛的雪域，冰凍的岩石，這地方對我並無敵意，一點敵意也沒有，只是完全冷漠。我在此感覺不到與土地的情誼，也沒有我在黑森林經歷的那種關係頓悟。此地沒有關係可言。這裡拒絕背負任何意義。

所有荒野旅行者都曾有過，對世界之冷漠有種短暫鮮明的體悟。程度輕的話，那感受令人振奮，全面來襲時卻會擊潰一切。雪柏德在好比荒涼極區的紅山高原便有此領悟。「就像所有深沉謎團，如此簡單，以至於讓我害怕。」她如此描寫高原流水：「水從岩中湧出流走。多少年來，不停從岩中湧出流走。無所爲，毫無所爲，只做自己。除非親眼看到河流源頭，否則無法了解河流。但這旅程並不輕鬆。那是行走於自然元素之間，而元素本不受控制。」

音樂上有所謂「殘響時間」，也就是聲音降低一定分貝所需時間。霍普山上，那銀與黑之夜的殘響時間，於我而言堪稱無盡。我站在那裡，心裡明白，我對山的記憶可能消褪，卻永遠不會完全消失。我想知道南方是否也有這樣的地方，或者這裡將以某種方式成爲我旅程終點。

風在某個時刻變小，溫度上升了一兩度。我回到石頭堆出的低淺庇護處，終於可以睡上兩小時或更長，心中渴望黎明時分逃離山頂。我在第一絲曙光中醒來，感覺冷透骨髓，空氣靜止無風。我的睡袋凍住了，帆布蒼白僵硬，好像被窯燒過。我發現一塊被霜凍碎的石英麻粒岩，邊緣鋒利，呈不規則形。我留下這岩石，然後動身下山。感覺起來，不管往哪個方向下山都是向南。

九、葬墓

我抵達布倫（Burren）前一日，愛爾蘭和蘇格蘭遭到近十年最嚴重的風暴襲擊。風勢減弱後災禍頻傳。一艘載有十九名船員的漁船在斯凱島海岸沉沒，內陸有三人死亡，另有兩人失蹤。倫敦德里有一輛卡車被吹離福伊爾橋，導致司機死亡。許多樹木都倒下，狂風緩緩偃平森林，樹木傾倒交撐，樹冠糾纏，枝幹相扣。西部的北羅納島上，陣風風速高達每小時兩百公里，足以掀去穀倉棚屋的鐵皮屋頂，甚至吹走人畜。南尤伊島有一家五口因淹水被迫離家，試圖沿著堤道前往安全的本貝庫拉島，卻遭風暴橫掃身亡。

暴風雨消退的那個下午，我站在布倫西部岬角一塊平坦岩石上，猛烈天候的痕跡依然可見。海面波濤洶湧，怒浪拍打岩石。一股寬闊水流以驚人速度沿岬角流過——向北離岸流速度之快，水面物體竟以每分鐘約九十公尺速度移動。下著雨的天空高遠，一片黑沉。海浪喧囂，拍上近岸珊瑚礁。

銀白的布倫聳立於愛爾蘭中西部海岸克萊爾郡北部。布倫之名來自蓋爾語 boireann，意爲「岩地」。這裡地表多半由平滑的石灰岩構成，並與黏土和頁岩帶相交，因而得名。在戈爾韋（Galway）的花崗岩和利斯坎諾（Liscannor）的砂岩之間，有一道巨大的石灰岩斷崖，從那裡向西北延伸，沒入大西洋，在離岸近五十公里處形成三個島嶼，英語統稱亞蘭群島。陽光明媚的日子從遠處眺望，那裡石灰岩閃爍銀與灰的光芒，布倫彷彿錫鑄。

布倫有兩個特出之處，植被是其中之一。近四百平方公里範圍內，竟出現北極、阿爾卑斯和地中海植物，放眼歐洲，沒有其他地方能同時出現如此迥異的物種。龍膽常見於阿爾卑斯高山草原，卻在這裡生長開花，幾公分外就是斑鴨蘭，原是義大利和西班牙的植物。岩薔薇和仙女木生長繁盛，不遠處還有鐵線蕨，是維多利亞時期最受歡迎的室內植物。這種植物悖論之所以可能，得歸功於墨西哥灣流、石灰岩夏季吸熱冬季釋熱的能力，以及布倫非比尋常的光照。

氣候與植物的這種獨特纏結把我引到布倫。此處北鄰蘇格蘭，南接英格蘭，與兩地都有相似之處，看來是霍普山之旅後理想的去處。

亡者地景是布倫另一特殊之處。這裡在過去五千年間一直有人居住。此地鈣質豐富，有益於放牧動物骨骼健康，與周圍裸露的花崗岩地區相比，石灰岩裂隙間的土壤比較肥沃，更適合農耕。五千年來，人類在布倫活動，也意味此地埋葬了五千年來亡者。沿著灰色地帶前進，會發現隨處可見死者紀念碑：巨石圈、支石墓、楔形墓、墓碑、十字架、有祝聖和無祝聖的墓地。這是一片墓葬之地。新石器時代、青銅時代、鐵器時代、中世紀和現代，幾乎每個時代都有人安葬於此，以石頭標記安息處。布倫有一層厚重過去。當地的人類時間就像石灰岩，在漫長時間裡緩緩沉降，逐漸密實。

布倫亡者少有善終。一六五〇年代，克倫威爾大軍將愛爾蘭西部夷為平地，克萊爾郡飽受摧殘，布倫也遭掠奪。兩世紀後，愛爾蘭發生大饑荒，克萊爾再度受到重創，布倫許多居民餓死或外移，空蕩村莊至今仍在，但山牆上已無屋頂，殘窗也沒了景致。饑荒期間，救災官員不願免費提供援助，便讓飢民從事無目的勞動，以此換取食物。故而此地有數千條道路和牆面出於飢民之手。他們連站立都難，卻被安排去建造前無去處的道路，和不保護任何東西的牆壁。

克倫威爾要肅清天主教徒和保皇黨，率軍橫渡愛爾蘭海，並將摧毀北克萊爾和布倫的任務交給勒德洛將軍（Edmund Ludlow）。多年以後，勒德洛回顧那場戰役，以一段流傳已久的話貶損布倫。他寫道，布倫是「野蠻之鄉」，「水不足以淹溺人，木不足以吊死人，土不足以埋葬人」。勒德洛視地景為謀殺共犯，既錯誤又怪誕。他在那國度走動，始終漫不經心，而我在布倫的日子裡學到的，正是勒德洛錯過的一切。此地充滿水、樹、土地與死者，全都是這荒野的一部分。

◆ ◆ ◆ ◆ ◆

隆冬時分，我和羅傑一起去布倫。他寫作告一段落，我也不想往北走太遠，因此他很樂意與我同行，途程中或許還能做些林地研究。我問他，要不要一起去以矮榛林聞名的布倫地區，他一口答應。我獨自在北方待太久了，很高興有羅傑同行。

我們從香農出發，驅車前往布倫。電台廣播談起氣候變化，說又有一份關於海平面上升的悲觀報告發布，我因此對開車感到內疚，連道路看起來都不那麼吸引人了。愛爾蘭幾乎全無路邊招牌管制，每百公尺就有三葉草形或馬蹄鐵狀的花俏牌子，企圖誘人轉向景點或酒吧。車速很慢，路旁樹木顯得瘦弱，但這不是風吹所致，更多是污染使然——樹葉都被道路塵霾染成灰色。

我們接近布倫外圍時，道路變窄了，兩旁是健康的紫紅色樹籬，那是秋天的粉紅色小燈籠花，明亮張掛在深綠樹葉之間。光線明晰，對映下方寬闊灰石，和那之外有如巨鏡的海面。

我們在布倫有個基地，是中心地帶一座低矮的老房子，爲羅傑朋友所有。這房子兼具新舊時代特色。守門的是一排老山楂樹，在海風吹拂下俯身向東，上頭掛著銀色風鈴，不息微風裡叮噹作響。花園裡有參差不齊的金雀花灌木，後面矗立一尊一公尺高的耶穌石膏像，舉著右手，恆常向人賜福。

抵達布倫當晚，我們在房子周圍走來走去，從每一側的窗戶向外觀看。蒼茫暮色中，每扇窗戶的玻璃中間都可見一道深色岩石構成的水平線，彷彿我們置身局部入水的潛水鐘，凝視環繞我們的水。那天晚上，昏暗中我們挨著泥炭火而坐，朗讀書中段落，聊著天。我向羅傑講述霍普山那夜遭遇，那地方有多麼難以應付，那時突然來襲的竟不是我預期中的狂喜，而是恐懼。

第二天黎明時分，我們開始四下探索，隨身攜帶一張這地區的地圖，出自製圖師和景觀歷史學家羅賓遜（Tim Robinson）之手，他住在朗斯通海岸。我們出發之前一個月，羅傑生了一種極不尋常的神祕疾病，此時還很虛弱，因此我們緩緩前進，慢慢穿過石灰岩地，以步伐丈量布倫的幅員，試圖了解這謎般地景。

石灰岩能溶於水，這對水的順從意味著布倫就像峰區和約克谷地的石灰岩地一樣，充滿水道、裂縫、獸穴、洞穴、坑窪、溝壑等隱祕角落。這裡海岸的表面景觀廣闊複雜，就像肺的內部。事物匯聚隱藏於石灰岩，意義也在其中：這是個橫向地景，但並不淺薄。

石灰岩柔弱易損，這美麗也成爲一種商品。十九世紀中葉起，石材貿易不斷發展，石灰岩成爲構築假山和市區花壇的理想石材。在合法及非法開採下，英國約兩千四百公頃的石灰岩地，大約只有八十公頃未遭破壞。

• • • • •

我待在布倫的時候發現，石灰岩會要求行人以新型態移動：行人會忍不住改道、徘徊漫遊，或者將運動邏輯交付偶遇及意外發現。我們學會，或被大地教會走路不假思索：遇到轉角就轉彎，在谷地中順彎弧而行，我們的路徑取決於地質古老的偶然和落腳當下的偶然，我們躍躍欲試，準備好迎接驚喜。

驚喜時常發生。鳥兒蹦出看不見的石縫：丘鷸飛越低空，沙錐鳥自灌叢乍然探頭。野兔躍然現形。在看不見大海的山巔，我們發現一個生滿綠黴的牛頭骨，遺骸其他部分就像空難殘骸，散落兩千平方公尺。我們在溪谷發現古老的山楂和黑刺李樹叢，細長樹幹生滿地衣，彷彿半人馬毛茸之腿。

有一次，一個雨水豐饒薄日正午，我們看到一隻遊隼飛過面向大西洋的潮濕石灰岩懸崖。牠從岩床起飛，彷彿就要下沉似的，笨拙振翅兩三下而升起飛出，越過樹木繁盛的山坡，直到化爲灰空裡一顆黑星。

還有一天清晨，我們登上隘口，發現下方山谷水光明亮。這水池面積一百多公頃，不見於地圖，是大雨在石灰岩鄉形成的臨時湖泊，水位從岩石下方上升，就像塞上蓋子的浴缸在貯水。這山谷已爲水所淹沒，數十株樹與自身倒影上下相依，彷彿紙牌上的國王。一隻雀鷹盤旋水面，幾分鐘內便飛了一兩公里遠。

數小時後，我們來到三座偏遠山谷交界處，發現一大片銀色石灰岩鋪面[1]，就像約克郡河谷，分爲溶面（經冰河磨洗的水平表面）和溶溝（分隔溶面的垂直裂縫，經水溶蝕而成）。這地面開闊光亮，造就一種期待氛圍，彷彿即將上演娛樂活動或奇觀場面。這裡也讓人聯想到冬天的城鎮廣場，空無一人，只有鴿子和光影。羅傑說，這裡很像多塞特海岸的跳舞岩。跳舞岩是海水沖刷平滑的寬闊岩基，過去史旺基的男士常帶女伴過去，在夕陽西下波浪拍岸時分起舞。這讓我想起霍普山堅硬的火成岩頂峰，慶幸此刻能站在較爲柔和的岩石上。

我們走下山坡，來到那片平整地面。三隻野山羊——有著巧克力和奶油色的皮毛，魚鉤般的犄角——優雅讓路給我們，又爬上另一側陡峭荒原。我們擇路通過邊緣風化成弧形的溶溝，進入中心地帶。此地地形極其複雜，看著山脊和山谷，一時之間不免喪失尺度感，以爲這是一幅山脈或河流三角洲的衛星影像圖。

靠近中心處有一道南北向的溶溝。我們趴在石灰岩上，從岩石邊緣向下張望，發現裡面是一片叢林。溶溝裡有蕨類、苔蘚和花朵——就在我們視線所及數公尺內，數百種植物在石灰岩庇佑下欣欣向榮，有鶴嘴蘭、車前草、水楊梅和羊齒植物，還有很多我不認識的植物，在寒風吹拂的土壤裡伺機生長，擠滿所有可用的生態利基，彼此擁抱，難解難分，即使冬天也生意盎然，百花綻放的五月天就更不用說了。

我們趴在那裡張望時，羅傑突然說，這是一片野地，和所有峽谷、海灣、山峰一樣美麗複雜，甚至猶有過之。很迷你，但野性奔放。

我們穿過這片地面，在陡峭的石灰岩崖下發現一座環狀堡壘遺跡。只有同心圓狀的石壘殘存草下，圍著中央一個凹陷坑洞排列，陰影清晰尤甚實體。我們跨過護堤，下到堡壘內部，站起轉身，俯視從堡壘向外輻射的三座山谷。

和此地數百座堡壘一樣，這座堡壘可能建於三千五百年前，興建者可能從樹木繁茂的內陸遷到沿海地區定居。今日稱這些建築為「堡壘」會引人誤會，其實它們主要是居住而非軍事用途，每座都是一個小聚落的中心，代表約三平方公里的領域。

堡壘只有外型還足堪辨認，一旦走下頓覺深入時間，那是關於過往的鮮明感受，不時出現於這類地方。我們靜立堡壘石環內，打量下方山谷，試圖想像在此地生活禮拜的人如何看待這片風景。向晚日光正長，彷彿布匹落覆荒墟，以自身勾摹出草地與石頭的形狀。

新幾內亞的原住民文化裡，地景有兩種截然不同的存在面向，對此考古學家提利（Christopher Tilley）有精湛解說：「一種是固定的，亡者的土地，是祖先的力量；另一種是生者的土地，是移動的，但總是受前者吸引。這當中有一種看不見的、潛在的秩序，是屬於靈的，包括祖先圖騰和亡者鬼魂。」而那個日光明媚的午後，布倫似乎也有這類存在的秩序，相異又互動，作用有如皮膚，有孔有刺，交互滑過彼此。在某些時刻，某些地方，孔洞對齊，人們於是可以看透當前生者土地，回溯到另一個時間，看見幽靈的地景，亡者的土地。

荒野與亡者向來彼此牽連。如今我們習於將死者整齊埋葬於聖化的土地，墳墓一畝又一畝排列成行，但過去並非如此。亡者往往回歸荒野，滑入泥土，猶如落入水中。

・・・・・

一四三〇年四月十八日，來自薩福克郡貝克爾村的製手套人里夫（John Reve）被傳喚到諾里奇（Norwich）主教宮，去解釋荒野土葬這異端信仰有何正當性，他勇敢向法庭提出的辯解被記錄下來：「我堅持，我相信，我肯定，埋葬於山丘、草地或荒野，就和埋葬於教堂或教堂墓地一樣，對所有基督子民而言都是巨大的功德、獎賞和益處。」

里夫深信荒野土葬的正當性，這動人信念也見於後世，無論基督宗教傳統之內或之外的歷史皆有。十七世紀的貴格會教徒將死者葬在果園和花園以表異議，薩德侯爵②在遺囑中要求死後遺體交由當地伐木商以推車運到侯爵莊園林地，埋入新挖的墳墓。「墳墓填土後種入橡實，一段時間之後，橡樹將覆蓋此地，矮林又復茂密如前，使我墳墓遺跡消失於地表。」

在我的家族裡，荒野與死亡關係密切。我的曾祖父為治療支氣管炎移居瑞士，過世後安葬在日內瓦湖畔維托城（Veytaux）公墓。從那墓地可以望見一座面向羅謝德奈山的陡峭山谷，獨特的鋸齒狀岩脊聳立湖上。我的外祖父母有四個孩子，其中一個名叫夏米安（Charmian），有先天性脊柱裂，於一九五四年十月二十五日過世，在世僅一個月。她的遺體在聖橡樹火葬場火化，骨灰撒在英格蘭北肯特丘陵地的孤樹丘（One Tree Hill），從那裡可以眺望威爾德（Weald）——威爾德之名在古英語本義為森林，到十六世紀已轉義為荒野。我父親交代我把他的骨灰撒在蘇格蘭西北岸托里登山脈阿利金峰（Alligin）山麓。阿利金峰是一座古老的紅砂岩堡壘，幾乎筆直聳立於大西洋上超過九百公尺，其北部伸入荒涼無樹的花谷森林，是不列顛和愛爾蘭面積數一數二的無道路地區。

一個愛爾蘭朋友曾告訴我一個故事，說他姑姑總是惹家人厭煩。某個夏天，全家都出門了，只有這姑姑在家，一個推銷員來敲門，姑姑讓他進來，聽他說話，買了他的產品，是一塊墓地。家人擔心她受騙，希望她把錢拿回來，但她不樂意。她說，這墓地位於懸崖頂上，不可多得，還拿地圖給家人看。她說，這裡能眺望大西洋，景致優美，是消磨永恆的好地方。

不列顛和愛爾蘭有許多野地布滿墳墓，有的有標記，有的沒有。還有許多古代墓地都可以眺望河流，或位於峭壁、海岬，可以俯瞰大海，如奧克尼島的梅肖維古墓（Maes Howe）、南英格蘭的威爾特和多塞特等各郡墓塚，還有德文郡和康沃爾郡荒原、錫利群島所孕育的巨石陣，有的圍繞成圈，有的排列成行。還有諾森布里亞地區如陶德丘（Dod Hill）、瑞德谷（Redesdale）和貝錫洛（Bellshiel Law），都有上溯至公元前兩千年的古代墓地。薩福克郡有公元五百年左右的墓地，名爲薩頓胡，位在德本河上方斷崖，所葬是當時統治該地區的烏芬加（Wuffingas）貴族精英。薩頓胡之「胡」本是古英語單詞 haugh，意爲「高處」。

行至梅肖維古墓或薩頓胡墓，或者走在布倫荒野墓塚之間，人會莫名振奮起來，因爲這裡似乎表達某種信念，人或許可以從中學到些什麼。那或許是一種方向感，又或者是連結感。墓地坦率視生、死與地點爲連續體，或許正是此種天眞令人振奮。此外可能還有一個簡單原因：那麼多年代，那麼多的人，都將亡者安頓於此，凝望長空。

◆ ◆ ◆ ◆ ◆

在布倫期間，我們經歷數十種天氣。黑雨斜落，雲層蒼涼，石灰岩水窪被日落染成水銀或血紅。暮色降臨，化爲一條灰雲，邊緣銳利筆直，泳池罩一般從東方拉下。

海岸細沙飛旋，呈現梅塞史密特（Messerschmidt）雕刻作品的黃灰色調，我們站在那裡看三公尺長浪捲來，在近岸處完美破浪。

待在布倫期間，我感覺圓是布倫的重要形式。圓有其階狀斷面，存在於環形堡壘也存在於山中，存在於構造布倫石與骨的封閉化學循環：構成布倫地形的石灰岩本身就是有骨和無骨屍體沉積而成，石灰岩的富饒吸引人來，之後這些人死去也埋骨於此。骨頭最終歸於石頭。

布倫和約克谷地一樣，是一片古老的熱帶淺海，數十億年來，牡蠣、海螺、菊石、箭石、球石藻、海百合和珊瑚緩緩沉降，形成石灰質沉積層。布倫每個碎片都是陵墓，每座山丘是規模無匹的墓地，包含的死亡生物比古往今來曾經存在的人類還多。

布倫提醒人們，物質堅不可摧，同時又可完全變形，可以從植物變成礦物，或從液體變成固體，狀態交換劇烈。人很難在心裡同時擁抱永久性和易變性這兩種矛盾概念，因為這會讓人覺得自己既珍貴又多餘。人會意識到構成自己的物質不但可以無限轉換，也總會以某種形式存在。認知到我們的身體屬於一個分散及重組的無限循環，給人一種不安的不朽感。

不列顛群島所有岩石當中，石灰岩一直是形而上學最佳幫凶。奧登很喜歡北奔寧山脈的喀斯特地區，酷愛石灰岩，最令他動容的是石灰岩受侵蝕的方式。石灰石能溶於水，因此岩石上原有的任何斷層線都會因液體輕柔沖刷而緩慢加深，因而石灰岩的初始缺陷決定石灰岩隨時間推移將長成何等樣貌。奧登以爲這既是地質特性，也是人性。他在石灰岩中見到誠實，也就是承認定義我們的不僅是自己的實質，還有缺陷。

有一天，我和羅傑在石灰岩地面消磨過一日，下午穿過沁涼日光返回，遇到一個六十歲左右的男人，蓄著濃密的棕色鬍鬚，臂彎擎一把獵槍。他說打到三隻山鶉，收在外套的獵物口袋裡，長硬喙的形狀在衣料下清晰可辨，光滑外套衣袖上，點點鮮紅血珠格外醒目，魚眼鏡頭般反映我和身後土地。他說他是克萊爾人，在此打獵已有四十多年。他談起這些年間此地變化，談到過去十年間榛樹叢又回來了，表示土地並未墾殖過度，食物多半是從外地運來。我向他詢問布倫的野兔，因爲那天我們見到幾隻，長腿長耳朵，或像哨兵一樣坐著，或者優雅疾奔過山坡。他說野兔在這裡是特殊動物。三十年前，景況艱難的時候，他父親曾獵過野兔，全家都吃過野兔，但現在野兔日益稀少，已經無人捕獵。此外，也由於人們認爲野兔是一種詩意動物，若有射殺野兔的消息傳來，必然會在獵者俱樂部掀起軒然大波。

他說，但還是有人會帶狗徒步追逐野兔，只是最後都會放野兔一馬。他轉身指著我們東方一座長長的灰色喀斯特矮丘，因坡上紫色榛樹灌木而顯得不那麼剛硬，他說野兔從我們所在處出發，跑向矮丘盡頭，然後——他手指劃過山丘，我們目光緊隨在後——沿著丘頂一路奔跑，之後再以十五公里的弧線返回，絲毫不差回到出發點。他形容野兔奔跑之勢，和兔子回到原點、化弧爲圓的本能，講述栩栩如生。

• • • • •

我們在布倫的最後一晚，夜空放晴，空氣清涼。骨色彎月漸盈，約有三分之一滿，亮到足以視物。滿天繁星難計其數。我想在戶外體驗布倫之夜，於是走出屋子，獨自漫步於晴朗的冬日黑夜。我想找路回到我們第一天造訪的大環形堡壘，那有三重牆垣的柯曼石堡（Cathair Chomain）。天冷得幾乎結冰，我的呼息在空中飄動。黑暗中有無從辨認的棲鳥從地面飛起，目如寶石，羽翼大張，而我只能聽出渡鴉石頭磨動般的嘎嘎聲。遠方穿越布倫中心的道路不時有車駛過，車頭燈照出的錐形光亮在黑暗中漂浮。

我沿低矮山谷慢行，在石灰岩面上小心翼翼找路，爬上小小岩壁，擠過茂密的矮榛木叢，月光竟然無法穿透僅有肩高的樹冠。我正自豪身手敏捷，立刻就失足撞到右腿脛骨，不得不坐下來等待疼痛消退。

靠著地圖、記憶和運氣，我終於抵達堡壘。淡白石牆三圈，部分淹沒草中，中央滿滿一圈荊棘和野薔薇的叢林。我坐在第一堵牆和第二堵牆之間，一株老接骨木枝幹護守下。這樹枝向內蜷縮，簡直就像閉合的籬環。我在樹下發現一個小小的石灰岩球，觸手光滑如皀，便據爲己有。

我在那裡待了一段時間，在老接骨木體貼屈起的枝幹間，在冰冷草地上，看星光淡漠。我想起旅程中遭遇的歷史陰影，之前在蘇格蘭的驅逐峽谷，此時在布倫。我預想會在此看到當代的破壞和威脅，不料遇上更加古老的暗影。走過的土地充斥看不見的人，活過失去過，死得如意或不快，荒野幽魂不再總被忽視。我原以爲荒野缺乏人性，在歷史上並無位置，如今看來，這想法何其荒謬，甚至不負責任。

我也想到凝視岩溝繁花盛開的世界時，羅傑說的話。他對野性的評論意外震撼了我，將原本並不相干的想法整合起來，又丟棄一些其他想法。我因而了解，我原本對荒野的感受其實出於一種嚴苛的保護理想，與岩石、高海拔和冰凍的災禍密不可分。然而在岩溝裡，我見識到另一種野性：植被繁盛、生機勃勃、紊亂無序又充滿活力。荒野世界也有時程與類別的差異。我對荒野地景的感受一直受到其過往地質歷史的影響，受到地景形成早期冰火鼓盪的影響，但岩溝的野性關乎現在，關乎歷程，存在於持續、豐富的當下。

寒冷變得難以忍受，於是我起身循安全路線回去，在黑暗中經過直立石、頂石、廢墟和荒墓，繁星圍繞極點緩慢旋轉。

・・・・・

愛爾蘭大饑荒的主要物質成因很明確：以缺席地主制③為基礎的莊園管理系統搖搖欲墜，農民又只栽培馬鈴薯，並以此為食。還有馬鈴薯疫病，傳播速度驚人，一夜之間便能感染整片田地。土地裡挖起的馬鈴薯本當金黃結實，染病後變得又臭又糊。絕望隨疫病蔓延，而後還有痢疾傷寒等流行病隨飢餓而來。

一八四七年，饑荒高峰期至少死了廿五萬人。一八四一到一八七一的三十年間，愛爾蘭人口因死亡和移民幾乎減少一半，從約八百一十七萬五千人減少到四百四十萬兩千人。人口普查計算這些年的死亡人數，最保守的估計在一百萬到一百五十萬之間，西部和西北部死亡率最高，康諾特省（Connaught）失去四分之一以上的人口。

死神很少速戰速決，飢餓殺人往往需時數月。饑荒期間，美國傳教士尼克森（Asenath Nicholson）在愛爾蘭各地分送聖經和食物，她寫道，當肌肉自骨骼慢慢消退，希望也會從心中消失，最後落入沮喪空虛。「到垂死的第二階段」，餓得奄奄一息的人會在同一個地方站上好幾個小時，「眼神空洞，被強行驅趕才會移動。」尼克森寫道，那些更接近死亡的人頭部向前垂，被人提醒時會「不理不睬大步離開」。救濟院裡，孩子一動不動躺著，數日後才死去。英國教士奧斯本（Sidney Osborne）參觀利莫瑞救濟院觀察到：「即使在瀕死之際，也不見有人流淚或哭泣。」「我不見有人試圖更換姿勢……一張床上有兩人、三人或四人，就這麼躺著，死去，即便受苦，依舊一言不發，無動於衷。」卡爾頓（William Carleton）的小說《黑色先知》（*The Black Prophet*）描寫一八四七年饑荒，形容在西部教區遇到形銷骨立的人，「眼神空洞，忽忽欲狂，步履蹣跚，搖搖晃晃」，喪禮多到街道一片烏黑，每個教區敲起喪鐘，「緩慢而淒楚」，還有，「狂野人群蜂擁而至」湯店，「衣衫襤褸，身體羸弱，只剩一副皮包骨」。

有的村莊受災嚴重，沒人有體力挖墳，於是屍骸成堆。有些地方挖了成千上萬個坑洞來埋葬死者，直到如今當地還會發現人骨。沿海教區墓地往往就挖在海岸邊土壤最鬆散處，死者遺體交疊入土，有些坑洞較淺，隨著屍體發脹，最上層的屍骸就被推出地表，成群野狗在各地遊蕩，以屍爲食。有個目擊者說，這些動物「又肥又亮」，豐滿有如人體。狗吃死人，活人吃狗。

人們開始故意犯罪，希望能被送往罪犯流放地，反正只要不在饑荒的愛爾蘭都好。一八四六年聖誕節前夕，一名英國地方法官造訪科克郡，發現置身波希和哥雅想像的世界④。「數分鐘之內〔我就〕被至少兩百個鬼魅包圍，是難以形容的可怖幽靈，還有更多人因饑荒或發燒而神智不清。他們叫喊有如惡魔，至今仍在我耳邊響起，駭人形象在我腦海揮之不去。」

不過西部各郡的人多半都在鄉間棚屋或農舍默默死去。饑荒期間人們以一種黑暗方式表達禮貌、展現尊嚴。家庭最後成員往往保留體力，在死前起身關門上鎖，如此路人才不至於目睹屍體。之後人們將小屋推倒，以此爲墳，埋葬死者。

◆　◆　◆　◆　◆

八月，和羅傑同去布倫的數月後，我獨自回到愛爾蘭西部戈爾韋郡，就在布倫北邊。我想看清這片土地，於是登上戈爾韋山脈的最高峰川南山（Binn Chuanna）。這座山下的齊拉利半島（Killary peninsula）最西端就是維根斯坦晚年居處，他住在一間儲存饑荒救災物資的屋子裡，努力完成大作《哲學研究》。

我在一個晴朗有風的日子登上川南山。爬上無路的北壁，一隻蒼鷺從我頂上岩石高處飛起，就像支架和帆布的摺疊結構，啪一聲鎖定到位，就著這樣的姿勢滑入天空，然後拍動彎曲的翅膀，往羅斯陸方向朝海飛去。我在中午時分抵達山頂。那是一片古老冰層推平的台地，由平坦岩石組成，崎嶇破碎，面積約十公畝。這裡有個小疊石堆，上面放著大角羊的頭骨。我拿起頭骨，水從粗糙的鼻孔流下，頓時成爲液體獠牙，流到我手上，順著袖子流下。我把頭骨放回石堆頂上，讓頭骨朝向東方內陸，眺望連綿數公里閃耀點點湖光的空曠土地，每年有成千上萬野雁在此過冬。陽光不時穿透雲層，溫暖我的手臉。我向海望去，海灣與半島彷彿編織細膩的流蘇，近處有雲母散射陽光，即便是乾燥岩石也熠熠生輝。我拿走一塊金字塔狀的粗糙石英，爲暴風海灘新增成員。

我沿一條無名小溪西側下山。那小溪流入湖中，湖又形成一條河，於是我沿河流繼續前進，午後稍晚來到海邊。白色沙灘呈半圓形，在羅斯陸南方兩公里左右，沙灘兩端形成的弧線長約八百公尺。

我停步俯身，抓起一把沙，裡面有許多鐮刀狀的貝殼碎片，皮膚角質般小而蒼白，形狀類似海灣的巨大圓弧。有人散坐沙灘，有人涉入淺水。半圓沙灘兩端呈弧形伸入大海，其間有兩三個小島，彼此相距不到二十公尺，被退潮時分的藍色水道隔開。

明亮日光灑落那些小島，我想游過去探索。我沿著沙灘邊緣向西向南走去，走到最外側一個三角形的金沙海岬，這是南北兩股浪潮匯合而成，水波呈平行四邊形，重重對角線水光瀲灩有如鑽石。

我將帆布背包高舉過頂，涉水進入第一個潮汐通道，感受腳底沙漪堅實，小腿承受細浪夾擊。不知道什麼小魚從我腳邊飛速掠過，有一隻小鰈還是比目魚從沙中現身，一溜而逝。水道迅速變深，水很快上升到我胸口，水色從友善的淺沙綠轉爲冷調的藍。我感覺水流得更快了，團團冰涼混入溫暖淺水。

我抵達第一個小島，然後走入第二個水道。這裡水更深，水道中央水深及胸，水流讓我失去平衡，直到水淺處才又鬆了一口氣。我走上金色沙灘，在厚實沙地上留下輕淺腳印。

我坐在沙灘上，用陽光和海風晾乾自己，然後起身探索這座荒島。此地乏善可陳，長約十八公尺，寬二十七公尺，高出海面約三公尺，靠海一側是岩石，頂部混雜綠草和金沙。我邊走邊探索，殘留的高水位線環繞全嶼，彷彿鏽蝕的輪廓，表示這條線上方即使遇上暴雨也不會淹沒。島嶼荒涼美麗，預報又說接下來是好天氣，我決定在此過夜。

午後光線漸暗，轉爲暮色，我背靠一塊高大岩石，坐著眺望大西洋，岩石將貯存的白日餘溫注入我體內。我吃了沙丁魚和黑麥麵包，用刀切下大塊乳酪。灣中海水平緩，閃閃發光。太陽下山，空氣變得更冷，我走過的水道裡潮汐加深，水流加速。我內心感覺平靜。現在沒辦法離開小島，也無法輕易上島，無從逃脫也無事煩擾，這帶來一種寧靜感，和我在霍普山頂所感截然不同。這是一次快樂的孤島放逐。莫瑞怎麼寫的？「尋找美，要平靜。」

一段時間之後，日落西海，鋪出一條金紅色搖曳小徑，直達小島。衆星幾乎同時映入眼簾。萬里無雲，沒有光害。星星一顆顆亮起，我一顆顆數，直到快得數不過來。繁星滿天，空氣似乎也變得柔軟，與星光共流淌。

我在島頂沙坑睡得極好，一覺到天亮。我先是感到一陣驚喜，然後覺得幸福。我睡在島上！每個讀過《燕子與鸚鵡》（*Swallows and Amazons*）的孩子都有這個夢想。這地方之溫和，讓我可以寄寓安身。這種擬人化的幻想頗爲荒謬，但我確實短暫感覺自己彷彿被小島以某種方式守護擁抱。這與霍普山頂經歷相反，平衡了我的感受。這小島是有益的荒野，那山巔是冷漠的荒野，都很特殊，能結識兩者，我心懷感激。

小島兩側海水均勻起伏，海面光滑閃亮，海水清澈透明。我觀察來時水道，想來再過一小時左右，潮水退去，我就能再次穿過水道，返回本土。我脫衣赤腳走過小島靠海一側的黑色岩石。石頭觸腳冰涼。我輕輕滑入水中，因海水冰冷而呼吸急促，而後慵懶倒入水中，讓低得難以察覺的海浪將我托起又放下，好像禮貌將我舉起，以便從我身下經過。

那天早上八點左右，太陽升上東側山嶺，我走下沙坡，踏入潮汐，涉水而過，感覺海水沉沉壓著雙腿，水面逐漸變暖，邊聞著升騰鹽味走回鐮刀形的海灘。

那天上午稍晚，我驅車向北，前往韋斯波特鎮，要去攀登派翠克山（Croagh Patrick）。我本想在派翠克山頂過夜，那裡曾是凱爾特人的山巔堡壘，後來成爲疊澀拱頂教堂。孰料我竟無意間選中升天節（Ascension），登山路上數百名朝聖者熙熙攘攘，都是來自周邊鄉鎮郡的男女老少，來此以山測試他們天主教信仰的力量，但原因我無法理解。我走在他們中間，聽他們交談。許多男人選擇赤腳赤膊行走，雙腳多半被山石傷得滲出鮮血。

我沒料到會遇上朝聖者，也沒料到派翠克山頂上會有垃圾：岩縫裡塞著巧克力棒包裝紙，新教堂門外有腐爛的香蕉皮。神聖與褻瀆交雜令人不適，我只好將山頂讓給朝聖者。

◆ ◆ ◆ ◆ ◆

但有過神奇的海岸之夜，我還是想在高處安睡，於是開車回到聳立黑湖（Doo Lough）之上的米威爾利爾山（Mweelrea）南麓。在那之前我經過米威爾利爾山，發現高處有個洞窟俯瞰黑湖，不知其名，也難以前往，或許那是過夜的好地方。

我在暮色降臨時上到洞窟，約在谷地上方三百公尺高處，發現自己置身巨石與草叢的凹地，四周是一百八十多公尺高的石牆，有一連串細小瀑布不停沖刷。

我猜以前很少有人來到這裡，因為沒有道理走這路線，既無魚可釣，也沒有輕鬆路徑能上米威爾利爾山。洞窟是自成一格的失落世界，只有一條路進出。暮色漸濃，瀑布水霧迷濛，多好的地方。

蒼白雲朵在一小時內就聚在山頂周遭，籠罩懸崖頂端，暮色中，瀑布之水彷彿從天而降，冰冷不見源頭。除了瀑布的白噪音，洞窟徹底死寂。我能望見下方部分山谷，還有黑湖，湖面靜止無波，彷彿黑鐵。

據說，那天晚上我俯瞰的那座山谷曾發生極嚴重的饑荒。一八四九年那個寒冷的春天，約六百人聚集到山谷北方的小鎮路易斯堡，其中許多人已瀕臨死亡。所有人都希望能在這裡的救濟站找到食物，或者弄到許可證進入韋斯波特鎮濟貧工廠，那或許能確保獲得一些食物。但路易斯堡的救災官員說，既不能給他們食物，也不能給他們許可證。他說，他們該去找該地區的濟貧法監護人霍格洛夫上校（Colonel Hograve）和利奇先生（Lecky）申請，這兩人隔天會在十六公里外黑湖對岸山谷南端的德爾菲莊園碰面。

關於當時情況，有兩種相反說法，較令人痛心的收錄在貝瑞的《西愛爾蘭故事集》（James Berry, *Tales of the West of Ireland*）。貝瑞說，那天晚上天空晴朗，人群就睡在路易斯堡街上，孰料夜間氣溫陡降，隔天早上發現約有兩百人死在原地，倖存者朝南長途跋涉，向上越過斯卓帕布隘口（Stroppabue Pass），再繞過黑湖。那時沒有道路，他們只好走羊徑，河上沒有橋梁，他們不得不兩度涉水，橫渡因連日下雨水流湍急的格蘭肯河（Glankeen）。

他們終於抵達德爾菲莊園，兩名監護人正用午餐，要衆人等待。於是飢民在莊園邊的樹叢中坐下，有幾個人筋疲力盡死在那裡。霍格洛夫上校和利奇用餐完，下樓告訴衆人，不會發放食物和濟貧工廠許可證，要他們返回路易斯堡。

倖存者沿著之前千辛萬苦走過的路向北折返。此時天氣惡化，吹起西北風，帶來冰雹和雨雪。他們衣服被溪流和雨雪浸濕，很快就結凍，「如堅硬鐵皮」緊裹著他們四肢。許多人在小徑邊上倒下，死於失溫力竭。餘下的人抵達黑湖上方的斯卓帕布隘口，有數十人不敵勁風，摔入黑湖溺死。

貝瑞寫道，第二天早上，從格蘭肯河到胡斯頓（Captain William Houstoun）大宅的路上，屍體「多如秋日田地裡的成捆玉米」。路易斯堡的救災官員聽說這起悲劇，召集一群快餓死的人走上屍體遍布的小路，將死者就地埋葬。這群埋葬隊伍當中有許多人還沒到黑湖就死了，那裡泥土不夠，除了斯卓帕布隘口和黑湖之間懸崖邊緣的峽谷溝壑，別無他處可掩埋屍體。「於是，他們不得不將所有屍體集中起來，運到峽谷填入土坑，彷彿身在戰地。死者躺在那裡，風吹過無名墳頭高大的野蕨，不停為他們唱著安魂曲。」

那天晚上，我在黑湖上方洞窟醒來。凌晨時分，雲翳消散，月光傾瀉山谷。我口渴了，拿起金屬杯子走到洞窟邊緣，把杯子放在一道流溢的瀑布下。水打上錫杯，叮噹作響。我喝了清澈冰涼的雨水，俯視黝暗山谷。黑湖兩側，山巒向地面投下輪廓清晰的暗影。星光搖落，是已死恆星往日餘光，星光落處有巨石與起伏山丘，在月下投映黑影。我看見山谷夜風飄蕩，攪動青草，宛如鬼魅。

注1：石灰岩鋪面（limestone pavement）是一種喀斯特地形，暴露在外的平坦石灰岩因侵蝕而形成類似人工道路鋪面的格狀。——編注

注2：薩德侯爵（Marquis de Sade, 1740-1814），極富爭議性的情色作家、哲學家，是施虐狂（Sadisme）一詞由來，電影《鵝毛筆》便是以其生平爲基礎演繹改編。——譯注

注3：指地主出租地產，但不住在地產所在區域。——編注

注4：波希（Jheronimus Bosch, 1452-1516）和哥雅（Francisco José de Goya y Lucientes, 1746-1828）都是畫家，畫作常描繪人性沉淪與罪惡。——譯注

十、山脊

三月下旬，一連四天，大雪席捲英格蘭，教人措手不及。春天本已在那之前一週翩然來到，白蠟樹的黑芽露出新綠，我開車去梅利斯找羅傑，路上看到棕色野兔在薩福克郡田野迂迴奔跑。之後風向改變，北風吹來凜冽低溫，擋下春天腳步。撒鹽車駛過，鹽、沙呈扇形颼颼散落。孩子成排在我家附近一條安靜路上滑冰，將冰面擦得玻璃牛奶瓶一般光滑。帶我去恩施利的約翰從他峰區希望谷家中來信，說他花兩天時間在外追蹤野兔，提到雪堆龐然如白鯨，野兔依舊一身白色皮毛，不疾不徐在雪堆間移動。

我期盼春天，想看到冬天過後這片土地恢復生機，好感受我在岩溝驚鴻一瞥，旅途中卻總失之交臂的溫暖。我計畫去蘭開夏郡的伯蘭森林，探索李伯河（Ribble）和里恩河（Lune）富饒的綠色河谷，在河畔睡上一覺。羅傑本來要與我同行，但風雪回歸改變一切。現在我決定夜間獨自造訪坎布里亞山區，好好來一場夜間散步。

雪光延續月光，因此晴朗的冬夜山丘上可遠眺五十公里遠。我知道這一點，因爲之前有過幾次經歷。幾次而已，不是很多——夜行冬夜山間需要幾個罕能湊齊的條件配合：滿月、嚴霜、晴空，還要行路人甘願被凍徹骨髓。

氣象預報說，還有一個「雪彈」即將來襲，也就是極地低氣壓的餘波被其他鋒面拖向南方，襲擊英格蘭西北部，而後迅速讓位給高氣壓。預計雪彈降臨時，山間溫度會降至攝氏零下十五度，陣風速度可達每小時八十公里。我希望這次能匯集各項條件，似乎有些痴心妄想，但機會就在那裡，於是我離開劍橋，前往中西部湖區，來到巴特米爾湖，回到花崗岩凝灰岩的硬岩之地。

「湖區就像鋼琴，是資產階級另一項發明？」一九五三年奧登曾如此問道。確實，湖區茶屋衆多，步道在長年踩踏中陷落，確實讓人感覺這裡早受百萬遊客鍾愛馴服，我卻希望能在雪夜捕捉此地尚存野性。

◆ ◆ ◆ ◆ ◆

Noctambulism（夜行）一詞經常被污名爲sleepwalking（夢遊），但這並不準確。實際上noctambulism的意思是「夜間行走」，就字源意義而言，睡夢或清醒都能從事。一般而言，人們夜遊是爲了尋求憂思，或者毋寧是在尋求某種想像的憂思。卡夫卡曾寫道，夜遊時他感覺自己就像人間幽靈，「失重，無骨，無形」。

而我找到另一個夜間外出的原因：黑暗能賦予最平凡的地景以野性。水手說，即使熟悉國度，從海上看去也顯得不可思議，因爲那視角能讓最熟悉的海岸線變得陌生。黑暗中的地景也是如此。柯立芝曾將他夜間散步所見湖區和甫失明者觸摸孩子臉頰相比擬：同樣的關愛，同樣透過形式和形狀來推斷，同樣熟悉的陌生。入夜之後，聽覺、嗅覺和觸覺會以新秩序連結，感覺中樞起變化，關聯在暗中蜂擁而出，使人更加意識地景實爲各種作用的集成，是地質、記憶、運動和生活的混合體。地形依舊，卻以一種存在感出現，出自推斷，較少實質，卻更爲強大。這是一種新的拓撲結構。夜遊使人明白，野性不僅是土地的永久屬性，也是一種可隨降雪或日落安頓於地的性質。

但過去兩個世紀裡，我們學會消除黑暗。智人演化爲晝行物種，在日照環境表現出色，夜間左支右絀。基於這個原因，我們精心開發設計種種照明方法，中和黑暗對我們的影響，擾亂了晝夜節律。

如今全球現代化地區的人工照明範圍之大，甚至從太空都能輕易辨識超量照明。這種照明定向效率低下，向上散逸而被空氣中的小顆粒（如水滴和灰塵）散射，泛成一種光子霧霾，稱爲天空輝光。無雲夜晚拍攝的歐洲衛星影像是一片光彩奪目的大陸。義大利是鑲滿亮片的靴子，西班牙有光綴海岸與閃亮內陸，不列顛燃燒最熾。較大片的無光區域，只出現在大陸的沙漠邊緣和山脈地區。

星光難與地面強光爭輝，即使萬里無雲也難見星夜。昏黃鈉光長久籠罩城市。城鎮染橙天空。這種光也破壞自然習性。候鳥撞上照明建築，以爲那是白日晴空。樹木感應晝長以落葉開花，這模式也被打亂。螢火蟲靠發光器吸引配偶，如今夜間亮度不再可見，數量也因此下降。

◆ ◆ ◆ ◆ ◆

我抵達山邊已是傍晚。雪線齊整，約在三百公尺處將世界分爲白灰兩色，上下兩層。從天色看得出將有一波大雪。烏雲開始從東方籠罩大地，預示降雪的棕色焦光染紅空氣。稀薄雨雪零星落下。我臉頰鼻子都冷得一抽一抽。

路徑蜿蜒湖岸，穿過高大的橡樹林進入山間。粗糙舊雪環繞樹根，成排躺在樹木之間。我與樹木枝葉擦身而過，雪像白糖灑落身上。我先後遇到三個下山的人，每個都停下與我簡短交談，承認這種天候下此地特異非凡，然後又繼續前進。

半小時後我來到布里貝瑞湖（Bleaberry Tarn）所在寬闊山谷，山谷後方連峰聳立，有紅尖頂（Red Pike）、高欄峰（High Stile）和高崖峰（High Crag）。東邊和北邊只見一脈白嶺。遠方不知其名的山間雪原返照晚光。寒風嚴實吹向我，我不得不以雜技表演的五度角側身前進。

峽谷山壁外傾，上方小徑積雪厚實堅硬，石上結滿了冰。我注意到小徑右邊有一條不規則路跡，上面有彎曲的紅色小柱，最多兩三公分高，石筍般突出雪地。兩天前，剛下雪的時候，一定有人行路時流血，血滴到雪裡就結凍了。之後風持續吹走鬆散積雪，留下小柱，每根柱子都是一滴血。

我上到六百多公尺的山脊，雪勢轉強成暴風雪，能見度只有一兩公尺，白色大地與白色天空融爲一體，風雪中連立足都難。我得找個地方歇一晚，度過雪暴最劇烈的時候。我四處尋找有遮蔽的平坦地面，卻什麼也看不見。

然後我碰到一面小湖，夾在兩道小峭壁之間，略呈圓形，直徑約九公尺，已經結凍。小湖之冰作大瀑布的乳白灰色，粗糙凹陷。我走到小湖中心輕跳幾下，湖沒有嘎吱作響。我好奇魚都去哪了。要等待風暴過去，這小湖或許不盡理想，但湖面平坦，兩片峭壁可供避風，已是目前最佳選擇。我有睡袋和露宿袋，足以保暖。睡在冰上就像睡在銀盾或鏡面，我喜歡這念頭。我希望一覺醒來，天氣足夠清朗，我就可以展開夜遊。

◆ ◆ ◆ ◆ ◆

畫家帕爾馬（Samuel Palmer）和詩人托馬斯都熟稔且熱愛黑暗的野性。一八二〇及三〇年代，帕爾馬和一群號稱「古人」（Ancients）的畫家同住肯特郡濱海索爾海姆村，帕爾馬散步不分黃昏黎明深夜。有時候他和古人一起散步，唱《麥克白》女巫之歌。他的水彩和版畫充滿他對肯特鄉間的驚奇之情。

帕爾馬以布萊克（William Blake）作品爲師，發展出一種藝術語言來記錄這種驚奇：黃昏時樹葉在眼前翩然起舞，清晨與深夜天空靛藍，豐收之月碩大色濃。即使肯特郡的土地大量墾植過，在他眼裡也充滿奇妙野性，無處不見活力、秩序與韻律。對帕爾馬來說，樹上長出蘋果也令人驚奇，就像田地上玉米在多風的黎明中同步成熟的圖案，月下雲彩沾染的鯖魚斑駁。

托馬斯從小就愛步行，無論白天黑夜。他二十多歲罹患憂鬱症，經常獨自一人在威爾斯和英格蘭偏遠地區長程徒步。他和許多憂鬱症患者一樣，發展出一套自己的緩解儀式，希望藉此減輕痛苦，擺脫悲傷的根源。

他出版於一九〇五年的傑出短篇小說集《威爾斯》（*Wales*）有其中一場遊記，讀來如夢幻故事或歌謠。他耗時數月探索威爾斯荒野：河流、山脈、河口、森林與湖泊。他往來其間，與途遇之人交談，記下他們所講故事，還有他們偶然唱起的歌謠。他在肯非格村（Kenfig）沙灘發現一支鵝羽，剪成鵝毛筆，用來寫作這本書。

托馬斯沉浸於快步行走威爾斯黑夜的喜悅，沉浸於白日望見山巔「在多雲天空中不斷書寫荒野傳奇」的喜悅。他描寫夜來大地變得「無顏無色」，而後當陽光再現，世界又重新喚醒色彩。某次冬天山上，氣溫低得他不得不停步，藉羊群吐出的霧氣取暖。又有一次，他在山裡走了一夜，黎明時分來到兩座山峰之間的狹窄隘口，停在一小片橡樹和榛樹叢中避雨。他寫道，月光即將消逝，薄霧從周圍低地升起，他看到「雲與山的千座白島」。

托馬斯在《威爾斯》尾聲寫道，某個山間夜晚，「遠離都市使人明白，世界古老而動蕩，而光明、溫暖和友誼都很美好。」第一次世界大戰宣戰後一年，托馬斯從軍加入藝術家步槍團（Artists' Rifles），這是倫敦和米德塞克斯地區一個大型志願營。他先被派往艾塞克斯，在野兔廳訓練營擔任地圖閱讀教官，將他步行習得的土地知識技能付諸實用。一九一七年一月，他被派往西線。一月二十九日，也就是離開英格蘭前一天，他寫信給妻子海倫，說他一「完成那邊的事」，就「再也不說再見了」。從他寫於前線的信件和日記可以清楚看出，他經常回憶步行的日子，那些年裡關於天寬地闊和自由行走的記憶，對他來說是源源不絕的安慰，直到阿拉斯戰役的第一天，曙光初露，他就遭砲擊死亡。

◆ ◆ ◆ ◆ ◆

山脊上的暴風雪持續了兩個小時。我冷瑟瑟躺著，看紅色蘆葦伸出寒冰外，閃動風中。落下的冰雹有各種形狀，起先有如藥丸，之後下了許久胡椒粒大小的粗糙雹球。半個多小時後，冰雹轉而為雪，質地如鹽，落在冰上發出沙沙聲響。我從骨子裡感到寒冷，彷彿有冰在體內形成，浮冰在我核心游弋，壓力脅穿透我的臂和腿隆起，在我骨頭周圍形成白鞘。

不過，我大概睡著了。數小時後我醒來，發現雪停了，雲層變薄了，晚冬時節月上山巔，差堪圓滿，右邊少了一小片，四周燦星簇擁。我起身在湖面手舞足蹈一陣，既是爲了取暖，也因爲舞蹈時偶一回頭，就能看見我的月影在雪地上與我共跳吉格舞。

我感謝月光努力照上我。光以每秒三十萬公里的速度離開太陽，在太空中前進八分鐘，也就是約一．五億公里，然後離開月球表面，又在太空中前進一．三秒，也就是約三十八萬公里，穿過對流層、平流層和大氣層，才終於降落在我身上。數以億萬計光子從月球射向我的臉和我周遭的雪，使我滿眼銀光，助我月影起舞。

醒後我眼前是個金屬世界。谷地對面雪坡無瑕如鐵。月影顏色更深，有一絲鋼藍。此外並無顏色。一切都是灰、黑和銳利的銀白。傾斜冰片錫一般閃閃發光。冰雹彷彿霰彈，數以百萬聚集在每塊岩石上，匯入雪坑。空中瀰漫礦物與冰霜的味道。湖面我躺過之處已經融冰，形成淺淺凹痕，狀如石棺，月光下影影綽綽。

南方山脊線條緩和，蜿蜒三公里多。有時窄如人行道，有時寬如馬路，沿途有三座嶙峋小峰。東西兩側山谷陡峭，月光照不到的低處籠罩黑黝陰影，看來彷彿山脈無腳空懸。

我走上山脊。無風嚴寒刺得我臉頰火辣。四下寂然，我只能聽見自己喘息嗖嗖，嘎吱踩破硬雪，還有一腳踏去，冰下沉時發出木頭受重壓的呻吟。我經過一座冰丘，光滑如玻璃，好像攔砂壩的基石。我的影子落在身後數公尺遠處。有一次我駐足崖頂，看到兩顆星星幾乎平行滑過天空那道長長的黑色斜坡。

我來到一面結冰的大水池，拿一塊鋒利石頭，在白冰看來最薄處劃出一個圓錐形坑洞。黑水湧入洞中，我跪下，嘴貼上冰面啜飲。我抓起一把雪，邊走邊在手上拍打塑形，直到雪收縮變硬，變成一個白色小冰塊。

地面變陡了，我從一塊岩石移到另一塊，以免滑落。我在山脊變薄處轉而向東，如此就能觀看精緻優美的雪簷，那線條沿著山脊邊緣輕柔延伸，覆在月下溝渠上，彷彿經過設計。

幾朵小雲在天空流動。其中一朵飄過月亮，世界濾鏡丕變。本來我的手是銀色，地是黑色，然後我的手變成黑色，地面變成銀色。如此這般，行路時雲層經過月前，一切就從負片變成正片又再回到負片。

◆ ◆ ◆ ◆ ◆

人眼有視桿細胞和視錐細胞兩種感光細胞。視錐細胞聚集在中央凹，也就是視網膜中央區域。離中央凹越遠，視錐細胞密度就會減少，而由視桿細胞占主導地位。視錐細胞負責敏銳的視覺和色覺，但只在強光條件下才能良好運作，光線降低時，眼睛會切換到視桿細胞。

一九七九年，藍伯（Lamb）、貝洛爾（Baylor）和游景威三位科學家證明，視桿細胞可受單個光子撞擊活化。他們使用抽吸電極來記錄視桿細胞密度極高的蟾蜍視網膜電流。他們向視網膜發射單個光子，膜電流有明顯波動。這被認爲是光學領域最美實驗之一。

視桿細胞可能耗費兩小時才完全適應黑暗。一旦身體發覺光線降低，就會開始產生一種叫做視紫紅質的感光物質，這種物質會在暗適應過程裡慢慢累積在視桿細胞。因此，與白天相比，我們在夜晚對光更敏感。夜間視覺雖然不如白天敏銳，卻是一種強化的視覺。我發現在非常晴朗的夜晚，即使只在海平面高度，也可以坐下來看書。

桿狀細胞能在低光照下高效工作，但無法感知顏色，只能感知白色、黑色和兩者之間的灰階。灰階是桿狀細胞在模擬顏色，所謂「重影」，就是光學家所稱的視桿細胞感知效應。出於這個原因，世界彷彿被月光吸去色彩，改以隱約而陰鬱的深淺階調自我表達。

滿月照上冬日山頭，是最亮眼的夜景。此時地貌反射大量光線，構成一片白色、扁平、傾斜、光潔的風景。夜行唯一的困難，在於走入月影籠罩的裸岩，或光線難及的山谷。谷底幾乎無光，放大谷壁陡峭程度，讓人以爲置身深谷底部，不禁渴望再度觸及月光的銀色潮汐線。

在森林、河邊、沼地、田地甚至城市花園過夜，體驗各不相同。沒了顏色，於是不得藉由陰影和階調來判斷距離與外觀。夜視需要陽光下不需要的注意力。

夜行者的驚奇也與夜空原始無垠的本質有關。天氣晴朗的時候，星星賦予夜空深度，遠超過白雲賦予白晝天空的深度。在無雲夜晚仰望夜空，令人陡然暈眩，好像雙腳就要脫離地面，人就要垂直向上墜入太空。觀星讓人一窺超乎人類想像的事件順序和時空尺度，無怪人類自開始記錄文化以來，謙卑和崇敬的夢想始終指向月亮與繁星。

人工照明可能使夜晚魅力不再，這是當代生活令人遺憾的副作用，但畢竟微不足道，不見得爲人所注意。然而那個冬夜時刻，置身山脊頂巓，看遠方星殞，我以爲我們疏遠黑暗是巨大嚴重的損失。人類這個物種愈來愈難想像自己本來屬於某個能力更大的整體。我們開始接受一種冷漠的異端思想，一種人類獨有的人文主義信仰，還盡力壓制那些提醒我們世界遠大於我們、我們只是其中一分子的制衡力量。我們幾乎在每個方面都不再去感受與自然世界的關係。

失去星光只是人類自此種眞實世界撤退的一個面向。我們追求抽離地方的生活，將體驗抽象化爲種種無接觸性（touchlessness）。我們脫離實體、去物質化的程度前所未見。科技世界的連結性幾乎無窮無盡，雖然帶來好處，卻以接觸爲代價。我們在許多方面都忘了與世界接觸的感覺，於是出現新的靈魂疾病。我們拉開自己與世界的距離，不快樂是由此而來的複雜產物。我們愈來愈常忘記，我們的心智是由身體對世界（空間、質地、聲音、氣味和習性）的體驗所形塑，也由我們的遺傳性狀及我們吸納的意識形態所形塑。周遭世界的物理形式與我們想像的內心世界不斷在進行強大、重要的交流。乾熱的風吹上臉頰，遠方雨水氣息流淌空中，鋒利鳥爪踩上張開的手掌，這些交流塑造我們的存在與想像，既無法分析，也不容置疑。將手放上太陽曬暖的岩石，觀看密集飛鳥變換隊形，或者看雪花確實落入攤開的手掌，都是簡單眞實的感受。

五十年前，登山家雷布法（Gaston Rebuffat）就在回憶錄《星光與風暴》（*Starlight*

and Storm）中提及人類撤離現實世界。雷布法熟知現實。他一生日日夜夜都在山上度過。他曾露宿於山峰北壁、岩隙或雪洞，步行登山不論天候和時間。對雷布法來說，星光與風暴是不可或缺的能量，能讓經歷者感受世界的力量和作用。「如今這個時代鮮有眞實。」他在一九五六年如此寫道：

夜晚已被驅逐，冷、風和星星亦然。這一切都不再有作用，生命本身的節奏已然模糊。一切都進行得那麼快，發出那麼大的聲響，人們行色匆匆，不曾留意路邊草色與氣味。……但人與其星球高處的相遇是多麼奇怪！人置身高地，周遭一片寂靜。如果有面陡峭如玻璃窗的雪坡，他會爬上去，留下一條奇怪行跡。

◆　◆　◆　◆　◆

緩慢步行一小時後，我上到平坦的山脊頂部。一道陡峭小冰溝由此向東南延伸，只有五到十公尺長，兩側彎起，冰面晶瑩發光。冰溝通向一個鞍部和較低的一座小山頂。我坐下來挪動腳後跟，移到冰溝邊緣，然後仰臥下滑，用腳敲打冰屑權充煞車，滑行時黑色寒冷空氣在我的臉上劈啪作響，彷彿我破冰而過，直到減速停下。我在裸露岩石間清理出營地，然後試著睡覺。

我在日出前起身，伸懶腰，跺跺腳，對雙手吹氣，然後走到山頭東側的堅硬雪堆，切雪爲椅，坐在上面看雪白山嶺天色破曉，彷彿身在寂靜北極。

黎明的最初跡象是一條淡藍色的帶子，像一段精鋼緊貼東方地平線。藍帶開始發出暗橙色光亮。隨著光線初現，全新國度在黑暗中現形。群山聳立，輪廓分明。細長捲雲交織成鬆散羅網，在空中逐漸清晰。而後太陽升起，起初是紅色的橢圓。寒冷襲來，白色山脈隱入白色天空，我坐看黎明，眺望這片曾不是英格蘭又曾是英格蘭的土地。不知爲何，在這雪峰上的感受與霍普山截然不同。也許因爲房屋、城鎮、人群離我只有約一小時腳程，又或者因爲夜行超凡脫俗，總之我永遠不會忘記這份美麗。

約半小時後，天空呈現穩定高遠的藍色。我站起身，感覺雙腿關節深處凍到發僵，也感覺清晨陽光溫暖我臉頰手指。我啓程下山，大地開始擺脫寒冷。腳下冰塊嘎吱作響。我聽到上下起伏的堅硬積雪下融冰水聲泠泠，處處可見白雪間有黃色草叢。我正走出冬天。

一道局部結冰的瀑布從一堵黑色岩壁濺出，彷彿一扇堅硬冰閘，因解凍而出現斑駁美麗的黑色裂紋，水從中流出。經歷過夜世界後，這湍流迅捷得令人吃驚。我站在那裡看了一會兒，從水流在下方鑿出的岩池取水飲用，折下一根冰柱邊走邊吃。我在附近一塊岩石上發現一個葫蘆形的洞，裡面積水結凍。我撬開冰的邊緣，發現可以將冰層頂部抬起幾公分，露出下方清水。冰層厚如潛艇窗玻璃。我把冰舉到眼前，透過寒冰看幾眼這模糊世界。我喝了冰下甘甜冷冽的池水，然後下山，在陡峭不平的地面擇路而走。

我回來穿過海岸森林，林間處處鳥唱。我很累，但不想睡覺。靠近湖口有一座石木小橋，往下游不遠，河道變寬之處有個深潭，潭水清澈見底，潭邊綠草如茵。

我坐在草地看搖曳水光映上河床卵石。我平躺河邊，捲起袖子，伸手到小溪底部，水在那裡編織光又解開光。我撿起一塊鑲有藍圈的白色石頭，坐在岸邊，拿著石頭，試著列出那一刻作用於石頭的運動：地球以每小時一千六百六十六公里的速度自轉，以每小時十萬七千公里的速度繞著太陽公轉，還有慣性空間內緩慢的歲差運動，和包含這一切、銀河系在宇宙深夜難以估量的擴張。我也試圖想像石中世界和連續不斷的光子——恆星光子、月球光子、太陽光子，億萬旋轉的無質量粒子抵達石頭，以每秒三十萬公里速度撞擊石頭，這些粒子撞擊我的時候，儘管石頭依舊堅硬在手，我還是感覺自己被短暫穿透，感覺我身上滿是孔洞，不再密實。

我脫衣涉水而行，感覺像有冰冷鐵環滑過我的腿。我在水中坐下，只有頭頸露出水面，在寒冷中對自己呼氣。水流輕推我的背。我聽見農夫的口哨和叫聲，看到羊群如雪，走過湖對岸綠色田野。下游數公尺有個渦池，夾在兩塊深色巨礫之間，沉沒冰片彎起的邊緣露出水面。東方天空的太陽已經很圓了，而西方是幽靈之月，兩者在雪白山脈上方相對而立。太陽是灼熱的橙紅，月亮則是太陽冰冷的副本。

• • • • •

十九世紀最初幾年，柯立芝陷入漫長憂鬱人生裡前所未見的抑鬱。他身體罹病，又愛上妻子以外的女人，被他所謂的憂鬱「玄翼」拂過。當時他住在湖區的凱西克，便向他家周遭荒野尋求慰藉。他開始步行，獨自一人，愈走愈遠，不論天候，有時甚至夜行。一八〇二年夏天起，直到一八〇三年冬天，他展開一系列野地健行，穿行於瀑布、樹林、峭壁和周遭丘陵頂巔，每次持續數日。他背一只綠色油布背包，裡面有一件備用襯衫、兩雙長襪、一些紙和六支筆、一本沃斯（Johann Heinrich Voss）的詩集、一些茶、一些糖，還有一根拐杖，是用掃帚湊合著改製而成。他邊走邊研究地景構成的圖案：水如何落下、暴風雨天空的雲層結構、風攪出的樹葉漩渦。

那不得安寧的一年裡，柯立芝選擇路線時沒有明顯邏輯，大體來說是隨心所欲、聽憑機緣。但這隨興裡確實有一種專注，那就是對瀑布的迷戀。他若有什麼目的，似乎就在於串連他周遭土地的瀑布，去走在他所謂的「巨大水坡」之間，從而製作一幅「山脈狂野之心」的瀑布地圖。

那幾個月的狂暴安撫了柯立芝。暴風雨令他平靜，瀑布的激昂平息他的憂慮。有一天，在斯卡菲爾（Scafell）山頂，他遇上一場「雷陣雨」，在羊圈中找到「差強人意的避難所」。雷聲轟擊周遭地面，他在一堵石牆後拱肩縮背。「如此迴聲！天啊！我想什麼呢！我多希望自己健康有力，好在一年風暴最多的月份裡，四處遊歷那孤獨、野性、充滿聲音的地方！」

還有一天，他遇上「大暴風雨」，在湖區幾個「水坡」間移動——洛多雷瀑布（Lodore Falls）、斯凱爾瀑布（Scale Force）、摩斯瀑布（Moss Force），他知道這些瀑布會「在大雨中變成奇妙生物」。他抵達摩斯瀑布，發現瀑布發出巨響，「洪流由山頂沖下山腳」，他看著「浩蕩洪水」接連湧入彎道，突然感覺洪水就像「大群白色巨熊，一隻隻迎風奔跑，長長白毛在風中飄散開來」。洛多雷瀑布在他看來就像「自天堂墮落的天使」。幾天後他依然興高采烈，坐在凱西克的葛瑞塔廳寫信給赫金森①，描述他的冒險經歷。「那水景俯視起來多麼壯觀！」他驚呼，「那些在水中滾滾轉動的輪子，那向上躍起、朝前落下的無數珍珠和玻璃珠，物質在不斷變化，形式卻恆久相同。」

從那幾個月裡柯立芝寫的信件、詩歌和日記可以看出，他開始想像一種新的荒野，那腦中影像有時近乎神學。其中最重要的想法是：荒野本質中的任性型態，能在人身上喚起全新的精神對應。柯立芝認為荒野是一種能量，吹拂穿透人的存在，使自我煥化新形，開啓新的生命感知。

湖區野地無疑對柯立芝極有助益。他穿行峭壁和瀑布，翻越丘陵與沼地，走過無路可走的荒野，一種喜悅開始滲回他體內，那喜悅正如一八〇二年陰鬱春天他所渴望呼求的，是「美和創造美的力量」。他走上聳立於巴特米爾湖西南側的赭色海豚形瑞德峰，在上面「又跳又躍」。那一年在山上，他沒有抑鬱時常有的「黑暗、昏沉、令人不知所措的羞恥，和全然主宰我們的痛苦」，卻感受到一種「奇妙的快樂，吸引靈魂以多種形狀游過空中，甚至就像風中椋鳥！」

◆　◆　◆　◆　◆

夜遊瑞德峰的隔天，天氣依舊寒冷清朗。我一直在讀柯立芝的信，他想像的瀑布地圖鼓舞了我，於是我在下午稍晚出發，前往巴特米爾湖東南部一座瀑布林立的山谷。

我在黃昏來到瀑布。烏鴉盤旋在山谷兩側峭壁，捕捉到最後一絲陽光時，後背出乎意料頓成銀白。大地一片寂靜。積水與流水俱已結凍。草在腳下輕響。到處都有碩大的梧桐與橡樹，葉子均已結霜。小徑坑洞已被冰覆蓋，我用腳輕敲，冰就像鏡子一樣裂開，銳利碎片落入下方乾燥洞中。結凍的河流在我左邊，冰上暮光閃閃。這樣的環境下，眼睛會留意任何動靜和顏色：黃昏天空的淡藍紫色，以及烏鴉筆直飛上山谷，黑色身影在白色大地前十分醒目。

河流從周遭山麓匯集水流，大致由北而南流過這座山谷，河道僅一．六公里，海拔落差就有一百二十公尺，因而形成長長一系列瀑布、湍流和水池。數百萬年來，河流在堅硬的奧陶紀岩石中不斷向下沖刷，打造出眾多瀑布，流動時泛起水沫，但嚴冬時節就會結冰。那天晚上，水池都成了冰原，表面亮如白釉。激流變成平滑的乳狀水流，好像長時間曝光拍下的景象。瀑布硬化成複雜的燈泡和拳頭。河岸岩石之間，藍冰閃爍著網狀光輝。河水從沖蝕岩壁粗礪的邊緣落下，凍成一道晶瑩的曲線。

那天晚上，我因爲喜歡這河而走入山谷，想看看寒夜從山谷頂部降下。但沿著小徑走遠時，我突然想到，結凍的河流本身就是路。在這麼難能可貴的夜晚，我沒道理不走上這發光河面。

我在一道急流北方踏上冰面，往上游走去。流水結凍時若封住空氣，冰面會微微下陷，白色裂縫就從我腳下呈放射狀延伸，冰沉入自己狹窄的腔室，彷彿我腳下踏出星辰大道。遇到河道陡峭處，我身體前傾穩住自己，手和指尖攀在冰面上，感覺這堅硬之水綻放的小花。在較短的陡峭冰瀑上，我儘量在岩石間移動，若無法做到，就上到河邊斜坡，找地方向上攀登，之後再返回冰面。

山谷在主瀑布最低點折向北北西，我抵達時，光束只照在高處峭壁上傾身下探的花楸樹上。山谷只剩銀色、黑色和白色。我一吸進冷空氣，體內便火辣辣地疼。

在瀑布源頭附近，峭壁腳下最後一片冰原上，我就地躺下，將耳朵貼上河流堅硬的邊緣，聽到表面下方某處有黑幽幽的汩汩水流。我眼睛湊近冰面，凝視冰下，只能看到棒狀和羽狀結構捕捉最後的光線，集成明亮的脊柱和覆羽錐體，在那之間還有無數氣泡，銀鍊繁瑣宛如星座。

注1：赫金森（Sara Hutchinson）即柯立芝愛上的女子。——譯注

十一、沒徑

坎布里亞夜行後一連數月，為了工作和照顧幼女，我不能外出旅行，只能留在劍橋。我眼看貝克區番紅花綻放，大街上白色櫻花盛開，黑頂林鶯鳴唱心聲，城市春天來了又去，卻不能走開，不能前往李伯河和里恩河，頗感沮喪。我好幾次前往山毛櫸林，或步行或跑步，然後爬上我那棵樹。六月初某一天，羅傑打電話來，我很高興，因為我一直沒能去核桃樹農場找他。松鼠，他說，問題出在松鼠。他家電話先是出現劈啪雜音，然後徹底斷了，他通知工程師，結果發現松鼠一直在囓咬電話線。羅傑說，現在這顯然愈來愈普遍。松鼠很聰明，身手矯健，又是不良導電體，走電話線如走鋼索。牠們不知怎的，發現咬穿裸露的電話線，將五十伏特短路電線接到身上，就可以保暖。羅傑說，如此一來，松鼠成了一種低壓電毯，還會笑得一臉恍惚，窩在電線上好幾個小時。

不過最後眞相大白，羅傑打電話來，是為了提議多塞特郡遠征，去探索那裡的溝徑網路。

溝徑（holloway）來自盎格魯撒克遜語 hola weg，意為「耙過的小徑」或「陷落道路」，也就是歷經數百年使用的道路被侵蝕到岩基，乃至於凹陷下去，低於周遭地景而不可見。多數溝徑本是畜商趕集所走的小徑，有些是撒克遜或前撒克遜時代的邊界溝渠，還有一些如伯里聖艾德蒙附近的溝徑，本來是朝聖之路。

最古老的沒徑可以上溯鐵器時代早期，最年輕的也不少於三百歲。數世紀以來，車輪獸蹄人腳磨損路面，在裸露石面留下痕轍。道路不斷加深，變成天然水道。雨水灌流沒徑，暴雨形成臨時河流，沖走鬆散岩屑，進一步挖切到低於草地與田野。

沒徑不見於不列顛群島硬岩地區，因爲那裡的道路和小徑都維持原本高度，馳騁在硬實地面上。但英格蘭南部軟石各郡（肯特郡、威爾特郡和東英格蘭的白堊岩地區，多塞特郡和薩默塞特郡的黃砂岩地區，薩里郡的綠砂地區，漢普郡和蘇塞克斯郡的灰砂岩地區）有許多沒徑，有些深達六公尺，像峽谷更甚道路。沒徑在不同地區有不同稱法，如 bostel、grundle、shute 等，但 holloway 是最爲常見的稱呼。

沒徑之爲地標，訴說的是積久成習，而非乍然出現，於是令人自覺渺小。沒徑被無數人踩過，無數輪子碾過，記錄人們上市場、去禮拜、出海的旅程。就像生繭的手、磨損的門階或梯台，是傳統的產物，重複動作的結果。就像古樹，樹枝盤繞說明一地風雨，年輪記錄年年陽光豐沛或貧乏，沒徑記錄一地過往風土人情，受年歲磨礪，但總不毀敗。

懷特（Gilbert White）專研漢普郡教區沒徑，將這些寫入他的《塞伯恩自然史》（*Natural History of Selborne*, 1788）。他寫道：「兩條岩石沒徑穿過教區，一條通往奧頓，另一條通往森林。」

> **長年交通和雨水侵蝕下，這些穿過灰砂岩地的道路已經磨損得……土石鬆散……像水道多於陸道。……許多地方路面比田野低了五六公尺，洪水或霜凍過後，地裡樹根纏結，激流沖下破敗路緣，一派詭異蠻野……女士從上方小徑下望，往往被這崎嶇陰暗景象嚇壞，膽小騎師通過時也不寒而慄。**

懷特說，進入沒徑就是進入一個歷史悠久的世界，近在咫尺的熟悉事物當中，埋藏出人意料的狂野。他在不同天候造訪沒徑，觀察沒徑心緒如何隨天候變動。一七六八年一月嚴冬，塞伯恩氣溫降至攝氏負三十四度，月桂樹葉凍成枯褐色，積雪厚到填滿沒徑。懷特注意到那裡被風雕琢，奇特形狀「超乎想像，人人望之驚奇，大感愉悅」。那年冬陽一出，雪地反光之強，鳥獸爲之目眩。家禽震驚於大地光彩，整日坐在窩裡，動也不動。

沒徑太窄太慢，不適合現代旅行，如今少有人用。沒徑也太深，無法填補或耕種。儘管英格蘭鄉村耕作集約堪稱世界之最，沒徑卻是英格蘭農業核心地帶沉落的荒野迷宮。沒徑自有防禦工事，往往長滿蕁麻和荊棘，無法行走，數十年來無人探索。羊齒和蔓生植物茂盛生長於沒徑陡峭潮濕的一側，明亮的仙鶴草或阿爾泰鐵角蕨從支撐壁面的裸露樹根網絡滿溢而出。

我認爲這些沒徑和不列顛及愛爾蘭的懸崖、坡地與海岸同屬一家，一如克萊郡的莫赫崖（Cliffs of Moher）、哈里斯島的烏拉戴爾岩（Sron Ulladale），或切達峽谷（Cheddar Gorge）及亞方峽谷（Avon Gorge）這些有遊隼築巢的岩壁。一般平面地圖無法表現垂直地貌。多數地圖忽略懸崖、河岸和山谷這些鄉間元素，因爲傳統製圖見不到構成這些地形的軸線。這些垂直地貌不見於地圖，無人居住，也因陡峭而無人開發，占地卻達數千平方公里，且多半是不列顛和愛爾蘭最荒涼之地。

◆　◆　◆　◆

多塞特郡有許多沒徑，從根本上彌合地景，起自海岸，一路向北，上坡，進入內陸，切入侏羅紀石灰岩、二疊紀砂岩和泥岩、鲕岩和白堊岩。馬匹、推車和馬車循徑進出港口和海灣，爲港口船隻補給、卸載。羅傑從多塞特郡一個朋友的朋友口中得知有一條特別深的沒徑，早已爲人遺忘，他認爲我們可以從那裡展開探索。這條沒徑靠近北奇德克村（North Chideock），村子所在小山谷鬱鬱蔥蔥，兩側半月形丘陵上的青草已遭兔子啃到整片低平，山腳就在海邊。

於是我們在一個炎熱的七月天出發前往多塞特郡，看看奶牛農場裡有無荒野。我們開羅傑的深綠色奧迪，離開劍橋郊區時我感到一陣興奮，因爲我已逃離這座城市，展開冒險。這輛奧迪的踏腳處和座椅間的溝槽長滿苔蘚。我指出這一點，羅傑自豪地說，「一共有三種。」手套箱裡有各種刀具。後車廂一如既往，裝著一個露宿袋、某種挖溝用的工具、一條毛巾和幾件衣服，若他偶然經過什麼有趣地方，可以就地用來睡覺、挖掘或游泳。

我們中途迷路好幾次。羅傑只要不確定該走圓環哪個出口，就會減速到快要停下，瞇眼看著出口標誌，我則在副駕駛座就定姿勢迎接追撞。

下午稍早我們來到奇德克村，從布里港往西只有一首歌車程。下了車，我們沿村莊幹道往上，走入夾道金綠色大月桂樹叢投下的蔭影。太陽無聲咆哮於藍天，每片葉子每個表面光彩熾烈，道路無處不飛塵，空氣裡有石頭烤焦的氣味。

我們在道路盡頭找到冒險的標誌。就在路的東邊，橡樹和月桂樹叢中，有一座天主教小教堂，羅馬風格，淺色砂岩所造。我們推開一扇木門，沿一條落葉滿布的小徑走上教堂門廊。教堂門極大，橡木製成，上有稜紋，嵌有黑色四角螺絲。門雖厚重，但底部邊緣能輕而易舉沿著門廊石板滑開，那石板已在無數雙腳踩踏下凹陷了。

教堂內部涼爽，砂岩牆面和柱子觸手冰冷，空氣中有一股淡淡葡萄汁味。壁龕裡的聖徒、金色祭壇欄杆、聖殿兩側璀璨燭台，到處閃爍鍍金光芒。斜照日光透窗而來，如針如柱，塵埃在光中緩緩起落，彷彿溫水裡的金箔。

奇德克谷地有過一段反抗史。一五五八年《最高權威法》（Act of Supremacy）頒布之後，天主教教士不得進入不列顛，便以滲透方式混入，以求維繫信仰活力。奇德克一直都是天主教飛地，有幾名教士在此祕密供職，一場高風險捉迷藏遊戲於焉展開。教士逃向野地，向樹林、洞穴、灌叢和沒徑尋求庇護。士兵四下搜索教士及教徒。彌撒在奇德克一處農舍的乾草倉內私下舉行。這迷藏持續長達五十年，過程中至少有三名教友和兩名教士被捕，遭受酷刑後被處決。這座建於十九世紀的小教堂正是爲了紀念這些「奇德克殉道者」。

其中一名教士康涅流斯（John Cornelius）從羅馬祕密返回奇德克，擔任莊園主阿倫德夫人（Lady Arundell）的私人司鐸。一五九四年四月二十四日，康涅流斯在奇德克城堡被捕，沒戴帽子被拖到屋外。阿倫德家族的一名親戚博斯格雷（Thomas Bosgrave）那天人在城堡外，見狀自發將帽子遞給康涅流斯，以示同舟共濟，也立刻被捕。現場被帶走的還有城堡的兩名僕人凱瑞（John Carey）和薩蒙（Patrick Salmon），兩人涉嫌協助康涅流斯，罪證確鑿。康涅流斯被送往倫敦，遭酷刑虐待，又再送回多塞特。七月四日，他和博斯格雷、薩蒙及凱瑞被絞死。凱瑞第一個走上行刑台，臨死前親吻繩索，稱之爲「珍貴項圈」。博斯格雷發表簡短熱烈的演講，宣稱其信仰正當。康涅流斯受刑前親吻絞刑架，爲劊子手和女王祈禱，說出聖安德肋殉教遺言：「十字架啊，盼之久矣。」絞死之後，四人屍體都被支解成四塊，康涅流斯的頭被釘上絞刑架。

我們離開涼爽的金色教堂，步入炎熱山丘，要尋找沒徑，循徑而走。得知山谷的殘暴過往、爲信仰而埋身於此的教士，和爲信仰而死的俗人，改變我對地景和這場冒險的看法。

這是旅途氣氛又一次意想不到的變化：北方冷酷嚴苛的新教經由愛爾蘭而讓道給南方迂迴的天主教。我想，某種意義上，所有拒絕英國國教的地區都屬於某種沒徑迷宮：沉入文化地景，幾乎無人留心。在蘭開夏郡、亞伯丁郡、多塞特郡和德文郡部分地區，以及其他反抗的中心地帶，存在一種另類文化，不列顛色彩強烈，但自有層層疊疊的習俗、語言和歷史。那段歷史一度很眞實，同時也是一種熱望，一種「如果」的歷史，因此必須維持隱密狂野。其實連倫敦也有拒信國教者的沒徑，遺跡至今仍在，如國王大道附近紀念托馬斯·摩爾的泰伯恩聖壇，還有皮卡迪利後方的巴伐利亞使館小教堂等，整座城市還有許多拒信國教者的路徑可考。我想起有人告訴過我一份祕密地圖，由耶穌會士製於一五九〇年左右，上面標示蘇格蘭天主教徒藏身處，一頁存在羅馬的檔案館，另一頁收藏於西班牙薩拉曼加的檔案館。還有謝爾頓掛毯（Sheldon Tapestries），是一幅巨大的格洛斯特郡、牛津郡、伯克郡、伍斯特郡、沃里克郡地圖，以紅線將已知的拒教者藏匿處織入地圖。

羅傑和我的上山小路本身就是沒徑開端，切入當地焦糖色的砂岩至少三公尺。現在這裡只有人步行，沒有車輛通過，道路還是不斷被水加深。上週下了大雨，沒徑凹陷的底部有洪水沖刷痕跡，想必之前被水淹沒。樹葉及樹枝殘骸纏於樹根，四處都有表面光滑的石頭，被洪水沖淨，露出地表，在近兩億年來首度照到的陽光下閃耀生輝。

過去某個時刻，這條道路兩側都種了樹籬，一方面有助於惡劣天候中辨識道路，一方面也爲躲避英吉利海峽吹來的海風和暴風。數世紀以來，這些樹籬經歷成長死亡，重種重生，現在沒了約束，向上向外大肆伸展，覆蓋了沒徑。

人們以爲樹籬不過毛茸茸的屏障，田野上的龐克頭，但這些樹籬已經長成長條森林，彼此相依，交織於沉落古道，形成相扣的樹冠或屋頂，將道路變成隧道。

到了半月丘西角靠近山頂處，沒徑雜草叢生，我們不得不離開，爬上陡峭的道路東側，進入緊鄰的草地，空中花粉飄散。我回頭一望，熱氣在蔚藍大海上化爲海市蜃樓，是虛幻的島嶼和山脈。再往前幾百公尺，一棵高聳的白蠟樹旁，我們找到穿過籬笆縫隙返回沒徑的路，以常春藤爲垂降索，從砂岩邊緣降入沒徑深處幢幢暗影。那感覺彷彿掉進失落的世界，巨形的布倫山溝。

· · · · ·

很少有人像羅傑那麼了解樹籬。他那五公頃土地被長約一公里半的老樹籬隔成四片草地和一個小樹林，按照中世紀格局排列。在林地邊緣、護城河岸等地，羅傑把樹籬安排成美麗的橫向結構，其中網格會隨著生長而收緊。不過他通常放任樹籬亂長，有些地方甚至長到六公尺高、四五公尺寬。樹籬的中心結構大致由接骨木、楓樹、榛樹和白蠟樹構成，犬玫瑰、黑刺李和黑莓張牙舞爪向外翻騰，瀉根、金銀花和葎草四處纏繞，一年四季賦予樹籬不同密度和色彩。有些地方樹籬很厚，榆樹長得很高，因有灌木叢和玫瑰保護，得以免受致命甲蟲侵害。有些地方長著黑刺李、野生酸蘋果、冬青、橡樹和歐洲衛矛。秋天樹籬結實上百公斤，羅傑就採收這些水果。

羅傑的樹籬以其稀有而顯得非常特別。三十年來，他維護並放任樹籬長成叢林，附近農場的樹籬卻被一里一里鏟除。他用一系列老地圖研究當地教區樹籬範圍的變化。一九七〇年搬到核桃樹農場後不久，他估算出他家方圓八百公尺內有六公里多樹籬，這還不算入他的土地，整個教區則有樹籬近六十公里。現在他家附近樹離只剩兩公里半，整個教區不超過十三公里。

這一切是個縮影，反映二戰後數十年間英格蘭各地流失的樹籬。為了儘量提高農業生產率，尤其穀物生產率，大片土地被開墾（米德蘭郡和東英格蘭尤然），田地面積愈來愈大，因爲田地愈大，聯合收割機和拖拉機愈能發揮效能，這等經濟誘因無異於鼓勵農民開墾林地，清理分隔土地的樹籬。在這轉型過程當中，四十萬公里樹籬消失了，現在每年仍會流失三千多公里。衛克斯低地和艾塞克斯郡沼澤地的樹籬系統被摧毀殆盡。樹籬一消失，繁衍生息其間的野生動物也隨之消失，麻雀、灰鷓鴣和黍鵐等物種瀕臨滅絕。

我們動身前往多塞特前不久，我開車去核桃樹農場商議這趟旅行。那天我們去探索羅傑的樹籬，算是多塞特冒險的預演。我們走上田野，來到一片異常深厚茂密的樹籬區。羅傑說他不止一次看到黃鼠狼出入，於是我們試著爬進樹籬，看看其中是何天地。我們用袖子蓋住手掌，努力避開黑刺李的尖刺，推進到第一排樹枝下方。再往前數公尺，我們來到一個天然窪地，大樹聳立，我們背靠樹幹坐在那裡，透過荊棘叢和樹葉望向草地，傾聽樹籬的生命。我們周遭落葉堆疊的路面上有許多小徑交錯，證實樹籬內部的確是動物頻繁使用的道路。

羅傑曾經寫道：「到處都是荒野，只要我們停下腳步，環顧四周。」對他來說，當下時刻、咫尺事物，正如已逝過往或遙遠未來，都令人驚奇。他是附近未知國度的探險家。

一九三八年，畫家納許（Paul Nash）寫作談到英格蘭的「未見地景」：「我心中地景並非精神意義上未知世界的一部分，也不是潛意識的一部分，而屬於我們周遭明顯可見的世界，只因未被感知，才不被看見，在那意義上它們成了隱形地景。」威特罕雙丘（Wittenham Clumps）是納許所謂未見地景的原型。那是牛津郡的山丘，四周環繞青銅和鐵器時代的土壘，山頂是十八世紀的山毛櫸林。這小丘高約九十公尺，坡度平緩，一目瞭然，但對納許來說，威特罕雙丘具有一種超凡脫俗之美。

或許是造訪蘇格蘭廣袤荒野又再回到英格蘭之故，也許因爲閱讀托馬斯徒步行旅又觀看帕瑪的神祕畫作，也許是和女兒百合住在一起，看她仔細端詳蝸牛、蘑菇或石楠花的影響。當然，還有羅傑，以及布倫岩溝那一瞥——那僅一臂長一掌寬的微型天然林。無論是哪些因素綜合所致，總之我開始重新聚焦，對荒野的興趣愈來愈強。荒野並不脫離人類生活，而以出人意料之姿，存在於人類生活周圍和內部，城市、後院、路旁、樹籬、田野邊界，抑或刺叢。

當然，不列顛群島荒野規模龐大——蘇格蘭紅山山脈面積比盧森堡還大，天氣嚴苛和極地相比不遑多讓。我最初以爲，荒野必須在一定程度上自外於人類歷史，但這些與蘇格蘭和愛爾蘭地景的複雜過去並不相符，更不適用於英格蘭。英格蘭的荒野主要以納許「未見地景」的型態存在，在溪谷曲折或河床下切之處，或者在小樹林和泥炭沼、樹籬和流沙池，只要仔細尋找就能發現。荒野就在鄉村邊緣、中間地帶或劣地之巔，如採石場外緣、廢棄工廠和高速公路邊緣。起初我沒想過會在這些地方找到荒野，對之視而不見，但現在我有一種良性近視，取代先前北方與西方之行的遠視，或者說，那是夏天到來，一種視野的解凍。

我了解到，荒野存在於邊緣地帶，而這一點正證明土地已經遭到破壞：自然被擠壓到地域邊緣近乎滅絕，但這似乎也證明荒野的韌性——不可抑制，且有復甦的本能。我也了解，荒野與人類世界交織，而非畸零角落支離破碎的存在，如國家公園或遙遠的半島與山峰，這樣的認識才能如美國哲學家普隆伍（Val Plumwood）所言：「幫助我們終結文化與自然的對立，花園與荒野的對立，最終認識到我們在這兩者中都能自在。」

英格蘭有一種長久的藝術傳統，關乎「未見地景」，也就是小規模的荒野。藝術家將地景細節神聖化，也獲得聖化地景的回報，在有界裡發現無際，在溝渠中得見聖蹟。

布萊克在一粒沙中感知世界。羅斯金（John Ruskin）著迷於樹幹岩石上的地衣苔蘚。桃樂絲・華茲華斯（Dorothy Wordsworth）住在薩默塞特郡時，寫下《艾伏克頓日記》（*Alfoxden Journal*, 1797-98），住在多伏莊時寫下《格拉斯默日記》（*Grasmere Journal*, 1800-03），這一系列日記優美細膩，觀察精準入微，無怪乎其兄華茲華斯（William Wordsworth）在〈亭特恩修道院〉（Tintern Abbey）詩中將妹妹比擬爲「野性雙眼」。克萊爾（John Clare）自小流連巷弄，尋找鳥巢，夜間遊蕩於野外，日後他寫詩讚美北安普敦郡自家周圍風景，簡單純熟，依然帶有早年鄉間漫遊不時邂逅的突發與驚喜。

一八〇五年夏天，年輕水彩畫家柯曼（John Sell Cotman）在約克郡北部布蘭茲比莊園住了近四個月，受僱擔任莊園主人喬梅利夫人（Cholmeley）四個女兒的繪畫教師。那段時間裡，柯曼開始探索杜罕（Durham）和北約克郡的河流、荒漠和林地。他帶上畫筆和顏料，沿格雷塔河（River Greta）步行，愈走愈遠，直到柯坎（Kirkham）附近荒地。他的繪畫也在這段期間發生重要變化。在此之前，他的名氣來自宏偉的題材，例如威爾斯的卡戴伊里山（Cadair Idris）、約克郡的新堡修道院、杜罕主教座堂（Durham Cathedral）等。但那個夏天，他迷上當地小景：溪流上的水閘、橋下巨石、小樹林、河流水池上方悄然升起的煙霧。他那幾個月的畫作調性相近，微妙細膩。他寫信給贊助人透納（Dawson Turner），說他整個夏天都在「向自然學習色彩」，「細細臨摹那位善變貴婦，因此很有價值」。他已然皈依小地方之美。

維多利亞時代作家傑佛里斯（Richard Jefferies）一生多數時候都在研究描述威爾特、薩塞克斯、格洛斯特和薩默塞特等南部各郡，對他來說，這些地方滿是荒野。十九世紀北美的「荒野」規模宏大，只在沙漠紅岩或冰河山峰體驗得到，傑佛里斯對此不感興趣。他認爲英格蘭的樹林和山丘也有荒野，描寫這些地方筆下帶著驚奇，一如他同時代人書寫亞馬遜河流域、太平洋、洛磯山脈和魯卜哈利沙漠。他發現荒野令人愉悅，但也充滿威脅。自然荒野的活力讓他了解人類在地球的地位極其脆弱。一八八五年，他出版《倫敦之後》（*After London*）一書，又名《英格蘭》（*Wild England*），是一部以一九八〇年代爲背景的未來主義幻想作品，書中描寫生態浩劫過後，英格蘭南部泰半爲洪水淹沒，沼澤、灌叢和樹木重新占領倫敦：

和野薔薇……在最大的野地中心相會，山楂樹叢從中冒出，榆樹有野薔薇和荊棘保護，免於食草動物啃嚙，現在枝繁葉茂。白蠟樹、橡樹、梧桐和七葉樹的樹苗都抬起頭……這些灌叢和幼樹把大片鄉野變成廣闊森林。

然後還有格拉罕（Stephen Graham）。他過世於一九七五年，享壽九十，是他那個時代最著名的步行者之一。他曾步行橫越美洲一次、俄羅斯兩次、不列顛數次，一九二三年他出版《溫柔的徒步藝術》（*The Gentle Art of Tramping*），是對不列顛群島荒野的讚歌。格拉罕寫道：「人們常將英格蘭想像成汽車道路網，上面散落著酒吧，樹立著汽油廣告看板，被煙霧繚繞的工業城鎮切得七零八落。」然而他試圖在《溫柔的徒步藝術》證明，荒野依然無處不在。

格拉罕一生試圖逃離他所謂「框起的道路和柏油路」，以步行、探索、游泳、攀爬、露宿、擅闖和「流浪」（這是他的說法）等方式環遊世界。他斜看地景，試圖找到進入或穿過地景的新方式。他寫道：「流浪就是偏離顯見道路，即便最彎曲的路，有時也嫌太直。」他在不列顛和愛爾蘭「偏離顯見道路」，由是接觸到他所謂「未命名的、野性的、木質的、沼澤的」地景。他在《溫柔的徒步藝術》描述，爲所到的林間空地、田野和森林繪製一幅「童話」地圖，是鮮爲人知的荒野組成的網路。

格拉罕懷有一種愛德華時代的天眞——是天眞，不是無憂無慮，我深受吸引。在我看來，任何人只要能眞誠觀察到「拉特蘭有種難以言喻的刺激感，或許比通往古城希瓦之路更令人興奮」，都值得珍惜。這些人了解漫遊（wandering）與好奇（wondering）向來相伴同行，這兩種活動的血緣之密切，超越了兩個單字押韻的程度。格拉罕也是其中之一。他的書歌頌步行的顚覆性力量：步行能讓陳舊世界煥然一新，變得奇妙驚人，讓人在熟悉的土地上發現驚喜。我有一本一九二九年版《溫柔的徒步藝術》，綠皮硬殼精裝，印著金色字體，邊角撞凹，封面也已磨損，顯然到我手之前，已被許多人收於口袋或背包。

那個七月天，我和羅傑不知不覺走入朦朧的奇德克山谷，我想起格拉罕書中一句話：「當你坐在山坡上，或俯臥森林樹下，或雙腿濕漉漉躺在山澗旁，那扇看來不像門的門就會開啓。」

• • • • •

沒徑深處，明亮熾熱的地表世界不復記憶。沒徑很深，兩側高聳，枝葉織成細密的窗格，光線射入有如細長的光矛。我和羅傑慢慢走入沒徑，穿過灌木叢，穿過高度齊胸的蕁麻叢，經過大片黑莓灌木，越過緊沿路基成片生長的山楂樹。沒徑裡偶有小片空地，陽光普照，綠草如茵。荊棘叢裡傳來不明動物逃奔聲響。我們發出的聲音轟然傳入邊坡，消失了。我心想，人要是躲在這裡，恐怕數週數月都不會被發現。

空中蛛網縱橫交錯，我們走動時，光就像晶瑩的液滴淌下絲網。溫暖無風的空氣裡，黑蠅成群上下飛動，每隻圍繞一個定點，就像矩陣中振動的原子。我彷彿置身教堂正殿——上方樹木連成一體有如拱頂，窄道兩側岩石觸手冰冷，光束細長猶如紡錘，飛蠅嗡響如吟咒語。

我希望能有一張呈現荒野的地圖，只標示昔日舊路，不理會新的路線，不理會對所經地形無動於衷的道路。這些舊日道路，昔日商貿之途，多半繞開林地，沿山谷曲線或山丘起伏而行。道路與所經土地兩相妥協。許多道路從步道演變而來，易於行走和辨向定位，也順應溪河曲折，或陸地的自然起伏。如今公路和交流道穿過古老林地和山坡，已大體摒棄道路與地形的融洽關係。

我正在塡滿自己的地圖，但這地圖永遠完成不了，因此我不以完成地圖爲目標，而追求一貫性。我無意製成一種終極確定的地圖，只想捕捉吸收我所到之處的一些東西，以及改變了我，讓我更易思維的東西。我在法國空間及物質哲學家巴舍拉（Gaston Bachelard）的著作讀到一段文字，可以概括我對旅程的期盼：「我們每個人都該爲他失去的田野和草地繪製量測者地圖。我們透過這種方式，將我們的生活圖像覆蓋天地。這些圖畫無需精確，但必須遵循我們內心地景形貌。」

◆ ◆ ◆ ◆ ◆

探索過主要沒徑後，我和羅傑開始更廣泛探勘這個地區。我們回到那株老白蠟樹，以裸露樹根爲把手，常春藤爲繩索，向上爬出沒徑，進入一片蓊鬱草地。暗綠色路基看久了，這草地亮得驚人。陽光下，草葉閃亮有如精鋼。我們站在那裡不斷眨眼，好擰去眼裡滿盛的光。

那天下午，我們從沒徑朝東南方向出發，接上蜿蜒山脊，沿線走過銅丘（Copper Hill）、登海丘（Denhay Hill）、簡之丘（Jan's Hill）。陽光從每道表面滑落，泛起白光。到處可見動物向土地尋求庇護的痕跡：石蜂、黃蜂、兔子，都是逃亡教士的繼承者。砂岩裸露之處滿布洞穴，大小不一，還有黃褐色土堆，是挖掘隧道的遺跡。茂密灌叢中也有洞穴網路，是迷你的綠色沒徑，截面不比槌球球門大，是獾的手筆。我們沿這樣的隧道進入陡峭的小樹林，發現一座獾的大都市。牠們想必在這裡生活了好幾代，構築許多堅固耐用的壁壘、圓塚和地穴。我數出十個獨立獾洞，其中一個入口附近有一個獾頭骨。我撿起來，看著那虎鉗般的顎骨及粗大的眼眶，眼眶所保護的眼睛已然不在。

我們行走時，鵟鷹像偵察機一樣在我們頭頂盤旋。有一次，一隻狍緊張鑽進田野中央，後來被什麼東西驚嚇，拱背急忙逃跑。數小時後，空氣變得迷茫，我們返回最初進入沒徑的地方，再次利用古老的白蠟樹下到近乎黑暗之地。我們清除蕁麻和野薔薇，搬動散落樹幹充當座位，然後羅傑生火開炊。他用小樹枝堆成金字塔，火種放在中心，燒起幾乎無煙的烈火。我們吃羅傑事先做好帶來的辣味塔吉鍋。火光在沒徑兩壁和我們上方樹冠閃爍不定，向樹葉投下複雜的影子。我們坐在漸濃的夜色中聊天，白晝彷彿都聚攏到爐心火焰。

營火促人講故事，而羅傑講故事總不落人後。他說，他曾在波蘭的森林裡中槍，因爲獵人把他誤認成熊。故事的結論是，羅傑並不因爲中槍而惱怒，卻因被誤認爲動物而自喜。然後我們各自朗讀一段豪斯侯（Geoffrey Household）一九三九年的經典小說《流氓》（*Rogue Male*）。故事主人公爲逃避納粹特工追捕而藏身沒徑，幾乎和我們所在的多塞特沒徑一模一樣：「兩側樹籬在頂部相連，切穿砂岩的道路還在那裡。願意的話，任何人都能從守衛入口的荊棘下方鑽入，向前推進。……但誰會願意呢？有光的地方，蕁麻能長到人的肩膀；無光之處，枯木堵塞小徑。對以這樹籬爲農地邊界的兩名農夫來說，雙重樹籬的內部毫無用處，只有喜好冒險的孩子才會去探索。」

我決定不睡在沒徑，而睡在上方的深草當中。我躺在溫暖的黑暗裡，呼吸夜幕降臨後溫柔露水帶來的田野氣味。我能聽到草地上的動靜——草莖搖曳，動物和昆蟲膽怯行動。我再次感受到荒野是一種過程，是不斷作用於世間的，綠色、喧騰、喜悅的東西。這種荒野與冬季貧瘠嚴苛的霍普山截然不同，而我第一次意識到，或許這種荒野也更爲強大。

我在黎明時分醒來。空氣稍冷，天空無雲，預示酷熱即將來臨。於是我和羅傑走回沒徑，走下半月丘，經過藏身月桂樹叢的小教堂，然後我們驅車前往伯頓布拉斯托克的海岸，那裡有片陡峭的鵝卵石灘從高高的砂岩懸崖往下延伸。

海水已經很暖，我們直接游過去，仰泳游了大約九十公尺，然後踩著湛藍海水前進。我回望赭色砂岩懸崖和聳立後方的青山，我的手臂和雙腿在海面下移動，有如幻肢。

游完泳後，我們坐在鵝卵石上，談論小說家默多克（Iris Murdoch），她過去經常在切瑟爾灘做海水浴。我們還談到羅傑的朋友伯納（Oliver Bernard），他無意間冒犯附近懸崖上一家酒吧的老闆，為保性命而逃之夭夭。我們收集成堆燧石，造起高茲沃斯（Andy Goldsworthy）風格的石塔。時間在炎熱中慵懶流逝。羅傑又去游泳了。我躺在發燙的鵝卵石上，看著上空雲彩，想著柯特曼（Cotman）的畫作和格拉罕所謂「未見」荒野的地圖。

在旅途中到過的許多地景中，我都找到證據，證明地景可以激發情感。修道院牆上張貼詩歌，設置在湖邊、懸崖頂或低矮隘口的長椅紀念故人最愛的觀景點，還有刻入橡樹皮的塗鴉。有一次，我俯身啜飲坎布里亞瀑布附近的池水，看到一塊岩石下小心嵌著一方黃銅牌匾，上面寫著：「紀念喬治．沃克，他是那麼熱愛此地。」我喜歡那個「那麼」。

我了解到，這些東西標誌的是一種持續進行的過程，不只發生在不列顛群島，也在世界各地進行，從大大小小的地景汲取幸福。幸福，以及統稱爲「幸福」的各種情緒：希望、喜悅、驚奇、慈悲、寧靜等等。每天都有數百萬人與特定地點相遇，從而變得更深刻、更莊重。

但這些地方多半不見於地圖，其特殊性純因個人際遇，例如河流的彎道、四塊田地交會、一株誘人攀爬的樹、一片老樹籬，或從經常駛過的道路上瞥見的林地，這些可能就很足夠。又如轉瞬即逝的經歷，無常，但依然有場景特定性，例如雀鷹低空盤旋於花園或街道，夕照落上石頭，或者一支鴿羽掛在蜘蛛絲上，魔術般在半空旋轉。每天人們都因這類偶遇陡然感到敬畏，其力量令我們感動，然而我們既難以表述，也無從否認。我想起《白鯨記》裡以實瑪利所說的科科沃科島：「不見於任何地圖。眞實的地方永遠不見於地圖。」

很少有人公開談論這些經歷。一部分因爲此類經歷很難言語表達，此外我猜想，也部分因爲有此經歷的人不強烈覺得要去表達感受。人們可能與友伴約略提起，可能會留下一張照片，可能會寫入日記，可能在信件中多加一行。許多經驗甚至還達不到這樣的聲量，不會化爲言語，只是個人思緒的一部分。站在車站月台，置身足球迷般吵雜群衆，或者身在城市夜不能寐，看過往汽車頭燈往來照亮房間，這些經驗會以回憶形式重來。

在我看來，這些無名之地的重要性，實際上可能更甚我多年來想像的廣闊荒野。這些小地方集合起來，可以構成一張地圖，雖然不會有人去繪製，卻存在於無數人的經歷。我開始在腦海羅列清單，列出可以放入地圖的私人荒野或小規模荒野。

地圖上會有當柏（Dumble），是諾丁漢郡的陡峭溝渠，小時候我和弟弟曾在那裡玩耍。圖上會有坎布里亞郡蘭代爾附近的白樺小林，我爬過那裡的樹，在樹間擺盪。圖上會有德文郡的歐克蒙（Okement）谷地，谷底有一片狹長的闊葉林，我在那裡看到一隻藍背獵鷹滑落橡樹，滑出我的視線——是灰背隼！這裡多麼神奇，由牠守護正好。①

還有北康沃爾海崖，我曾在那裡過夜，崖上苔蘚繁複柔軟如地毯，粉紅海石竹點綴其間。我在一天結束時循沿海小路抵達懸崖，在波濤翻湧的海面上方三十公尺，我找到睡覺之處，大小恰好夠容納我，且向陸地傾斜，這樣我就不用擔心自己會滑落懸崖邊緣。我躺在舒適的岩窟，看大西洋上空天候直至午夜。那個夜晚氣溫異常，冷到我呼出的氣息都變成白色，但又溫暖到閃電可以聚集，明亮光絲一次次豎擊遙遠的海面，光亮在我周遭懸崖閃爍。

還有薩瑟蘭郡蘇爾文山南側，水陸錯綜複雜之地有個小海灘，寬不到兩公尺，長不及三公尺，滿布打磨精細的黃色礫石，那附近有一道無名瀑布，流入一個無名湖泊。礫石上有鹿蹄印，水從中湧出，如墨一般。當時是夏季，日光在那樣的高緯度明亮且持久。我在瀑布下沖澡，然後游泳，從湖心回望蘇爾文雙峰。後來，我坐在海灘上，一隻紅胸秋沙鴨繞湖心巡遊。牠看到我，注視我，然後潛入水中，幾乎沒有泛起波紋，彷彿在水裡鑽了洞，以喙當先滑了進去。

還有我在諾森布里亞偶遇的樹圈。一個炎熱夏日，空氣閃現微光，裸露岩石觸手火燙灼燒。那是大略圍成一圈的老山毛櫸樹，地圖上沒有標記，離幹道不過四五百公尺。裡面的土地又厚又軟，密生綠色苔蘚和被兔子吃去的金色草。愛爾蘭人稱這種樹圈為「rath」，蘇格蘭人稱為仙女丘。凱爾特民間傳說認為，這些樹圈是人類世界通往另一世界的門戶。現在這些樹圈相對少了，多半已被剷除。那天我走進樹圈的涼爽蔭影，在那裡躺了半小時，觀看沼澤忙碌營生。離開時，我向南走了兩三公里，穿過石楠叢，發現一座小黑湖，靠近一座雲杉種植園，於是我溜入太陽曬暖的深色湖水，我在水中皮膚呈金銅色，彷彿鯉魚鱗片。

注1：灰背隼（merlin）和魔法師梅林（Merlin）同名，而梅林喜歡待在森林中與動物為伍。——譯注

十二、風暴海灘

有片沙漠，緊鄰薩福克郡海岸。奧福德岬（Orford Ness）是一片礫石海岬，長二十公里、寬三公里，無人居住，在這數百公畝灰土地上，唯一會動的東西就是野兔、鷹和海風。

英格蘭西南部海岸有一系列突出的巨大礫石半島，奧福德岬堪稱其中最大最奇特。岬角北面是蘇格蘭角和布萊克尼角，南面是鄧傑內斯（Dungeness），是北海進入英吉利海峽的支點。潮汐、水流和季節性風暴造就這些岬灘，它們就像沙丘，不斷緩慢遷徙，形狀隨移動而變化。運動中的海灘彷彿純由礦物組成的有機體。灘上礫石以燧石為主，又有幾種型態：大塊、白色球莖狀的好似指節骨，還有半透明長條狀的，好像鱷魚背上皮膚，滿是結節又閃閃發亮。

岬灘圖案精美，結構龐大，隼或飛行員最能窺其堂奧。鄧傑內斯角的礫石構成巨大的花朵，奧福德岬則形成長長的平行山脊，每道山脊標誌一場暴風雨，在海岸掀起千噸礫石，拓寬岬灘。這些山脊相當於樹的年輪。布萊克尼角的空拍圖像顯示一片長長海岬，下風處有沼地，隨每次潮汐而淹沒和顯露。這是水道與懸崖的迷宮，不斷自我修正，擁有神經元般的複雜之美。

和緩的潮汐與波浪能使一切變得圓滿，這一點不論對上千平方公里的半島，還是對一塊石頭或海玻璃而言，都是同等真實。數千年海洋摩挲打造出英格蘭東部的駝峰狀輪廓，許多岬角從中伸出。不列顛本島西北岸和東南岸的對比再明顯不過。西北部長長手指狀的半島與大海錯綜交雜，是石與水握手言和。但在諾福克、薩福克和艾塞克斯的突出地帶，土地不斷向大海退讓，或者與大海交織。這潮汐帶恆常運動，是固體與液體的對話，因而有一種怪誕之感。

一個炎熱的夏日午後，我前往英格蘭東部海岸，觀看這些礫石沙漠。我要造訪一些岬角，沿海岸畫出一條連結各地的古道，從布萊克尼到奧福德，或許還更遠。我在旅程中意識到一種地質邏輯，或者說是地理邏輯——我沿著礦物韌性梯度向下移動，從科魯伊斯山谷的火成岩海岸和西北部的火山，穿過布倫的可溶性石灰岩，下到沒徑各郡的砂岩與白堊，於此時抵達這些易變的、磨損的東南邊緣地帶。

我開始認爲，透過花崗岩、砂岩、板岩、白堊、石灰石和燧石六大岩石類型，可以洞悉不列顛和愛爾蘭的歷史。當然還有其他類別如玄武岩、頁岩和黏土，但我以爲這六類岩石是不列顛群島堅固的礦物骨架。無論我們對土地的皮膚做了什麼，骨架總會留下來。

◆ ◆ ◆ ◆ ◆

我在一個溫暖的夏末午後抵達布萊克尼角。巨大的錐形雲高懸藍天，在那上方是一層卷雲，預示天候即將轉壞。風穩穩吹過海岸，刷過臉龐，吹乾了皮膚。

我踩上岬角礫石，嘎吱嘎吱展開沿岸六公里多的路程。布萊克尼角的地形綿延細長，礫石堆疊反光的脊背、海水邊緣、灘上殘跡，都朝一個遙遠的疊合點綿延。岬角就像烏切羅（Paolo Uccello）的畫作，以嚴密透視引導眼睛望向極限。

我只走了幾百公尺，就在溫暖乾燥的礫石上躺下，打量前方岬角山脊。從礫石的高度看過去，每塊石頭都光潔明亮，帶有午後豐沛日光的餘溫。還有行人散落四方，是水平景觀裡的深色立柱。

有大型篝火在我看不見的內陸某處燃燒，柴煙籠罩沼澤上空，我和本島陸地之間的天空因而變得濃密，我只能看到簡單的形狀：風車、四方形的教堂塔樓、橡樹、松樹。孩童笑鬧聲傳遍沼澤。我前方有兩隻天鵝奮力撲出海面，但風勢過大，根本無法前進，只能不停振翅撲打。牠們停在原地，翼梢又不斷發出木材斷裂的響亮咯吱聲，彷彿風洞中測試的早期飛行器。

然後約二十隻野雁越過我頭頂飛向內陸，唳鳴聲緩緩傳來，引我抬頭仰望。雁群列陣飛行，且會改換隊形，先是箭頭狀，然後是馬蹄鐵，又回復到箭頭。一隻白雁飛在箭頭尖端。雁群上方數百公尺，有兩架皇家空軍馬勒姆空軍基地演習飛出的龍捲風噴射機，兩架同時向一側傾斜，顯示飛機完整的鷹型輪廓（斜向後側的機翼、圓形機鼻），同一時間飛機尾流在機後散去。

走了一小時後，我停在礫石灘上挖出一個座位。我坐著看海，喝了一點水，撿起燧石。這些燧石都很漂亮，圖案各不相同，有些格紋密布像龜裂的舊油畫，有些是大腦皮質皺褶，還有一些有沉積物漩渦和顏色——奶油色、藍色、小獵犬棕色，就像地圖標記，指出邊界、海岸線、島嶼和海洋，也讓我想起恩施利島的海豹毛皮。

我起身向前，眼光掃視礫石，尋找這類地圖石中最好的幾顆。我在近水處發現一個白色蛋形燧石，石面有粗略的藍色圖案。我還找到一個大海螺，被鹽與日光漂成堊白色，內裡空洞破碎，內部螺旋結構清晰可見，那是一根螺旋殼的中心柱。

然後，再往前一公里多，好像受到白頰黑雁楔形文字般飛行姿態的召喚，我發現一個小箭頭，只有幾公分長，外側略微凸起，很貼合我的手掌。它就和大海打造的數百萬顆石頭一起躺在灘上，但那手工製作的形狀引起我注意。它的底部是暴風雲的藍黑色，向頭部漸變為灰色。我拿著它，不知它被敲打成形之後幾千年裡，還有什麼人觸摸過。我把它塞進口袋，心想，我會保留它一兩年，再放回原本的海岸。

沿岬角再往前兩三公里，向海延伸的沙原上有一艘大木船，船體深深沉入硬沙，船舷的弧形木板因海潮無數次往復浸沒而變黑，上面掛著水草，立著在那裡像什麼巨獸的肋骨。船體周圍硬沙形成波紋，不斷重複同樣圖形，規模愈來愈小。我想到布倫石灰岩路面的光學效果，還有亞伯丁上方海岸的佛菲（Forvie）沙漠。那是不列顛島嶼遙遠北方的撒哈拉地區，沙丘遼闊，可以走上三個小時，而沙丘遷移之無情，甚至曾淹沒整個村莊。

舊船體沉在自己製造並維持的沙坑裡，有兩三公尺深，盛滿上次漲潮殘留的水，像個清澈池塘。我脫下衣服，鑽入水中。水在太陽下曬了一整天，溫熱有如浴湯。木頭上長著絢麗的海藻，狀如捲心菜，有紅有綠，還有半透明的蝦虎魚，被我的到來驚擾，四處亂竄。這池子生意盎然。我下沉，直到水淹沒頸項，並擺動雙手維持漂浮。環顧四周，我只能看到岬角礫石海灘和北海。我看海浪一波一波螺旋式衝擊海岸，每一波都攪動海底礫石，再從螺旋頂巔拋擲出去。

◆ ◆ ◆ ◆ ◆

自然的力量（野性能量）往往難以言喻。數學是我們最精確的描述語言，卻不能完全解釋或預測順流而下的溪水，或冰河運動，或高地狂風。這些運動並不混亂，而是根據微妙難解的反饋系統運作。

但大自然也擅長秩序和重複。某些地景有碎形習性，會以不同規模在不同背景下複製自己的形式，這讓那地方具有近乎神祕的組織感，彷彿是由重複單元構建而成。

北美洲的達科坦人（Dakota）發現，從鳥巢形狀到星辰運行軌跡，自然界隨處可見圓形。相比之下，美洲西南部的普韋布洛人（Pueblo）發現平行四邊形和菱形無處不在，因而傾向以矩形來理解地景。幾乎可以肯定，他們是從西南沙漠紅色岩石風化成的規則二面角形狀導出菱形。拉班（Jonathan Raban）優美描述加拿大不列顛哥倫比亞省沿海原住民藝術爲何以菱形爲重複單元：那是光線落上緩流之水的獨特形狀。

這種自然單子論（natural monadism）執著追求存在於自然的「奇點」，而英格蘭和愛爾蘭有其各自版本。一六五八年，布朗（Thomas Browne）在其輕巧小品《居魯士花園》（*The Garden of Cyrus*）談到「梅花形」，也就是五個點的排列，其中四點構成正方形的四角，第五點位於正方形核心，這形狀之普遍，要說宇宙建構在這種形狀上也不爲過。布朗發覺梅花形反覆見於自然和人工形式（如五葉開花植物或星體運動），並將之視爲大自然中宇宙精神的深奧證明。一九一七年，數學家兼生物學家湯普森（D'Arcy Wentworth Thompson）出版優美的《論生長與形態》（*On Growth and Form*），書中提到，螺旋形態見於整個自然界：貝殼、蛛網、雛菊頭部的種子分布、海狸牙齒的弧形、獨角鯨的角和象牙的旋紋、松果的鱗片結構、海岸的破浪曲線。

隨著行旅愈多，我愈來愈對這些專注得教人敬畏的單子論者感到興趣。羅傑說，他的藝術家朋友沃斯利（John Wolseley）出身英國，但著迷於澳洲沙漠的沙丘，一九九一年在辛普森沙漠（Simpson Desert）過了八個月，想繪製地圖並理解沙丘及其移動沉積史。我還聽說一位名叫格里芬（Kevin Griffin）的當代攝影師，多年來一直拍攝海浪由大西洋衝入愛爾蘭高威郡鄧洛罕灣（Dun Loughan Bay）的照片。他將相機綁在胸前，焦距預設為七十釐米，站在海浪中等待他所謂「完美成形的波浪」出現，好在海浪來襲前瞬間拍下照片。格里芬之沉迷、投入，因此斷了好幾根肋骨，還差點溺死，但他繼續不輟，依舊試圖了解海水怎樣湧入愛爾蘭那片兩百公尺的海灘。

不過我遇上最古怪、最奇特的單子論者，實屬機緣巧合。一天早上，我在圖書館架上摸索，發現一本書，作者是康諾許（Vaughan Cornish）。一八九五年，康諾許搬進多塞特郡海岸靠近普爾的一棟小屋，確切位置不得而知。那些年裡，康諾許迷上撲打他家花園下方海灘的浪。他在人生盡頭寫就的回憶錄提到：

大海波浪美麗、神祕、堅決，愈發吸引我走上懸崖小路，在那裡看海浪捲起、破裂，聆聽海浪拍上沙灘的聲音。某個初秋風平浪靜的午後，我站在那裡，正值大潮退卻。小浪緩緩滑過平坦沙灘，折曲於淺灘之末，光波折射，相遇，穿過彼此，各奔前程。

經過數年觀察，康諾許相信海浪是所有地理的關鍵。他決心證明這一點，不惜賣掉南部海岸的房子，轉為遊走四方的探險家兼地理學家，穿梭於荒野之間，投身於追求、完善、證明他的理論。他寫道：「我遊歷海外，漫步於沙丘和積雪堆，在河口沙洲探索水陸，測量海上風暴的波浪，為激流翻湧、漩渦起伏和瀑布轟鳴計時。」他在大西洋和蘇必略湖的暴風雨中航行，觀察強風推動的波浪以何種形式碰撞。他隨風暴潮沿烏爾河、瓦爾河和蒂斯河而下，追蹤滾波如何產生。他經常在夜間和滿月工作，以趕上理想潮汐好進行測量。這研究也使他置身險境，例如莫克姆和紹森德之間的河口沙灘，那裡海浪可能出其不意長驅直入。一九〇七年一月，他「交了好運」，待在牙買加首都金斯敦時恰好碰上地震來襲，於是跑出住處，去「測繪穿越島嶼的震波」。

多年來，康諾許發表大量關於波浪形式的著作，如《海浪及其他水波》（*Waves of the Sea and Other Water Waves*, 1910）、《沙浪與雪浪》（*Waves of Sand and Snow*, 1914）、《海浪及同類地球物理現象》（*Ocean Waves and Kindred Geophysical Phenomena*, 1934）。他將自己創設的科學命名為波浪學（kumatology），來自希臘語的 kumas（波浪）。康諾許寫道，波浪學研究讓他「踏上杳無人跡的小徑，前往未知之境。這個國度沒有路標指引旅行者，沒有道路可供遵循，也沒有地圖可規劃顯示路線……但這是歡愉之地，這裡的呼喚就像野性的呼喚」。

愈深入閱讀康諾許的書，我對這個人愈感好奇，也愈喜歡他。他的眼睛對波形非常敏感，隨處都能發現波形。他執著於單一，視野徘徊於靈性和硬調科學之間。一般人不覺得相似的現象，康諾許卻能察覺其中關聯。蒸汽從煙囪噴出、溪中水草的排列、風中飄動的落葉、流沙的組成、有「魚鱗天」之稱的波紋雲天空、魚與鯨的體型、鳥的翅膀，以及雪橇或馬車行過雪地或泥地的顛簸或起伏痕跡，他都指出共通之處。他的好奇心無與倫比。他想知道流水如何在沙上形成橫紋，踩下硬如袍襉？他創造深奧詞彙來描述波浪形態，將雪或沙的波浪漂移命名為「入口」（entrance）和「運行」（run），這取自海事建築術語（船首膨脹的部位和船尾收窄的部位）。他對所謂的「渦流曲線」特別感興趣，那是一種複雜的漂移形式，頭鈍而尾細，是雪、沙或任何非液體物質在移動時遇上固定障礙物而產生的波形。

康諾許最偏好研究沙，筆下寫沙極爲抒情，今日讀來依舊感人。他發現亞伯多維「新月形狀」的沙丘類似「風蝕沙丘，有雙臂／雙角，形狀類似眉月的月牙」。他說，這些沙丘類似中亞塔克拉瑪干沙漠的新月沙丘和祕魯沙漠的梅道沙丘（medao）。而在多塞特郡，他研究「布蘭克森山溝和普爾港間海岸鬆散乾燥的沙地」，探索濱草周遭的沙如何形成脊狀和波紋，還入迷地拍下這些形狀。

有一次，康諾許躺在一列小沙丘之間，頂上藍天深邃無垠，他凝視沙丘良久，終至完全失去規模感和時間感：

陡峭斜坡、尖銳刃脊、沙丘的金字塔形頂峰，光影濃烈，加以色調均勻，更像透過望遠鏡看到的月球風景，而非迄今我親眼所見的地球景觀。沙丘斜坡光滑無瑕，若沒有細節或已知大小的物體對照，委實無法查知其規模。太陽低垂，投下長長陰影，隱約可見沙丘山脈般的醒目輪廓，不知內情的觀察者很可能以為高達數百上千公尺。

在沙漠待過很長時間的人都能感同身受康諾許的經歷：規模感迅速消失，就像愛麗絲突然間縮小，頓時頭暈目眩。其他情況下也可能有此體驗。例如長時間盯著馬莫雷山群（Mamores）的花崗岩巨礫，會感覺礫石本身就像一道山脈。旅途中，我數度受到地景自我相似性的影響，在行經這些地景時陷入幻覺，失去比例感，彷彿我可以進入鳥巢，進入樹幹，或進入海螺晶瑩的螺旋腔室，順著腔室繞行，一隻手按住光亮的表面，尋找螺旋的尖端。

◆ ◆ ◆ ◆ ◆

黃昏時分，我抵達布萊克尼角盡頭，那是一片六公里長的礫石灘。我三面是海，空氣中開始有微粒，我若轉身面海，風就會直吹入肺。一艘小型拖網漁船殘骸擱淺在鹽沼灌叢，偌大鏽蝕錨鏈孔洞瞪著大海。到了岬角盡頭，細沙取代礫石，薄荷綠的濱草捆住金色沙丘，每片細長草葉在離岸風中傾身向前，像圓規裝有筆芯的那一臂，以鋒利葉尖在沙上劃出完美弧線。

在北面，海水湍急流過潮汐通道，對面有個大沙洲，寬約三十公尺，數百隻海豹三三兩兩，有些懶洋洋躺在夕照當中，尾巴和頭向上彎起，利用自己身體繃出的弧度輕輕搖晃，像是不倒翁。其他海豹拖著身體前往水道，從沙洲滑入較深水裡，激起巨響和水花。風捎來海洋刺鼻的氣味，是生魚和濕狗的味道。

潮水愈流愈急，在水道裡猛烈拍打、劈砍，淹沒了沙洲。我知道潮水在我身後幽黑中冷冷蜿蜒，流經我走過的沙丘，滲入水道和沙渚，逐漸淹沒船體舊肋，那艘我曾在一旁入浴的船。

太陽落到地平線下，我發現一座側傾的沙丘，一面是平滑斜坡，面積約有數平方公尺，上面長滿濱草。我照著當日所見的排列圖案，用卵形燧石排出交叉線和螺旋線。我找到藍色石頭，是柴油煙霧那種藍，還有褪成堊白色的石頭。我將這些石頭排成雙螺旋，白藍互相盤繞，類似此刻天空正在成形的雲層形態。然後我回到之前所見那道夾在沙丘間的深坑（沙木灣沙丘幽深處比較柔和的南方版本），躺在睡袋裡過夜。

夜幕降臨，岸邊傳來槍響。鳥兒開始向近岸移動。雁及鴨夾雜湧來，要返回沼地和池塘棲地。牠們結成V字隊形飛過我的沙丘窪地，迅捷輕柔，經常從我上方幾公尺掠過，並未意識到我的存在。牠們是匿蹤飛行者，從沒有捕食者的海洋轉到危機四伏的陸地，必須低空飛行以避免危險。有時我只能聽到牠們的振翅聲。在漆黑天空下，只能看到牠們的剪影。雖然置身黑暗，我知道鳥兒偶爾也能察覺我的存在，因爲牠們會轉向離開，還會唳鳴示警，同時向一側傾斜。有些鳥飛得之快，我連看都來不及看，只聽到嘎叫聲和氣流蕩開的呼嘯聲，抬頭一看，只見無垠天空和一彎角狀新月。

如此熙攘持續約一小時。最後一縷陽光從地平線退去時，川流鳥群慢了下來。天頓時黑去，我幾乎分不清北方的黑色天空和黑色大海，只見遠處拖網漁船明亮燈光在水平線上緩緩來回，好像碩大的聯合收割機正在收割黑暗，標示天水分界。

我一手放在身側，感覺隨風揚起的沙子已圍著我堆積起來。只要我在這裡躺得夠久，累積的沙丘終會將我淹沒。粗糙的濱草葉窣窣互相摩挲。沉睡海豹鼾聲飄來耳邊，親切而催眠。停泊沼地的小艇掛繩輕敲金屬桅杆，彷彿私語。我在這些聲音和海濤隆隆低語中沉沉睡去。

我睡睡醒醒，六點醒來時背部一陣疼痛，因為沙被我的體重壓得硬如混凝土。潮水湧來，離我所躺之處已不到十公尺，海豹沙洲早被淹沒。我頭頂沙地上有一組人的腳印，我確定昨晚還不存在。風已消失，大海平靜閃亮。海面上數十公分，一方薄霧懸浮。醒來時頓覺此地處處透著神祕。

長長的晨光柔滑如絲，我嘎吱踩著海水沖淨的礫石往回走，向海豹道早安，牠們興高采烈跟在我身後通過淺灘，上下擺動身體，或者消失入海。我經過兩隻仰面朝天的死螃蟹，蟹螯鎖在腦後，蒼白肚腹迎向曙光，彷彿早起的日光浴者。黑腹濱鷸二三十隻成群出現，啄食灘上難解的漂流物碎片。只要我走到十公尺內，牠們就振翅飛起，成群飛下海灘，翅膀發出皺紋紙般輕柔的拍打聲。

即使還這麼早，海灘上也到處是望海人群，凝視著大海，被身處鹽分地帶邊緣的感覺所吸引。這些人以觀鳥者居多，坐摺疊式亮帆布導演椅，雙筒望遠鏡緊貼眼睛，看著黎明時從海上撲來的鳥群。一小時後，在岬角與陸地交會處的數百公尺外，我經過一個老人身邊，他躺椅的椅腿陷入礫石，身上裹著保暖的格子呢毯，眼睛凝視遠方大海，彷彿等待艦隊歸來。

我從布萊克尼角沿海岸向南行駛，然後轉向內陸，前往核桃樹農場。羅傑爲我備好早餐，我告訴他在岬角過夜的感受，然後他摘來門外茂盛生長的新鮮薄荷，我們坐在晨光下護城河邊喝薄荷茶。之後我們一起驅車前往奧福德岬。

• • • • •

十一世紀和十二世紀的奧福德岬是繁榮港口，在海岬溫柔的臂彎中免受北海侵襲。然後那臂彎凶殘起來。之後數世紀間（事關礫石地層，很難講出精確時間），岬灘順著海岸延伸，扼殺了港口。岬角使潮汐偏向，一旦沒了潮汐規則沖刷，港口於是淤塞，吃水較深的船隻無法抵達碼頭。自此奧福德岬只能容納小船，不再能進行貿易。

我們離開核桃樹農場之後，天氣不斷惡化。布萊克尼角的澄黃黎明凝結成灰暗陰沉的白晝。要去奧福德岬，必須先渡過歐爾河。我們從渡口走上岬角岸邊浮橋，那時岬角顯然正處於狂野狀態。潮水來了，棕色水流盤旋浮橋之下，浮橋晃動嘎吱作響。東風轉強。從浮橋眺望岬角彼端，無從判斷棕色的沙與棕色的海在何處交會。水平線消失了，融入一脈米色連綿起伏的礫石、大海與天空。兩架鷂式戰鬥機從我們頭頂向南飛去，在空中留下沙紙般的轟鳴。我們走上海岬。

奧福德岬是天然的安全警戒線，且地形整齊寬闊，深受國防部重視，八十年來一直歸國防部所有。於是奧福德岬就像澳洲的維多利亞大沙漠、哈薩克的克茲爾姆沙漠、美國的莫哈韋沙漠，成爲軍武測試場。一戰和二戰期間，炸彈彈道和武器試驗在奧福德岬進行，一九六〇年代，現在稱爲「寶塔」的特製混凝土結構裡還進行過爆炸裝置實驗。岬角軍事科學家將英國戰鬥機停放在寶塔巨大的混凝土大廳，用固定式槍砲向它們發射敵方子彈，想找出飛機弱點，要爲戰機配備更好的裝甲。

如今奧福德岬四處可見神祕軍事結構聳立在礫石上：預製營房、監聽站、燈塔、瞭望塔、地堡、爆炸室。周遭依舊散落未爆彈藥，因此行人禁止跨出礫石上清理過的步道，這些安全的步道都以鏽紅染料和血紅箭頭標示。軍事殘骸棄置於我們所走步道兩側：扭曲散落的坦克履帶、破碎的混凝土塊，還有炸開的鍋爐，那數公分厚的鐵殼綻成鏽蝕、明亮的厚實花瓣，警告行人不要誤入歧途。

身在奧福德岬，很難不感受到此地軍事化對視野的影響。那天，我眼見的一切都顯得機械、好戰。野兔躍出礫石草地，彷彿爆炸場景。黑莓荊叢盤繞，像帶刺鐵網。鷸群著陸時放下起落架。橙綠兩色地衣是掩體混凝土的迷彩僞裝。

羅傑和我走到岬角中北部，介於內陸和海岸內側中間，我們爬上炸彈彈道大樓屋頂，這是一座黑色厚實建築，曾用於觀察飛機投下的彈藥。到了建築物頂端，我們頓時有了鷂眼般的視野，或者也可以說是鷂式戰鬥機的視野。我們西部靠近陸地的海岸上有燈籠沼澤（Lantern Marshes）、國王沼澤（Kings Marshes）這兩潭鹽沼，北面是塞斯維爾核能B廠閃閃發亮的白色圓球，陰天裡異常明亮。消失於南方霧靄中的是岬角遠端，沿著海岸探向遠方，像一根纖細手指，指向通往鄧傑內斯角之路。東邊是奧福德岬最外緣，灰褐石頭隱入灰褐海水。

我們下方及周遭是岬角主要區域，景象大致就如一戰時炸彈觀察員所見。從這個高度看去，景觀本身的邏輯愈加明顯。縱向的礫石壟蜿蜒曲折，是岬角風暴降臨的年輪。有些不大規則的土壟從中穿過，是拆彈小組車輛所留下。這些都是清理行動的痕跡，是沙漠淨化工程。人造線條和風暴線條猛然撲下、畫出弧形或彼此交叉，創造出巨大的礫石指紋，延伸直至視線盡頭。

◆ ◆ ◆ ◆ ◆

康諾許至死都籍籍無名，關於波形的研究也被認為是胡思亂想。不過，有個人無意間讀到他的著作，並以此為基礎，成為懸浮微粒行為分析的先驅。

班諾德（Ralph Bagnold）年輕時曾在西線作戰，之後返回英國接受工程師訓練。一九三〇年代他駐紮埃及，帶領探險隊進入利比亞浩瀚沙漠，對那乾旱世界抽象之美大感著迷。他最感興趣的是利比亞的沙丘遷移，緩進緩退彷彿軍事行動。對班諾德來說，沙丘就像生物，任性難測。他也喜歡風以特定方式吹過沙丘斜坡時，沙丘發出的怪誕歌聲。在利比亞的夜晚，這歌聲總是縈繞不去。有時沙丘發出一種低頻聲響，極富穿透力，以致一般正常談話聲幾不可聞。在沙漠間出入的次數多了，他開始記錄沙的不同吟唱——利比亞劍丘①滑動面的聲音高亢尖利，喀拉哈里沙地發出「白色咆哮」。

班諾德受沙粒矛盾的性質所吸引，想知道為什麼鬆散、乾燥、不膠結的沙粒能夠如此牢牢相依，即使滿載的卡車駛過沙地表面，留下的胎痕也不足一英寸深，但同等稠度的沙粒又能形成乾燥的流沙池，流性和深度足以吞沒同一輛滿載卡車。

班諾德的工程師頭腦受沙子行為吸引，開始深入有關沙粒特性的科學文獻。他發現除了康諾許，幾乎沒人做過沙丘形成或沙子結構的物理學研究。確實，早有人為沙丘命名，俱都簡樸至極，如沙海（erg）、劍丘、新月丘等，形式習性也都為人所知。星形沙丘由靜止的中心展開，劍丘有如鎖鏈，漂流綿延數公里，新月丘向風展現外部曲線。但此外什麼都沒有。沙丘是空白地帶。

於是班諾德展開研究。要分析沙丘，牽涉的物理學極其複雜，甚至在試圖了解沙粒本身（每顆沙粒的重量與形狀都不相同）會如何隨風流動之前，都得預測、繪出風的紊流模式。只有聰穎過人的痴迷者才會投入這主題。

班諾德就是這樣的人。他夜間工作，手持蠟燭站在沙丘的滑動面（小崖），好確定主宰該處沙子行爲的「風況」。白天最熱的時候，他步行數公里，穿過他所謂的「街道」，也就是沙丘即便移動時彼此間依舊維持的低地走廊。他走上近三十公尺高的新月丘，沿沙丘拖曳的翼尖細線行走。爲了確定流沙可能的相異流性，他在比較緊實的沙池表面跳上跳下，並且記錄寫道，這樣跳躍可以讓「眞正的圓形波在起伏的沙地上向外輻射好幾公尺」。班諾德寫下優美精確的散文，爲沙丘及其物理特性進行分類：蛇形波峰、圓形迎風肩、陡峭背風滑動面，「沙丘表面坡度達到沉積材料角度剪角的陡度極限」。

一九三五年，班諾德從北非返回英國後，自軍隊退役。他爲自己建造一個風洞，開始長達十年複雜的風沙物理實驗。他發現自己置身一個型態精緻的物理世界：沙丘御風而行，在沙粒上所得與所失相等，以此保持沙丘的個體性。

微小細節，大量積累，這就是班諾德的研究方法，而且這對他的主題來說再適合不過。這科學實爲一種奉獻。對班諾德來說，資訊不是總結沙漠地景的方式，也不會減損或關閉沙漠地景，只會使沙漠更加驚人。對他來說，科學能將眞實提煉成更偉大的奇蹟。

一九四一年，班諾德出版《風沙與沙漠沙丘的物理學》（*The Physics of Blown Sand and Desert Dunes*）。藍格威胥（William Langewiesche）貼切地稱該書是「科學探索的小傑作」，是班諾德與沙的戀愛結果。班諾德談沙漠時寫道：

觀察者並未發現混亂無序，且總會為其形式之簡單、重複之精確，以及自然界中此種比晶體結構更大的未知幾何秩序而感到驚奇。某些地方有重達數百萬噸的沙大量堆積，以規則的形態在地表無情移動、生長、維持形狀，甚至以怪誕方式模仿生物繁殖，多少令富於想像的頭腦感到困擾。

・・・・・

那日午後稍晚，羅傑和我抵達奧福德岬面海最遠的一點，也就是海岸曲起、半島緩緩向南傾斜之處。大海掀起一道三公尺高的潮濕礫石壁壘。我們爬下去，石頭在腳下滑動沙沙作響。我們沿潮汐線走了不到一公里，撿起木片，比較燧石，發現事物。我們討論漂流木，想像每根木棍每片碎木的故事，猜想它從哪裡漂來，是哪條河把它沖刷到哪片大海。即使捲曲或壓扁，羅傑也分辨得出木材類型：浸水的橡木板、脆如墨魚骨的白蠟樹碎片，甚至還有罕見的螺旋狀櫻桃樹枝，風化成絲般的銀灰色，就像使用多年的工具手柄。

我們用漂流木做了一個小木陣，有粗略的圓柱和尖頂，壓入礫石間固定，算是致敬設計師賈曼（Derek Jarman）在鄧傑內斯角打造的漂流木花園。我們的木陣會一直在那裡，直到下次漲潮。

然後我們坐下來，看海聊天。我告訴羅傑，我在讀一九五〇年代格陵蘭島東岸發現「幽靈森林」的故事。一道年輕的冰河撕裂火山地殼，露出一億年之老的砂岩地層，消逝已久的森林在其中埋藏了化石，有種子、樹葉和樹皮印痕，是柿樹、核桃樹、梧桐、鵝掌楸甚至尤加利樹和麵包樹的幽靈。一支六人組成的探險隊開始調查這些化石。科學家駕駛一艘「小而精良的縱帆船」深入偏遠海灣，航過「一面冰冷如鏡的灰色水域，超現實主義形狀的冰山散布其上」，再穿過「令人毛骨悚然的極地暮光」。我說，這就是我想要被召喚執行的任務：幽靈樹、在極區出沒的熱帶、探險、冰……羅傑從背包拿出一兩個月前我給他的普拉特《美國大森林》（Rutherford Platt, *The Great American Forest*），讀出一段他喜歡的文字，關於葉綠素和森林秋色：看似死亡的熊熊豔紅，其實表明樹木正蟄伏以備過冬，等待展開另一次生命循環。

我們身後礫石壁壘隔開世界其他地方，只剩西邊陡峭的濕礫、東邊懾人的褐色大海。海浪洶湧撲來，迅速、厚實，重如石頭，狂風夾雜著寒冷浪花瀰漫空中。我只聽見海浪炸開，礫石如子彈飛濺，風咆哮不歇。薄霧裡隱約可見一艘小帆船，那就是已知世界的邊緣。

我們坐在燈塔附近的混凝土屋殼上，發現一個很小的遮蔽所，或許我們不該感到驚訝。小屋才數十公分高，以碎磚和大塊混凝土製成，天花板上有一圈曬衣架，前門有道縫隙。這不知出自誰的手筆，也不知為何而做，但那衝動不難理解。不論多麼簡陋，在毫無防備的前線空間，這畢竟也是遮蔽。

向晚時分，太陽泛紅，低垂天空。我們越過歐爾河，返回薩福克郡的樹林和田野。一朵蘑菇狀的積雨雲主宰東方天空，沉浸於晚日裂變的紅光。

• • • • •

奧福德岬那天過後一段時間，羅傑變得異常孤僻。他不再如常寫作，獨自待在農場的時間愈來愈長。我們（他的朋友和家人）認爲，他努力寫書多年，如今即將完成，於是他爲了最後階段而開始冬眠。我和朋友李奧（Leo）一起去看他，想了解他的狀況，看看我是否能在寫作上幫他忙。他爲我們做好午餐，但自己不吃，說是沒有胃口，或許是因爲工作壓力。我和李奧去護城河游泳，羅傑留在岸邊沒有下水。

兩週後，羅傑說話開始含混不清，還產生幻覺，以爲有客人住在核桃樹農場，實際上卻只有他一個人。當晚他被送醫，掃描顯示他大腦左前葉有個侵襲性腫瘤。

羅傑在我家附近的醫院接受初期治療。他在那裡的時候，我每天都去看他，感覺他眼神炙熱，談笑風生。那時我和羅傑所有的朋友都相信，癌症不可能不消退。羅傑的活力一定能戰勝疾病。

情況並非如此。羅傑病得愈來愈重，治療愈來愈困難磨人。他的昏迷期很長，清醒期較短，其中一次清醒期我和他見面，談到他生病後我的一些旅程，還談到他診斷出癌症前數週才完成的《天然林》（*Wildwood*）。他跟我說起橡樹，說一株橡樹受到壓迫時，能透過根系從其他橡樹分得養分。可見他有多熱愛自然，多慷慨大方，即使如此接近死亡，談論樹木自癒能力依然毫無嫉妒。我向他說起在蘭代爾爬過極富彈性的白樺樹，我可以爬上細長但足夠強壯的小樹，直上樹巔，讓體重將樹尖壓到彎下，這樣樹就可以輕輕將我送回原地，然後彈回直立姿勢。羅傑要我從架上拿來佛洛斯特的詩，朗讀其中的〈樺樹〉。詩如此作結：

我也曾是浪蕩之樺
因此夢想回到過去

……我想爬上一株白樺
沿雪白樹幹爬上黝黑樹枝
朝向天堂，直到樹不能承受
但樹梢彎折，送我再度下地
去與回都很好
人糟糕能更甚浪蕩之樺

癌症以驚人速度扼殺羅傑。秋分前五週，我開車去核桃樹農場看他，心知這就是最後一次。他坐在廚房，無法從藤椅起身。我彎腰給他一個笨拙的擁抱，驚訝於裹著綠色套頭舊衫的他，抱起來是多麼消瘦。他的伴侶艾莉森、兒子魯弗斯和朋友特倫斯也在，過去數週他們一直細心照顧他。我們坐在廚房一起聊天喝茶。其他人去做家務，我和羅傑單獨坐一會，握手聊了幾句。我給他一塊石頭，是上個月在諾森布里亞的恩布頓（Embleton）海灘爲他找來的火山碎屑岩，灰色玄武岩上環繞著一圈我認爲是蛇紋岩的紅紋。這岩石從火山群噴發，火山群根部受到侵蝕，現在形成了切維厄地塊。這曾經是熔岩，我邊說邊將石頭遞給他。羅傑拿在手裡，拇指摩挲粗糙的一面，想要辨認質地。桌上舊餅乾罐邊緣一隻蟋蟀發出咔噠輕響。羅傑睡著了，我悄悄離開房間。回家路上，我把車停在路邊，哭了出來。

三天後，我和李奧還有另一個也認識羅傑的朋友一起搭火車前往北諾福克海岸。我們經過金斯林鎮附近隆起的鐵礦石礁，那裡的老房子壁面都呈現鐵鏽色，然後前往霍坎灣（Holkham Bay）。黎明與黃昏時分，我們在洶湧波濤裡游泳，見到一隻澤鵟在荊豆叢上狩獵。傍晚我們讀羅傑書中關於他在那片海灘的冒險，夜裡我們睡在松樹林中空地，那樹林幾乎一直延伸到霍坎灣的沙灘。我在羅傑借我的吊床上睡了半夜，另一半時間躺在厚實柔軟的松針地毯上，聞著樹液和樹脂的香氣。

六天後，羅傑去世了，六十三歲，仍在他三十八年前為自己打造的房子裡。他向來只穿舊衣服，所以我穿破舊的棕色燈芯絨和肩部有洞的套頭衫出席他的葬禮，卻發現其他人都穿西裝打黑色領帶。起初我感到恐懼，後來意識到這根本無關緊要。他相交最久最親密的朋友都深情談論他，其中有幾人從童年或大學時代就認識他。喪禮上有人朗讀他的信件和《水誌》。棺木連同葉片繁茂的橡枝一同火化。棺材滾過天鵝絨簾時，溫萊特〈游者之歌〉（Loudon Wainwright, *The Swimmer's Song*）響起，眾人聞之落淚。

葬禮過後一連數週，我無法擺脫羅傑去世那近乎抑鬱的悲傷。悲傷讓我一直忘記他已經死了，總想著等下可以打電話問他一些事情，或者打電話說要去看他。我認識羅傑不到四年，但與他的友誼似乎並不遵循正常的時間法則。他曾在筆記本上寫道：「我希望所有朋友都像野草一樣出現，而我自己也想成為野草，自發且無法遏制。我不想要那種必須培養的友誼。」這正中要點。自發，無法遏制。羅傑熱愛荒野，也一身野性。不是我曾經以為的那種嚴峻的、試煉的荒野，而是自然、充滿活力，就像一棵樹，像一條河。

我們一起冒險過，如果不是因為癌症，我們還會一起冒險。入夜後去核桃樹農場附近的索納姆樹林（Thornham Woods）觀察野獾。在即將到來的秋天去坎布里亞郡，攀岩、游泳、一起講課。在某次的澳洲之行中，我們都受邀去當地演講。收到邀請函時，羅傑問我能不能以五列槳帆船划槳手的身分賺取旅費前往紐澳。我說不大確定。

我試著不要太過悲傷，不知為何，悲傷似乎有點否定羅傑人生的非凡價值。但我仍然無法擺脫一種徒勞感。我原本想在羅傑步入七十多歲、八十多歲時好好了解他，因為他會變老，老得優雅，老得精采。他是年老的專家，懂得其中的魅力與價值。他擁有的一切都已破舊，用了再用。如果有人懂得如何好好老去，那一定是羅傑。

他過世後某一晚，我覺得鬱悶，於是翻看我們往來信件。他的電子郵件犀利博學，總是插入漂亮的田野小記，為了講述的樂趣而講述。他偏好手寫信件，通常會附上一首詩、一片葉或一枝羽，有一次是一束小小的起絨草，送給我女兒百合。信中一段話很顯眼，頃刻召喚出羅傑與他的世界。那是他診斷出癌症之前的春天，他爲核桃樹農場來了新成員而興高采烈：

這裡有一群幼狐，就在牧羊人小屋後面棚子下，此前之所以沒人看見，是因為牠們躲在巨大的黑莓灌叢下。現在牠們長得很好，黃昏或黎明時分，我坐在樹籬內的椅子上，看牠們在壓扁的草地翻騰打滾。對活力充沛的幼狐來說，春天何其美好！

隔天有人寫信給我，說她讀了羅傑的訃告，得知核桃樹農場的事，並把它加入她「想像中的神奇之地清單」。我非常高興，很高興羅傑的家變成某個神奇地方，即便不曾饜足的人也感到神奇，成爲他們腦海中荒野地圖的一部分。

注1：即賽義夫沙丘（seif dune），沙丘上有長條形相互平行的沙脊，seif 即阿拉伯語的劍。——編注

十三、鹽沼

秋分將至，斯堪地納維亞北風吹過不列顛東部，帶來低溫與候鳥。候鳥來自西伯利亞的河流三角洲和芬蘭的森林，飛越蔚藍天空而來，有田鶇、槲鶇、紅翼鶇、歐椋鳥、禿鼻鴉和田鳧，羽毛挾帶極地寒氣，狂風中降落在新犁田地，成群喳呼盤旋。獨自或成雙的猛禽也來了。北極海岸變得太冷，海洋開始結冰，雀鷹和遊隼於是離開北方棲地，沿岸南飛。有一天回家路上，一隻雀鷹低速由我身邊滑過，然後飛上馬路對面一株光滑月桂樹枝頭。牠胸膛有虎紋，羽毛是飛行員頭盔的灰藍色，還有焦黃色的眼睛。牠在那裡停留約半分鐘，然後推開樹枝，划出視線，留下微顫的月桂。

候鳥開始遷徙，我也決定行向東南，前往艾塞克斯海岸黏土地帶，那裡的林地和田野正逐漸轉為鹽沼，鹽沼又變成綿延數公里的閃亮泥灘。我可以在那裡觀看候鳥，這旅行或許能以某種方式轉移羅傑之死所帶來，擺脫不了也無法減輕的悲傷。我還想到，我的旅程是礦物溶解的過程，始於硬岩，結束於艾塞克斯，結束於群島上最柔軟、最善於變形的物質——潮汐泥漿。

九月中旬，一個陽光明媚的早晨，我離家啓程。北風又起。淡檸檬色太陽低懸天空，日光照上臉頰，暖得出乎意料。我家花園有風落蘋果的醋味。公園池塘裡栗子沉浮，好像小小水雷。我開車穿過艾塞克斯（可憐的艾塞克斯，總淪為笑話和新聞的笑柄），經過仿都鐸立面的連鎖酒吧，還有「二期建設」的商業園區，其實都是尚未完工的波浪板鋼板機庫。一路數去，共有十家二手車經銷店，都有金屬和玻璃的展售室，空白車牌的BMW和賓士整齊停放室外空地，上方弧光燈間掛著紅白相間彩旗。聖喬治十字無處不在，有的在旗竿上迎風飛揚，有的作爲空氣清新劑掛在後視鏡上。我知道達根罕海岸工業區就在南邊某處，還有科里頓煉油廠，總在夜間釋出猛爆烈焰，舔舐著煙囪。有次我經過一家賣園藝飾品的路邊小店，前院到處擺滿小矮人，還有斑比似的小鹿，前腿屈起趴臥休息。展品前排一隻石膏獵鷹最引人注目，種類不明，棲身於有牠兩倍大的圓點傘菌。

但當我愈往東走，愈是遠離主要道路和城鎮，艾塞克斯新零售區的痕跡也逐漸褪去。開始有農田與道路接壤。一輛挖掘機鏟起自身兩倍高的糞肥，糞肥在清晨空氣中冒著熱氣。拖拉機在千畝田地上修整成絨毛狀。葡萄葉鐵線蓮攀爬路邊鐵絲網圍欄。喜鵲在山毛櫸林嬉戲。一排柳樹斜出路面，葉尖滑過往來汽車車頂。林地愈來愈密，最後四面望去都是樹林。

我在伍罕沃特村（Woodham Walter）附近停下，目光被一扇大門上螺栓固定的標示牌所吸引。那上面寫著「馴隼人小屋」。我下車時，一隻小雀鷹彷彿要確認地點，從我數公尺外的橡木樹籬滑下，畫了道凹弧，滑向另一棵樹。牠站在一根低枝上觀察我，眼睛似乎是橙色，我猜是隻老鳥，因爲雀鷹的虹膜會隨年齡增長而變化，從天生的淡黃色虹膜逐漸加深變為橙色，非常老的雀鷹眼睛會變成紅色。

我旅程中總有鷹隼猛禽來去，而我造訪艾塞克斯正是為了尋找這些狩獵者，想看看英國東南部是否還有野生動物。我也走上某個鳥癡走過的路。

・・・・・

一九五三到一九六三年，每個秋冬季節，名為貝克（John Baker）的男人都會追蹤艾塞克斯沿海地區的遊隼。他寫道：「遊隼在八月中旬到十一月抵達東海岸。牠們從海上飛來，不論天候，但最常在吹著清新西北風的爽朗晴天。」每年秋天鷹隼飛來，儘管天氣寒冷，貝克還是不分黃昏黎明，追隨牠們穿過林地、田野、海堤、泥灘和鹽沼。他無法清楚解釋何以迷戀鳥類，只知道自己雖不明白這探索的意義，卻身不由己。他徹底投入，每年追鳥的幾個月裡幾乎成了野人，盡可能避免與人接觸，盡可能隱匿行蹤。

十年來，每當明亮的獵戶座矗立夜空，鷹隼狩獵，貝克就尾隨在後。他隨遊隼走過長長的路，逐漸熟悉艾塞克斯地景，巨礫黏土與河流礫石，白柳樹與矮榛林。冬天一到，他就穿過「幽黑嚴厲的冬樹林」，沿「如同骨白珊瑚的結霜樹籬」前行。他看濱鷸、鴴、翻石鷸等小型涉水鳥盤旋泥灘上空，構成水母翻動般的圖形。他藉歌聲追蹤夜鷺。他收集斑紋漂亮的羽毛，鷦鴣、燕鷗、啄木鳥、遊隼等。

那些追逐的歲月裡，貝克成爲他所謂「彼岸世界」的探險家。彼岸世界是鳥類和小動物的野性世界，存在於灌木籬、林地、空中，以及泥灘和鹽沼的沿海邊陲地帶。「彼岸世界」無時不在，和我們柏油路面、汽車、殺蟲劑和拖拉機的世界交纏，往往就在轉頭可見之處，道路拐彎彼端。多數人對彼岸世界全然盲目，貝克卻隨處能見。在他眼中，儘管艾塞克斯海拔不超過一百五十公尺，距倫敦僅八十公里，早被密集開墾，地貌卻和帕米爾高原或北極一樣極盡自然，啓發人心。

貝克以其書《遊隼》（*The Peregrine*）講述他追隨遊隼十年的經歷，一九六七年出版時被譽爲傑作，其野性與狂暴之美讓我讀了一遍又一遍。它使我想像飛升，持久不墜。

貝克追逐遊隼，部分出於擔心這物種難以存續。殺蟲劑嚴重影響英國鳥類數量，到了一九五〇年代就愈見顯明。一九三九年，英國有七百對遊隼，一九六二年的調查數字少了一半，似乎只有六十八對遊隼成功飼育下一代。雀鷹也幾乎消失了。貝克認爲「農用化學品骯髒、陰險的粉末」可能導致鷹隼滅絕。他寫到戰前歲月：「我記得那些冬日，那些冰凍的田野因獵鷹交戰而熱血激昂……遺憾的是於今不再。古老鷹巢正在消逝。」

那時艾塞克斯郡試圖推展農綜企業，大舉改革也威脅其中世紀鄉間的模式。爲了拓寬田野，樹籬被挖去。數以千計灌叢矮林被推平，許多舊道和較淺的沒徑被塡平以備耕種。溪河因洗滌劑泛起泡沫，加以化肥中的氮滲入，水草大量生長而堵塞流水。

貝克無法忍受猛禽數量減少，景觀遭受破壞。他唯一的安慰就是跟隨遊隼，這成他心頭想望，縈繞不去。置身田野讓他更近荒野，他可以透過望遠鏡進入彼岸世界，也能因此忘卻自己生病的事實。他患有嚴重關節炎，不斷惡化，雙臂和雙腿尤其糟糕。他愈來愈難握筆拿望遠鏡，因爲他的手指不斷蜷縮，雙手緊握，形同鷹爪。

◆ ◆ ◆ ◆ ◆

半世紀後，我來到貝克逐鳥之地。我想走一趟他走過的路，用他的足跡和眼光探索艾塞克斯，看我能否在鳥類遷徙月份，找到進入他彼岸世界的途徑。我計劃從艾塞克斯樹木繁茂的內陸地區開始，從那裡走向候鳥棲息的海岸——泥灘地上，赤足鷸、黑腹濱鷸及多種海鷗成群結隊，數量成千上萬。

出發前我調來一九五〇年代艾塞克斯軍械測量局的地圖副本，和現在的版本比對，看看有何變化。結果一目瞭然：林地變小，城鎮變大，田地也變大了。不過艾塞克斯仍有數千公頃本土林木，西北部有白蠟樹、楓樹和榛樹，中北部有椴樹和低矮的榆樹，南部有鵝耳櫪。這些林地分布多半可以上溯中世紀。我仔細審視新地圖，一個名字特別引起我注意：「原野」（The Wilderness）。那是一道細長的闊葉樹林，一直延伸到古村落伍罕沃特東邊。我知道這裡，這是貝克追蹤遊隼的地方。

我把車停在馴隼人小屋入口附近，步行前往荒野。我沿著通往新耕田地的小徑，穿過幾座小樹林。樹籬依舊結實纍纍，黑莓飽滿，堅硬的橙色山楂正在轉紅。空中瀰漫成熟果實和新翻泥土的氣味。我吃了一把黑莓。柵欄上，一隻紅蛺蝶像書本一樣大張雙翅。樹籬上的蜘蛛絲讓我想起羅傑家滿布蛛網的角落。黃褐色雌蛛碩大，坐在網中央，那顏色讓我想起蘭諾赫沼澤。

原野離公路只有八百公尺。我走了幾分鐘，轉過一道樹籬，沿隱約小路走上一道接骨木老樹隧道，彷彿密道通向樹林。

就在那裡，我腳下有一場殺戮。是一隻林鴿仰臥在地，翅膀扇子般張向兩側，胸羽像爆裂的枕頭，幾支尾羽被咬去一半。這顯然是狐狸下的手，不是鷹也不是隼。遊隼或雀鷹會撕開鳥胸——遊隼會壓碎胸骨，雀鷹會把胸骨咬下扔掉。

我跨過屍體，繼續走入樹林，路過更多接骨木，還有老梧桐和榛樹叢。這裡樹木怒生，聳立超過十公尺。我推著樹木底部走過，樹梢便顫抖起來。崎嶇小路急速變窄，周圍樹林愈發濃密。我用手背拍掉更多蛛網，跨過倒地樹幹與橫陳樹枝。

幾分鐘內我就置身樹林深處，很難辨識方向。朦朧日光從樹枝間落下。空氣充斥歐鴿毛茸茸的叫聲。我盡可能放輕腳步，儘量避免踩碎乾枯樹枝，卻還是驚動林鴿，從樹梢振翅飛去。更遠處有烏鴉嘲喳，可能在與荒野接壤的某片田野啄食。數百洞穴分布於河岸和樹根，有些地方的黏性土壤被獾、兔子、狐狸等動物踩得光亮。到處都是鳥屍。我數到十幾之後就放棄了。

我來到一片窪地，不知是山谷還是溝渠，向我左右兩側蜿蜒，約有四五公尺深，九公尺寬，兩側是斜坡。我很意外發現，窪地邊緣突出一堆紅磚，部分還埋在棕色土壤裡。我爬下陡峭的邊緣，再爬上對面，來到裸露的磚石結構，看見約百塊扁平薄磚，但這顯然屬於某個更大的結構。磚塊本由土壤燒製而成，現在正碎裂回復成土壤。我把一塊扁平的菱形碎片塞進口袋。

這地方名為原野，天然林中心卻有磚塊和萌生林，我不大能理解。我想從高處鳥瞰，於是挑中一叢結實的萌生梧桐林，這六棵樹都沒側枝可攀，但彼此緊密依偎，我可以爬其中一棵，以其他棵當作支撐。六棵樹只在頂部有葉子，橫向伸展成顫抖的綠色樹冠，我爬樹時感覺像正登上鯨魚的噴氣口。

不同樹種的相對攀爬優點如何，我和羅傑廣泛討論了兩年。羅傑投角樹一票，說角樹「最堅韌，最不可能害我踩到爛枝摔下去」，還有橡樹，「只是現在樹梢常會枯掉，像鹿角一樣光禿。」他說，「爆竹柳在我名單上排名很低。」我當然支持山毛櫸和樺樹，曾經發生過樹枝折斷的不幸事件讓我反對楊樹。我們都很欣賞卡爾維諾在《樹上的男爵》裡對樹木的評價，卡爾維諾本人很明顯對這主題做過認眞的實踐研究，他寫道，柯西謨最喜歡爬冬青櫟和橄欖樹，因爲它們「有耐心，樹皮粗糙友好，可攀爬也可休息」，以及無花果樹，這種樹「似乎會吸收他，以黏稠質地和蜂鳴聲滲透他，直到他逐漸覺變爲無花果」，還有核桃樹，「樹枝無限伸展，就像一座宮殿，樓層衆多，房間難以計數……這種樹擁有樹的力量和信心，連葉子也表現出要長得堅硬又繁茂的決心。」但他不信任榆樹或楊樹，因爲它們「枝條向上生長，又密又細，幾乎無處下腳」。他也不喜歡松樹「樹枝又密又脆，滿結松果，沒有空間也沒有支撐」。羅傑和我都喜歡書中描述柯西謨在樹冠過夜，「聽樹液流過樹的細胞，樹幹年輪標誌歲月，鳥兒在巢中睡覺顫抖，毛蟲甦醒，蝶將破蛹。」

我們多次討論從空中穿越林地。羅傑甚至去研究臂力擺盪，還給我寫信，說臂力擺盪是一種特殊的演化適應，猩猩、長臂猿、黑猩猩的手臂關節因此能轉向各個方向，且能夠支撐懸掛擺動的身體。這就是猿與猴的區別。有些樹枝無法支撐猩猩的體重，但猩猩透過臂力擺盪保持節奏和衝力，就能在這類樹枝上快速移動，把樹枝當繩索而不是棒子，就有可能利用更細、更遠的樹枝。臂力擺盪此一演化重要的優勢，是讓很重的猿類在細長富彈性的樹枝間移動，並摘到樹梢的果實。臂力擺盪自然也導致直立傾向，以及隨之而來的演化。但羅傑觀察到這也很危險，於是長臂猿這樣的動物就需要大型的大腦進行複雜計算，以保持高空安全，才不會在樹冠層高枝之間跳躍時摔死自己。

不知何故，羅傑熱切希望我先嘗試空中橫越，他在森林地面看著我，理由是我是登山客而他是游泳者。我們始終沒能抽出時間做這實驗，但我仍然渴望有一天能實現羅傑信中對長臂猿的精采描述：「長臂猿眞的從樹枝飛到樹枝！牠們以巨大力量盪出，流暢滑翔，肯定是向鳥類學來。鳥類是樹棲生活的古代貴族。或許長臂猿也利用樹枝彎曲時儲存的能量，就像長弓一樣。」

但我以前沒爬過萌生林，攀爬六七公尺高梧桐樹之笨拙，渾不似長臂猿。不過我可以從那裡俯視原野，領教這片土地的謊言。我看得很清楚，那溝渠是護城河，圍繞中心區域形成扁圓。中心區域看來約有四十公畝，看得到更多土壘工事、更多裸露的磚造結構，可能是牆壁或柵欄。護城河外四面八方都是叢叢薊草、齊腰蕁麻，應該是此地的新防禦工事，要拒人於外，把土地保留給生活在裡面的生物。

我猜地圖上「原野」之名是十八世紀晚期遺物，這裡曾矗立一幢大宅，可能是在伊莉莎白時代，後來接管的浪漫主義時代早期地主遵循當時品味，爲莊園創造出一片

「原野」，地形崎嶇，無規可循，不時出現人工瀑布和岩石露頭，遊客誤闖時看到可能會很興奮。

但這名字自我預言，兩世紀或更久之後，原野果然成為野地，經過適當開墾，如今距離公路僅數百公尺。曾經矗立的建築已然傾圮，被大自然逐步收回，最後由蕁麻、薊、接骨木、榛樹、狐狸、獾和鳥類徹底占據。

站在搖曳的梧桐樹冠上，我想起一九五四年一月下旬貝克寫入日記的評論：「從樹林邊、屋子後、大門口看去的景色很美。草地深綠，田地被水淹沒，一片鮮綠……青草終將掌控我們所有人，公平覆蓋我們可恥的瓦礫。」

我也在這長遠視野當中認識到人類存在之短暫。我在旅途中見過許多時代許多建築終又沉入土地，愛爾蘭西部房屋失去屋頂，居民遭驅逐的蘇格蘭谷地城鎮瓦礫長滿苔蘚，還有布萊瑙的石板廢料堆，我曾花一天時間穿越那裡的某座山中廢棄礦坑。我還聽說過其他的。薩福克海岸的鄧尼治村（Dunwich）被上升的海面收回，羅傑還在那裡游過泳。一九四〇和五〇年代，歷史學家兼考古學家貝瑞斯福（Maurice Beresford）在英格蘭發現數以千計中世紀村莊，其中有許多都因黑死病而荒廢，他並且煞費苦心為這些村落會繪製地圖。一九四〇年代，馬克斯威（Gavin Maxwell）在斯凱島外側的小嶼索伊島（Soay）建立象鯊漁場，如今堆放的鯊魚脊骨孔眼裡都長出青草，鐵鏽與濕氣正逐步分解那些割取鯨脂的設備和牽引滑輪。我知道我所在的艾塞克斯郡南方有一些被稱爲「地皮」的樹林，那裡本是十九世紀後期建地，後來長成一片年輕樹林，到了兩次大戰之間地價大跌，又被興建起來，如今那一排排平房（許多是自建房屋）又已腐朽入地，樹木於焉回歸，且有動物隨著原生橡樹、白蠟樹和角樹而來。

這些廢棄地方不僅提供我們過去的樣貌，還有未來的景象。隨著氣候變暖，人口減少，荒廢的聚落會愈來愈多。內陸乾旱，沿海地區海平面上升，也會迫使大量人口外流。荒野將重回這些廢棄之地。動植物將回收土地，首先是野薔薇、接骨木、柳蘭、烏鴉等機會種及先鋒物種。這種變化已經見於所謂的「異化區」，如一九八六年烏克蘭北部車諾比災後禁區。當初車諾比工人居住的小鎮普里亞特，現在空蕩街道和庭院上已長出密密麻麻的銀樺。石板路上長滿花草，種類異常豐富。松林和柳林遍布郊區，兩百多隻野狼穿梭其間。駝鹿、鹿、山貓、野豬悄悄出沒城郊。黑鸛築巢城市煙囪，蝙蝠入住空屋，紅隼落腳無人使用的窗台花壇。車諾比核電廠的冷卻池裡現在滿是近兩公尺長的鯰魚。

我和一位氣候變遷科學家談過這個話題。她說，科學研究改變了她對時間及人類重要性的看法。她說，我們現在是優勢物種之一，但我們的時代會過去，雖然現在難以想像，但我們的物質遺產終會消失，被土地吸收，終至難以察覺。

她說，最終，在更久更久之後，太陽會膨脹成紅巨星，吞噬廣闊太空，及於地球。她說，想像一下，古老的紅色太陽，脹大無匹，炙烤著地球。

◆　◆　◆　◆　◆

原野所在森林帶向北延伸到切爾默河，貝克花很多時間出沒在雜草叢生的河岸，經常沿河走到馬爾登（Maldon）附近的鹽沼。於是，在原野待了大約一小時後，我沿著林地向北行駛，穿過長滿常春藤的橡樹和甜栗樹林。一排白楊隔開西邊廣闊田野，樹葉在風中劈啪作響，就像頂上電線。一群禿鼻烏鴉在玉米莖上嘰喳。我好奇有多少人到過這片樹林，如此靠近道路，卻如此奇異。蜻蜓在草地嗡鳴，像迅捷的雙翼飛機。一隻綠色啄木鳥從我身邊經過，好似沿著縫合線飛行。貝克寫下在他家附近無名樹林觀看啄木鳥覓食的經歷：「這安靜儀式發生在我所見的世界邊緣，近乎鏡外世界，是失落的地方，事物的開端。」

我又走了約八百公尺。一條洶湧小溪穿過橡樹林深處。我走進一片空地，發現一根繩上繫著輪胎，掛在橡樹枝上。是鞦韆！我對這樹林的感覺頓時變了。村中孩童就是來這裡玩耍，在輪胎上盪鞦韆，捉迷藏，冒險。對於孩子來說，這是一片野地，肯定已經存在數十年，甚至數世紀。我看見泥土上有腳踩出來的小路，向西穿過樹林，到達樹木稀疏處，從那裡回到兩塊田地之間，通往伍罕沃特教堂。

我離開林間空地，一直沿著樹籬和田野邊緣向東北走上三公里前往切爾默（Chelmer）。還沒到達河邊時，我在一片新翻田地的邊界停下腳步，在彎曲的犁溝中撿起一塊形狀奇特的燧石。那是一把手斧，毫無疑問是一把手斧。我難以相信自己有如此好運。這手斧內部是藍色，深藍如濃稠之水，外側是老舊骨骸的棕色。看來這手斧尚未完工便被丟棄。我用拇指試試邊緣，用手掂掂重量，然後出發前往艾塞克斯海岸和登吉半島（Dengie Peninsula）的鹽沼。

◆ ◆ ◆ ◆

鈍頭形的登吉半島位在艾塞克斯東部，面積不到兩百六十平方公里，三面鄰水，北部是黑水河口，東部是北海，克勞奇（Crouch）河口在南。半島大部分是新生地，低於海平面，透過海堤網路（長滿草的線性土壘，高四五公尺或更高）阻擋潮汐。這是臨時的土地，借來的土地。踏上這裡，就像踏入水的幽靈。

大海會以巨大洪積形式重來申張威力，時機難以預知。《盎格魯薩克遜編年史》如此記載一〇九九年聖馬丁節的災難性潮汐：「今年，也是在聖馬丁節，海潮氾濫之高，造成前所未見的傷害。而這是新月的第一天。」又或者一九五三年一月三十一日，大潮風暴湧浪造成數百人死亡，淹沒登吉半島內陸，遠達蒂林罕（Tillingham）。

下午稍晚，我來到布拉韋爾（Bradwell）附近的海堤。草叢中蟋蟀與蚱蜢蟲聲隱約，風勢強而溫暖。飛鳥成群結隊從我頭頂經過，不是太遠就是太陌生，我無從辨認。潮水半漲，光滑泥漿暴露在空氣中，長達數公里。

離鹽沼起點數公尺處，一小片黑刺李旁邊，有個類似穀倉的結構，高約十二公尺，木頭屋頂，牆壁以砂漿和岩石砌成，混有厚重鐵礦石、巨大燧石、堊質巨礫。

我推動前門，門靜靜向內開了。內部沒有隔間，又高又大。北風過後，空氣靜止。高處有慵懶青蠅嗡嗡作響。光線從高大窗戶斜照進來。

這是建於七世紀的聖西度修道院（St Cedd's）。艾塞克斯和倫敦周圍大部分地區都投向異教之後，西度被林迪斯法恩的菲南（St Finan of Lindesfarne）派往南方傳教。他是東撒克遜凱爾特教會的先驅，這個曇花一現的教會和西方及北方的教會一樣，以祕契主義和熱愛自然著稱。

我走到粗糙的祭壇前。三塊石頭沉入基部。一塊是玄武岩，產自聖林迪斯法恩島；第二個是片麻岩，來自愛奧那凱爾特人在不列顛傳教的起點愛奧那；第三個是石灰岩黏土，來自約克郡荒原的拉斯廷罕，也就是西度離開艾塞克斯前去的那座村落，最終在那裡死於瘟疫。這些遠道而來的石頭讓我想起自己放在桌子上方牆架上的收藏。而這座屹立於邊緣地帶的修道院則讓我想起恩施利島及其遊人。一種罕見機緣將這國度由東至西橫向聯結起來。

我離開修道院，穿過黑刺李林。在樹林外目光不及之處有一棟林內特小屋（Linnet's Cottage），是個鳥類觀測站，門邊有清單列出最近的目擊紀錄，以馬克筆在白板上潦草寫著遊隼、蜜鵟、沼澤鷂、賊鷗、綠腳鷸、小白鷺、燕鷗……僧侶離去已久，岸上又有新守望者取代他們。

◆ ◆ ◆ ◆ ◆

我從樹林轉而向南，沿海堤往外走。燕子快速撲翅，三三兩兩飛掠頭頂。我看見一樣東西，以爲是兔耳，其實是學名鐮刀葉柴胡的草，緊貼在短莖上。內陸田野廣闊，三四座黑色穀倉彷彿航行的駁船。堤防向海一側是紫色調的沼澤。

鹽沼形成於相對隱蔽的海岸，淤泥沙子堆積，成爲海馬齒莧、金海蓬、鹽角草、海紫苑等耐鹽植物的殖民地。植物困住更多沉積物，沼澤變成潮水過濾器，每次退潮時吸收食物和營養。鹽沼及其縮小後形成的泥灘結構複雜，令人生畏，是由光線和蜿蜒的水道、小溪、小海灣、閘道、狹窄航道構成的迷宮，一切都藉潮汐沖刷而維持通暢。

非凡植物造就鹽沼，此外這裡也是數百種稀有昆蟲的家園，是涉禽獨特的安全築巢地，也是已知最有效的潮汐防禦系統之一。

但即便寬廣鹽沼如艾塞克斯沿岸，也無法應對潮水因氣候變遷不斷上升。過去一個世紀裡，全球海平面平均上升達二十公分。這種緩慢變動主要因爲航空、工業和能源生產排碳造成大氣暖化，導致全球海洋熱膨脹。潮水上漲的壓力下，艾塞克斯海岸鹽沼自一九七〇年以來就不斷縮小。目前每年光是艾塞克斯沿岸就有約八十五公頃鹽沼消失，世上鹽沼面積預計將在七十五年內縮小一半。鹽沼淹沒後，海洋更能自由向內陸推進。艾塞克斯的土地流失模式也同樣見於英格蘭、愛爾蘭乃至世界各地軟泥海岸。

我沿海堤向南走了八公里，沿路沒遇上任何人，只看到遠處有農夫駕著拖拉機轉彎。堤壩邊有一株野蘋果樹，結滿黃色和粉色的小蘋果，我停步摘蘋果來吃。我還吃了海甘藍和海甜菜鹹鹹的葉子，咀嚼茂盛生長的茴香那味如甘草的羽狀葉。有一次，一隻黃鼠狼鑽出海堤腳下的茂密草叢，警惕著四下張望，然後掉頭躲回茂密草叢。

走了八公里後，我折而向北，進入內陸，沿田間排水溝前行，來到一片楊樹、榛樹和白蠟樹的小樹林。之前我隔著田野就看到這片樹林，認爲應該是睡覺的好地方，於是我走過來，推開白楊低垂的枝條，爬了進去。我記得一年半前，也是這樣一個晴朗多風的日子，我和羅傑一起探索薩福克郡斯塔文頓森林裡的橡樹林。我們踩過數十根倒地腐爛的橡樹幹，羅傑向我解釋這種腐爛物質對林地健康的重要性，說樹木在死後很長一段時間依舊發揮良性影響。他在一棵倒伏的粗大橡樹枝旁停下，撬下一片彎曲的樹皮，那下面有數百種昆蟲，木蝨、螞蟻和許多我無法辨認的物種。然後我們繼續深入樹林，來到一個清理出來的圓形空地。羅傑說，他知道當地的巫術狂熱者會來此拜神，有時甚至赤身裸體。我不很相信這話，但他堅持這說法。橡樹枝上有用羊毛和繩子掛上的護身符，有羽毛、破布、寫有文字的小紙片等，在空中搖擺旋轉。穿過樹林返回的路上，我從一棵倒下的橡樹根部撬出一段炭褐色的長楔形硬木。後來我把這段木頭打磨送給父親，作爲斯塔文頓森林的紀念品。

楊樹在風中作響。我仰面躺了一陣子，臥在厚厚的乾枯落葉和樹林底部的光線裡，想著羅傑。樹冠濃密，樹葉沙沙響動，我聽到的聲音（兩聲槍響、遠方船鳴）都像穿越樹林而來，用貝克的話來說，彷彿我站在樹的中心。

• • • • •

我在黃昏前離開樹林。我覺得那裡太過封閉，而我想在陸地邊緣的海堤過夜。於是我走到一處偏遠的曲折堤岸，與高水位標誌之間只隔著不到五十公尺寬的鹽沼。風停了，空氣溫暖，瀰漫草與鹽的氣息。黃色太陽低垂西邊田野，散發濃烈金光，染上我的手臉。我想起貝克描述的海岸日落：「地平線的黃色軌道環圍住耀眼的日冕。」

堤岸靠海一側長了整排茂密的草，將我和成千上萬候鳥隔開——濱鷸、紅腳鷸、蠣鷸、麻鷸、海鷗等，聚集在滿布白色閃亮海扇殼的泥灘。潮水將至，候鳥都往岸邊靠近，更爲集中。有時大浪打來，將牠們突然送上雲霄，然後又像雨一樣，落回離我只有數公尺遠的泥地。我躲了起來，偷偷觀察，不打擾牠們。

約在六點鐘左右潮水漲到最高。半小時後暮色降臨，蚱蜢叫聲漸歇，我只聽到五六隻，然後兩隻，然後一隻，最後沒有聲音。我看光通過晚日行跡，變得愈來愈濃，天黑之前似乎只由單個光子組成，帶著蜂螫後的沉滯感湧來。

我頂上天空突然嘎聲大作。我抬頭一看，一大群海鷗（可能上千隻）從西邊飛過我頭頂。牠們來到水邊，整齊劃一入水，白色身軀捕捉最後一縷低垂日光，在暮色中閃爍。然後牠們分散開來，停留在近岸海上，轉身迎風，形成一條鬆散的線上下沉浮，大約每隔一公尺有一隻鳥，沿海岸向左右延伸，一眼望之不盡。

夜晚來臨，清朗無月。我仰面躺在睡袋裡，看飛鳥輪廓，看星光探入視野，第一顆出現，然後兩顆，然後五六顆，然後多得數不過來。一顆顆流星滑落，是九月的雙魚座流星雨。我注意到還有其他發光物體，移動得很快，是衛星光的閃爍軌跡。還有其他比衛星低的光體，在黑暗中穩定移動，是進入斯坦德機場的客機，高度三千公尺或更高。我意識到我睡在兩條飛行和遷徙路線之間，一條是鳥徑，一條是人徑。

十點左右，十幾隻大鳥從我頭頂飛過。我猜是雁，可能是黑雁，爲數週後即將開始的遷徙探路。牠們在我南邊約僅十公尺外的堤上四散著陸，整夜都待在那裡，空中充斥牠們獵犬般的吠叫。

北歐神話有個故事名叫「野獵」（The Wild Hunt）：每當暴風雨夜，奧丁會帶領陣亡的戰士隊伍及其戰犬穿越土地。旅人若恰好在野獵路徑上，最好面朝下臥倒，如此就只會碰觸到隨行黑狗冰冷的腳，而不會受到傷害。野獵的目的在於收集剛死的幽魂，由騎手召喚死者。野獵神話有不同版本，基督宗教也有，據說大天使加百列召集天使參戰就是其一。《盎格魯撒克遜編年史》詳述一一二七年二月六日野獵隊伍疾馳穿過彼得伯勒鹿園，越過樹林抵達斯坦佛（Stamford）：一支「殺氣騰騰的隊伍」衝過黑暗的森林小徑，穿過荒地，越過丘陵，沿著海岸，奔馳於「陰森」土地之間。十三世紀提伯里的格瓦斯（Gervase of Tilbury）則記載，亞瑟王和騎士依然在柯百利和格拉斯頓伯里之間的山谷野獵。

我們幾乎可以肯定，野獵神話最初是用於解釋秋季雁徙（黑雁、雪雁、加拿大雁）。野雁遷徙通常成群結隊，每隊數量多半少於一百隻，但在某些年，黑雁飛得很低，且數量極多，黑暗中從人頭頂飛過時，振翅聲大得有如飛機，而在航空時代之前的人聽來，無疑就像一群天使出戰。一九一七年，德國士兵在戰壕中創作一首令人毛骨悚然的歌曲，講述「野雁在黑夜飛掠／向北尖唳／當心，當心，這危險的飛行／因死神已圍繞我們」。

海堤上那一夜，我思索遷徙：強烈的季節性衝動吸引生物從一個半球去到另一個半球，由一個地區前往另一個地區。每年秋冬有超過兩百萬隻候鳥暫時停留在不列顛和愛爾蘭海岸。牠們的遷徙路線可以在地圖上標示出來（也已經畫出來），看來與各家航空公司航線沒什麼不同。但鳥類的遷徙地圖並不連結城市，也不連結跑道，而是連結荒野，將不列顛和愛爾蘭的沼澤、泥灘和內陸湖泊，向外連接到更廣闊的荒野網路，如斯堪地納維亞半島的極地森林，或西伯利亞的廣大苔原。徙鳥不避人類，樂意與人為鄰，不過牠們以荒野為依歸，選擇登陸點，牠們依循直覺，尋找能滿足牠們需求的水與土地，不會落腳他處。

◆ ◆ ◆ ◆ ◆

天剛亮我就醒了。海面上，太陽又圓又扁，像一枚橙色硬幣。薄霧籠罩田野，風淡去幾乎無蹤。霧中視野看不透三百公尺。霧氣如水，彷彿睡夢中潮水席捲而來，淹沒了大地。霧中穀倉無腳，看來更像方舟。小樹林、灌木叢穿透霧面，有如島嶼。我向北走了近五公里，穿過迷霧回到聖西度，坐在修道院附近一張面海長凳上休息，看鳥。

約二十分鐘後，一男一女走來坐在我旁邊，健走杖放在地上，與長凳平行。我起身離開。「請別因爲我們而離開。」女人說。我們互相介紹。我猜他們大約七十歲。彼得戴有側罩的Reactalite粗框眼鏡，穿棕領T恤，笑容和緩。伊芳戴珍珠項鍊，大部分時間都是她在說話。她說，除了每兩年一次去香港看望兒子，他們每個週末都來聖西度。他們兒子在香港教英語，這工作很好，只是遠離英國。伊芳年輕時曾在停泊布拉韋爾的一艘遊艇上生活多年。她父親來自倫敦東區，但無法在那城市安居，於是戰後搬到艾塞克斯。她向我解釋如何行走泥灘而不陷入。你想不到的，她說，你得調整雙腳角度，內側向上傾斜，不要平放，而且要一直走。她從長凳起身，來回走動，向我展示這技術。

彼得向我提起一張著名照片，拍攝於他所知此地潮汐最高時。那是一九六〇年，潮水大漲，林內特（Walter Linnet）將家當收進獵鴨用的平底船，從所住的林內特小屋漂流出來，一直航行到聖西度東牆。照片上就是他站在滿載物件的平底船裡，倚著修道院牆壁漂浮。

我問伊芳是否曾在一九五三年洪水期間來過這裡。她吹著口哨說，當時她和母親在船上，母親注意到水流很古怪，一下向後退，露出泥土，不久後又向前衝來，彷彿大海某處正在搖晃。伊芳被派去接剛剛上岸的父親，將他帶回來。她很快找到父親，一起上船離開，駛出河口，進入開闊水域。她說那時天氣很糟，非常可怕，船幾乎要被淹沒，廚房裡東西散落一地，但與岸上情況相比是小巫見大巫。

彼得向我解釋洪水的氣象物理。他說，水面上的低氣壓被高氣壓包圍時，高氣壓會圍繞低氣壓旋轉，帶動低氣壓自旋，下方海面於是被吸入低壓產生的真空。那年一月，北海出現旋轉的低氣壓，又湊巧碰上北風和大潮。北風將低氣壓從寬闊的北海往南吹向英吉利海峽，由於海面在此變窄，導致潮水更加高漲。

浪潮首先襲擊北諾福克海岸，迅速淹沒布萊克尼角，克萊伊沼地洪水氾濫，霍坎灣松樹孤立水中。此時本該向南方發出警報，混亂當中卻疏忽了，不久後艾塞克斯海岸防護全被淹沒，數十處海堤毀壞，光坎維島一地就有約兩百人溺水身亡。彼得說，當時聖西度外面依舊乾燥，但穿過半島回望內陸，只有建築物上層和零星林地突出水面。

◆ ◆ ◆ ◆ ◆

那日下午稍晚，我和朋友海倫碰面。海倫是博物學家、詩人、藝術家、馴隼人，野外感知敏銳，而這能力來自多個方面。她搭火車到登吉，我在車站和她碰面。在樹林鹽沼游蕩兩日後，這些店家的明亮和店名都令我驚訝，例如有一家藥局叫做「努瑪克化學家」，一家中餐外賣店叫做「金美味」，還有一家取名「一英鎊商店」。我們一起開車回登吉，去拜訪海倫的老友羅恩（Ron Digby）。羅恩是鳥類藝術家、馴隼人，在馴隼界頗負盛名。他一生住在艾塞克斯，卻周遊世界，描繪各種鳥類。所有鳥類當中，他最熟悉也最常畫鷹和隼。他舉止溫和，拘謹有禮。

我們坐在羅恩家廚房喝茶。他談到身爲獵人及與獵人爲伍，會改變人看待地景的方式。他告訴我，鷓鴣看來幾乎就像土塊或泥土覆蓋的大塊燧石，而定期打獵使他對田野周遭瞭若指掌，能輕易在田野上認出鳥類，因爲他腦中有一幅地圖，標示大石頭及土塊的位置。他說，不尋常的東西都可能是鷓鴣。

他起身示意我們站到廚房窗前。後面草坪木樁上拴著兩隻鷹隼，一隻是年輕豐滿的棕色雌鳥，前額是奶油色，另一隻美麗的藍背雄鳥，是獵鷹。牠們看著我們，頭上下擺動，在測量距離，評估威脅。

羅恩出去領雄鷹進來，讓雄鷹站在他戴手套的手上。這隻鳥的顏色讓我想起在先前去過的海岸上發現的礦物。鳥喙和背部是燧石的矽藍色，奶油色上胸膛有鐵礦石般的橙色邊緣。鷹背羽毛像鎖子甲，緊實扁平，鋒利翅膀收在身後有如劍刃相交。鷹眼像電扶梯扶手閃閃發亮，兩眼周圍有一圈凹陷的黃色皮膚，好像檸檬皮。這雄鷹聞起像焦熱的石頭。

之後羅恩開車帶我們穿過半島，回到海堤，就在我過夜處南邊。他的車在路面車轍上顛簸，海倫坐在副駕駛座，戴頭罩的雄鷹穩穩站在她戴手套的手上。我們討論雄鷹的時候，牠左搖右晃，像因被談論而感到尷尬。有一次雄鷹嘎嘎張嘴，露出硬如塑膠閃閃發亮的舌頭。

我們走過海邊窪地齊膝的紫花苜蓿田野，放飛雄鷹。鷹從羅恩手腕騰空而去，笨拙拍翅兩三下，彷彿就要沉入草叢，然後升空以陡峭之姿斜飛出去。我們看著牠愈來愈小。

牠小幅振翅攀升，以一種吃力但穩當的動作，畫出一道寬闊的螺旋，直至抵達約六十公尺的高點，之後便停留在那個高度，開始繞著大圈盤旋，俯視測量大地。

貝克寫道：「遊隼能看到並記住我們一無所知的形態。果園和林地是整齊的正方形，田野的四邊形則有無窮變化。遊隼透過記憶中連串的對稱形而識路飛過土地。

牠看見的是黑白地圖。」獵鷹飛行高度高於艾塞克斯郡任何陸地，因此能夠看到海堤之外，看到涉禽和海鷗群集在即將湧來的潮汐邊緣。牠的目光可以穿透薄霧看到內陸，看到直線的田野和溝渠。牠可以看到下方有三個人影，在紫花苜蓿如茵田野上排成一行，兩個在排水堤一側，一個在另一側。然後牠會看到兩隻鷓鴣從遮蔽處驚起，去向清晰可辨，一隻往南飛向大海，一隻向西北飛過農田，向北那隻逃命時落下一枝羽毛。

鷓鴣從我們腳下譁然飛出。抬頭一望，我看到雄鷹突然斜成陡峭俯姿，原本側向的鳥身變得近乎垂直，地面以每秒約七十公尺速度上升，迎接俯衝的獵鷹。牠錯過鷓鴣，又重新攀升，回到原本的高度。那隻鷓鴣躲入紫花苜蓿，我們把牠往外趕，獵鷹又俯身飛撲，這次距離更長，角度更大，與地面可能呈六十度角。最後牠伸出一隻利爪，以我們聽不見的衝擊力道攫住鷓鴣。

我們穿過田野，來到雄鷹所在處。牠以藍色羽翼罩住死鳥，好像身著披風，抬頭看我們，面色凜然。

鷹吃飽後，我們走上海堤，溫暖微風吹來鹽與泥的氣息。雄鷹棲息在海倫手上，我們四個坐在一起，向外望著鹽沼，看候鳥高飛經過。薄霧夕陽在我們身後閃耀，紅如年邁雀鷹之眼。

十四、岩丘

十一月初，連續幾個晴朗夜晚帶來第一場霜凍。靜水結成浮冰。月亮低懸城市上空，升起時是黃色，逐漸轉成銀色。寒霜過後，狂風襲來，馬栗樹葉被霜凍鬆，成千上萬片落下，飄上路緣石和樹籬。

風驚樹上棲鴉那天，我前往峰區希望谷，去看望我朋友約翰及珍。幾個月前他們駕船帶我去恩施利島，陪伴我展開旅程，我想在他們陪伴下結束這旅程。此外也因爲約翰答應帶我去看雪兔。

約翰在峰區出生長大，離金德瀑布（Kinder Downfall）不遠，學生時代就當國家公園管理員。他在世界各地都工作過，之後回到峰區，定居在萊迪鮑爾水庫附近的班佛村（Bamford）。他在此健行或攀登已有數十年經驗，很少使用地圖，因爲他腦中自有地圖。他對峰區各方面瞭若指掌，熟悉荒涼的山巔、邊陲的砂礫岩，還有樹木繁茂的山谷。他知道每種候鳥每年何時抵達。秋天有紅翼鶇和北歐鶇，春天有金鴴、磯鷸和濱鷸，隆冬北風過後偶有雪鵐現蹤。他知道個別樹木的位置：星葉的田槭、孤獨巨大的櫸樹，還有樹皮烏黑的甜栗，秋天樹葉轉黃有如硫磺燒灼。他知道獵場看守人爲了避免其他動物獵食松雞，在荒原私地哪些地方設有陷阱和臭坑。他知道天氣炎熱時，蝰蛇會在哪些向南傾斜的岩石上曬太陽。他知道哪棵落葉松上有一對蒼鷹築巢，哪棵樹下石楠叢生的斜坡底部曾有母鷂孵蛋成功。

他也知道雪兔住在哪裡。

野兔一直是我的圖騰動物，旅程中發現野兔和鷹都令我欣喜。我在全國各地都見到野兔：謹慎蹲伏在奧福德岬，小心坐在薩福克郡新翻田地，飛奔於雷鳥丘的雪坡和布倫的喀斯特地形。一戰時托馬斯待過的訓練營以野兔為名並不令人意外，野兔也曾在登吉半島以兔耳花的形式出現。

鷹和兔，是陪我製作地圖的一對完美知交。老鷹盤旋空中，俯瞰地面。野兔熟知地面，罕有其匹，移動比任何動物更迅捷。我總是睡在戶外，睡在岩石泥土雪地裡，正是效法野兔習性。而我走向高處，走向巔峰山脊，好俯瞰大地，這是在模仿鷹。

所有野兔當中，我對雪兔最為著迷。雪兔體型小於牠們低海拔的表親歐洲野兔，也更古老，廣泛見於更新世歐洲。冰河退卻時，雪兔也逐冷而去，因為牠們冬天的毛色適合在雪地生存。畫家普林尼（Pliny）以為雪兔吃冰而變白，其實那是冬日雪兔眼睛接收光線減少而引發換毛。一年間多數時候，雪兔身上是煙燻藍棕色的毛皮，秋季日照縮短時開始換毛，整個低溫冬季都維持著一身雪白。

冰河退卻之後，野兔受困孤立高地如威爾斯、奔寧山脈、坎布里亞、蘇格蘭，此外地區的野兔都絕跡了。雪兔在一八四〇年代被引入峰區，好增加荒原上松雞的獵物多樣性。雪兔存活下來，但並不興盛，現在約有兩百隻雪兔生活在曼徹斯特、雪菲爾和德比等城市包夾的遼闊沼地高原。雪兔出現在峰區實在是個悖論。對於包括我在內的許多人來說，雪兔已成野性的印記，但牠們現身此地完全是人爲管理的結果。紅山山脈是雪兔眞正的堡壘，但即便在那裡，雪兔也深受氣候變遷威脅。再加上雪兔被認爲是蜱傳松雞病的次帶原者，也遭到獵場看守人嚴厲撲殺。

雪兔因冬毛而有幽靈般的美麗，此外還有一種特殊的冷漠優雅。靜時沉著，動時優雅，這是雪兔的特點。看著雪兔在陡峭雪原上曲折奔跑，就能明白古埃及象形文字爲何以波折水面上的野兔來表達是、存在、堅持等動名詞字義。

約翰多年來一直跟蹤觀察一個雪兔群，牠們生活在一片破碎的砂礫岩丘當中。這些岩石分布在海拔六百公尺高的荒原，峰頂苔原少有遮蔽，雪兔自然被吸引到這岩石四下突出的山地。這裡每塊石頭都有名字、有來歷，各有相似形狀，如飛碟、象轎、鴕鳥蛋等。

三月大雪時分，約翰看到這個兔群，當時我正夜行坎布里亞。他寫信告訴我，雪兔在冰丘上玩耍。十一月初，也就是我去看他的前一週，他打電話來，說他已經上到岩丘，發現雪兔正在蛻換冬毛，原本的棕色皮毛上出現白色斑點。他還說，如果我想在戶外過夜，他已經找好可能的露宿洞窟，是一座岩丘西北面風化而成的隧道，兩端開敞，地面是金色礫沙灘，簡直狡兔之窟。想到要睡在岩丘裡，我當下就等不及了！

• • • • •

下午稍晚我們開始步行，大風將雨水吹打上我們臉面，也砍斷水庫蓄水。我們先向北走，穿過一兩公里長的落葉松和白樺森林。霜凍隨風而來，吹去落葉松數十億金色針葉，墜入路旁晶瑩的番紅花叢，即便光線昏暗也閃閃發光，光澤更勝顏色。約翰指著鳥樹花草，邊走邊訴說他對荒野的熱愛。他不賣弄知識，舉止散發濃厚熱情，這正直和熱切總讓我想起羅傑，可惜他們沒見過面。

走了三公里後，他停下來指著天際線。岩丘就在前方，離我們一兩公里遠，高約一百公尺，暮色中依稀可見。這些岩塊約形成於三億年前，是砂礫岩和海底沙層的沉積，隨著時間推移，在下沉盆地裡被壓實成粗糙岩石，裸露沙岩部分最終被冰、風、水雕琢成怪誕形狀。岩丘讓我想起阿爾及利亞塔曼拉塞省附近的砂岩露頭霍格山脈（Hoggar Mountains），那砂岩被裹挾細沙而來的風磨蝕成抵觸重力的結構：房屋大小的巨礫，以微妙的平衡立在細長岩石上。

我們走上陡峭坡地，越過沼澤，滑行草與蕨上，本已被雨打濕的衣服現在又沾滿泥巴。我們走到岩石區附近，然後——野兔！野兔！約翰叫了兩聲，兩隻野兔從我們上方岩石隱身處鑽出來，上坡飛奔而去。而且毛色是白的！牠們動作輕巧，彷彿小幽靈在岩石、藍莓和石楠間滑行，五秒後就消失了，我的心怦怦直跳。

我們往上走進岩丘中心，小心搜尋更多野兔。突出岩石散布高地邊緣，面對三十多公里高地荒原。這個海拔高度的風很大，從漆黑西方猛烈吹來，風力之強，讓人無法直立。我們在岩石之間移動，就像身在暴風雨中輪船甲板，伸手設法穩住自己。大雨傾盆，寒冷雨滴滂沱如季風。我走向一對約六公尺高的岩石後方躲避風雨，這兩座岩石向彼此傾斜，形成一道風門，我要進入時，風力大到我臉部肌肉都被扯緊。我想起通往另一個上層世界的另一道門戶：查理曼山口，那花崗岩是從北部進入紅山山脈中心的入口。

約翰找到露宿洞穴，我跪下來檢查。這洞穴已被淹沒，靠近我們這端的雲母沙上有一灘水閃閃發光。這是狂暴的夜晚，自有其美妙之處，我很高興看到荒原這般情境。當然，我很想在野兔群中醒來，但此夜實在不宜露宿。在幾乎沒有遮蔽的情況下，置身暴風雨籠罩的昏暗天地中長達十六小時，已近乎苦行。野兔辦得到，人卻不能。我拿走營地一塊砂岩，然後我們撤退到一座岩丘後方，對著手指吹氣，喝保溫瓶裡的熱咖啡，在風中朝彼此吼叫，計劃在近乎全黑的山區走上幾公里崎嶇陡峭的路程返回。

為了尋找遮蔽，我們向上走，越過荒原肩部，突然看見那裡有更多雪兔，幾十隻，雪白身影映襯著黑暗沼地，箭矢般呈之字形移動，不時偏離路線，好像雲室裡的粒子。原來雪兔和我們一樣，被風逼得離開岩石，到這泥炭谷來避風。牠們白色皮毛吸收最後一點日光，在黑暗荒原上瑩瑩閃亮。一隻渾身棕毛的大雄兔停下腳步，回頭看我們一眼，而後轉身消失在黑暗裡。

相對而言，英格蘭和愛爾蘭的野生動物很少。相對而言，全世界的野生動物都很少。我們的文明追求已將成千上萬個物種推向滅絕邊緣，還有成千上萬個物種已然越過那邊緣。消逝的是牠們，卻也是我們的損失。野生動物就像荒野，於我們而言是無價之寶，因爲牠們不是我們。牠們與我們截然不同，毫不妥協地不同。牠們走的道路、引導牠們的本能衝動，都屬於另一種法則。海豹凝視良久，而後栽入海中，甩動尾鰭闢出另一條水道，野兔疾奔、飛鷹高旋，這些都是野性。看到野生動物，我們就短暫意識到另有一個世界與我們並存，但運作的模式與目的都與我們迴異。我們會意識到，這些動物賴以生存的聲音，我們無法聽見。

第二天早上，暴風雨幾乎全然平息，長長日光斜射，切過沼地邊緣，向下穿過村莊。天空有一種暴風雨後的清亮。今天是國殤紀念日。上午十一點，晴空下起床號響起。我跟約翰一起參加村裡幹道上的紀念儀式。我想起葛尼，想起托馬斯，想起許多不知名不被記得的人。

儀式結束後，我們走到班佛斷崖（Bamford Edge），這是破碎的砂岩構成的岩壁，沿著村莊正上方荒原延伸。走了四五公里後，我們發現下方有個樹木繁盛的深谷，從荒原陡然直落。

谷地在我們下方彷彿著火。秋之大火正在燃燒。落葉松、白樺、山毛櫸、甜板栗，數百公頃森林的葉片宛如橙子、胭脂、硫磺、金箔。這景象突然在我心中點起記憶火花，讓我想起旅程中所見各種磷光：利因半島外的發光海洋、科魯伊斯谷地彩虹、莫利希（Morlich）松林裡飄散的花粉、從霍普山望見的極光——還有村外一兩公里這片秋天樹林。

秋葉顏色是一種死之表達，也是一種生之更新。葉綠素的綠色是整個春夏季葉子的主要色素，但隨著白天長度縮短，溫度下降，葉綠素會減少，最終消失。葉綠素含量下降，其他色素開始閃耀，如捕捉陽光的類胡蘿蔔素（讓葉片呈現火焰般的橙色、黃色和金色）、棕色的單寧，以及更罕見、更深紅的花青素。花青素是強光持續作用在糖上所產生，當樹的維管束系統準備落葉，糖分就被困在葉裡。落葉喬木以這種方式熊熊燃燒，回復爲光禿樹枝以備過冬，也爲春天復甦預做準備。

我們在山崖上方高地找到山毛櫸。只此一棵的老樹，高度不超過六公尺，在一個沼澤小窪地鬱鬱蔥蔥。這低窪正是山毛櫸避風所需，而樹已經長到與周圍土地完全等高，還在沼地形成一層堅實地面，以樹根串起數座沼澤，讓草地得以成形。這棵樹是倖存者，數百根樹枝都扭成複雜的螺旋形，在多年來大風吹拂下朝各個方向扭去。樹下地面滿布金色落葉。

這棵樹邀人攀爬。約翰坐在樹下，俯瞰下方山谷，我爬上樹去。這是我遇過最好爬的樹，總是有下一根樹枝接應，彎曲扭結十分完美，可以穩住手腳，幾乎像是要把我扶上去。我在靠近樹頂處停留約十分鐘，想著南邊和東邊，小丘頂上我自己的山毛櫸。下方遠處教堂鐘響，一點了。

我爬下樹，和約翰一起坐在樹下。突然有一聲高亢唧喳，我們抬頭一看，有幾隻小鳥被風吹來，停在山毛櫸上。是戴菊！一分鐘後鳥兒成群擁上樹頂，飛向狹谷中更深的樹林，去為另一棵樹鍍金。

十五、櫸林

我們不該停止探索
我們所有探索
皆以抵達起點告終
且是與之初遇

——艾略特（T.S. Eliot）

從霍普谷地回來那天晚上，我取下牆架上風暴海灘的石頭，放在桌上，又把那塊菱形砂岩加入這圖形。我移動這些石頭，先按發現時間排成一長串，最早的在左邊，最近的在右邊，之後盡可能按地質年齡排序，寒武紀、奧陶紀、志留紀、泥盆紀、二疊紀、侏羅紀……然後我大致按照發現地點相關位置排列，這就成為一幅群島礦物概圖，也是我本次旅行的概略地圖。每塊石頭都帶有發現時刻的殘留記憶：空氣的氣味和溫度，還有光的質地。

心形藍色玄武岩來自恩施利島，那珍珠色大海的峽谷邊緣。橄欖形的石英礫石來自科魯伊斯，在那炎熱晴朗的日子，我離開時將礫石含在口中。兩顆眼球狀的石頭總瞪著我，分別來自蘭諾赫荒原和桑德伍附近溪流。藍白相間的長方塊是黑木森林的結霜樹根，層層紋理蘊藏冬日之木的魔力。霜裂碎片來自霍普山頂。帶圈菱石來自史塔斯納佛河口，那線條總讓人聯想木紋和沙地。地圖石來自布萊克尼。支石墓狀白堊來自艾塞克斯蛤蜊海灘，還有來自原野的平坦紅色楔形磚。最後還有扁平的蛋形淺色花崗岩，上面點綴雲母，是羅傑過世後我造訪核桃樹農場時從架上拿來，紀念他家中野性。還有其他護身符：猛禽羽毛、木刻海豚、破裂的海螺、柳絮等。

旅程向我揭示不列顛和愛爾蘭彼此無關的各個地方，能以何邏輯建立新關聯，那是超越高速公路和航線的系統。這當中有地質上的關聯（岩丘回應岩丘，燧石回應燧石，砂岩回應砂岩，花崗岩讓道給泥漿），也有鳥類等動物遷徙路線的關聯。變化莫測的天候與光線是一種關聯，暴風雪、迷霧和黑暗的路徑，以及這些路徑賦予各地的野性。還有人，生者和死者，定居的和路過的。故事與記憶交織，將我所到之處與其他相似地方連結起來。岩石、生物、天氣、人，這些力量結合起來，爲這國度鋪上新的圖案，就好像泡在顯影液中晃動，意想不到的影像浮現，幽靈般的形影從城市網與道路網中現身。

這裡所述不是我旅程全部，而且我還想去更多地方旅行，想去奧克尼群島、昔德蘭群島、聖基達群島和錫利群島，想去彭布羅克郡海岸外的斯科克霍島（Skokholm）和斯科莫島（Skomer），想去德文郡和康沃爾郡的祕密海灣，想去埃克斯穆爾和博德明，想去威爾斯中部的黑峰，想去艾德麥康半島和莫那利亞山脈（Monadhliaths）。諾福克郡布羅茲濕地角落裡失落的小沼澤。威爾特郡和什羅普郡某些地區。我想去蘇格蘭邊境，計劃循著巴肯《三十九級台階》（John Buchan, *The Thirty-Nine Steps*）漢納逃亡時走的高地路線。我想用一株大樺樹鑿成獨木舟，沿威河（Wye）划槳而下。但地圖繪製似乎總無終了之日。無論如何，我想將來會有時間從事這些旅行，或者其中一些。再過幾年孩子大了，可以和我一起去旅行。

和我開始旅行時相比，今日道路地圖集記錄的不列顛群島似乎更加失眞，許多方面都不見於地圖。地圖上看不見昔日畜商趕集所走淺白古道的線路串起英格蘭岩石較軟的各郡，也看不見西南荒原那黃褐色的輪廓。地圖無法記錄沃什灣泥漿運動，也不留意質地、氣味和聲音，如橡樹花粉和柳蘭種子如何飄蕩風中、山脈各自投下的陰影、奔寧山脈峭壁底部巨礫的躺臥角度。地圖忽略達特茅斯霧氣濃重且流動快速，就像牛奶，也忽略蘭諾赫黑色泥炭之流動不定，行人腳印在數小時內便告消解。暗峰森林裡蒼鷹選擇的棲息地，或者劍橋郡雀鷹的狩獵路徑，地圖都視而不見。

我把石頭移來移去，回想這些曲折的旅程：先向西向北長途跋涉，然後向南折返，最後到達艾塞克斯，那不可能有荒野的艾塞克斯。我對那變化印象極深：從冬季蘇格蘭的白、灰、藍，到布倫的白鑞色與奶油色，再到夏季英格蘭的綠與金。我也有觸覺記憶，從堅硬的岩石到柔軟的泥土，從冰到草和沙。但我印象最深的是焦點的變化：從半島、沼澤和山巔的長視野，到樹籬溝渠、海水池和野兔穴的特寫世界。

我轉向南方時，對野性的理解也產生變化，或者說，是擴大了理解範圍。早先我以為荒野是偏遠、沒歷史、無標記的地方，現在看來並非如此。

這倒不是說，霍普山或蘭諾赫荒原這些最後的荒野堡壘沒有價值。不，這些地方原始嚴酷，根本性強烈，仍舊激起人無限敬畏。但我學會看見我曾經視而不見的野性，那是自然生命的野性，生命持續存在的力量本身，活躍而混亂。這種野性非關粗暴，卻是繁茂、活力與樂趣。野草鑽出人行道裂縫，樹根恣意破開柏油路面，這些就像風暴與雪花，都是野性的徵象。城市邊緣林地一如霍普山巔，可以讓人學到很多東西。這一點是羅傑教我的，我女兒百合甚至無需人教。多數人長大後就忘了這些。

還有一個變化，那就是時間結構的轉變。我開始覺得野性是一種向未來閃爍的性質，同時也迴盪於過去。當代對荒野構成多重且嚴重的威脅，但這威脅只是一時。荒野先於我們，也會比我們更長久。只要時間夠長，人類文化遲早會消逝。常春藤會悄悄爬回，拆卸公寓和露台，就像今日在羅馬村落蔓延開來。沙將流入商業園區，一如流入鐵器時代圓型石塔。道路將會陷入土地。詩人兼護林員斯奈德（Gary Snyder）寫道：「幽靈般的野性在整個星球盤旋，數百萬細小的植物種子……藏在北極燕鷗腳下的泥濘中，藏在乾燥的沙漠裡，藏在風裡……隨時都能飄去，或被冷凍或被吞嚥，始終維持生命之胚。」

• • • • •

旅程之間，我花愈來愈多時間探索我家一兩公里內的田地和小樹林。我曾如此熱衷於離開這些樹籬、田野和小樹林，離家前往遙遠的西部和北部。現在它們在我眼中漸漸變得不同，充滿我以前不曾察覺或理解的野性。這片土地開始出現奇事。有一次，我走上一條樹籬高聳的小路，驚起一群白鴿，彷彿被棕色田野釋放，振翅飛向天空。春天某日我造訪九泉林，發現歐洲衛矛的葉子和細枝上掛著無數白色薄紗，禱詞般在風中慵懶飄蕩。那是成千上萬白色細蛾的育嬰室，每隻蛹織出一根絲線。有的絲線拖曳近兩公尺長，在林間四下交織，沿著狹窄小徑前行時，不可能不被鉤纏，等我抵達樹林盡頭，果然全身已有部分被纏裹。八月一個悶熱的傍晚，空氣潮濕凝滯，我跑到山毛櫸林，穿過長滿旋花的樹籬，喇叭形的雪白花朵正逆時針旋轉。那天晚上，一切似乎都因酷熱慢下腳步。我起了一種錯覺，彷彿空氣變得黏稠如水。我在瞭望台上看到一隻烏鴉從樹枝飛起，像海中的鬼蝠魟般慵懶振翅離開。

初秋時分，我和海倫、百合和另一個朋友一起走到九泉林和山毛櫸林之間的樹籬。我們提著籃子採摘黑莓、櫻桃李和黑刺李。百合在黑莓灌叢中小心探看。在一棵倒下的老白蠟樹幹旁，我折斷乾樹皮，給她看樹皮下大量聚集的昆蟲。

我們在樹籬小路最深處的入口附近停下，探望兩年前羅傑和我發現的黑核桃樹，當時還只是一株不請自來的小苗，古怪且獨立，儘管拖拉機由此經過，殺蟲劑不時漂來，還是倖存下來，蓬勃生長，幾年內就會開花結果。

• • • • •

一天下午，見過雪兔後一週，起風了，於是我去山毛櫸林。我步行前去，沿街走到城市邊緣，然後走上田野邊緣小徑。樹籬因赭色榛樹和金色樺樹而變得明亮。路邊草叢還有這季節最後幾株藍盆花搖曳。一株牛歐芹迷失在自己的夏日之夢，兀自莫名開花。幾隻林鴿像紙飛機般俯衝，轉了幾道僵硬的彎，雙翅向上傾斜。

從我所在的山腳下可以聽見風吹過樹木的聲音，愈是靠近，響聲愈大，有如海濤。我抬頭看樹林搖曳，想起曾經讀過的一句話：看到樹林時，要把地面想像成鏡線，因為樹的地下根系廣泛，一如空中樹冠。看到樹冠時，要想像還有一株顛倒的樹隱身地下，渴望水正如地面孿生樹渴望光。

那天從外面觀看，樹林很單調。一走進去卻發現我置身一個燈箱，陽光流淌葉隙，將金、銀、紅銅色光芒灑向空氣。這效果大是出人意料，也違反直覺，我甚至走出樹林又再進去。和剛才一樣。外面是棕色，裡面全是炫目色彩！我繼續向前，穿過萬花筒般的樹林。

若氣候持續變暖，山毛櫸會成爲英格蘭南部最先死去的樹種之一。山毛櫸木的研究表明，高大的老山毛櫸樹比以往更早開始失去活力，生長五十年的山毛櫸衰退的程度，通常出現在三倍年齡的樹木。但山毛櫸和榆樹不同，不會消失，只會遷移，會循著等溫線尋找較涼爽的土地，就像更新世後的雪兔。山毛櫸會在新近變暖的北部找到新棲地。那是物種流離，不是物種死亡，但損失依舊巨大，且可能發生在我有生之年——我可能會看著這株山毛櫸樹死去。

我在狹長山頂的附近找到我的樹。我爬過樹身那些熟悉標記：彎曲的樹枝，H刻字、象皮般的樹皮、分岔出的樹枝，一直爬到瞭望台。我坐在分叉枝上，眺望這片土地。

我想著追隨野兔，跑出去，繞一圈，又重回起點，化弧爲圓。

我站在瞭望台上，試圖想像風對不列顛和愛爾蘭的影響。我想，在東方，在諾福克郡和薩福克郡的海岸，風會推動大海翻騰傾瀉。我想，在北方，風會驅趕峰區所有雪兔尋找掩蔽，將坎布里亞山谷所有瀑布攪成飛沫，吹動史塔斯納佛河口之沙。我想，風到西部會颳過川南山和派翠克山，颳過羅斯陸附近我睡過的金色島嶼，然後一路向下，直探恩施利島剪水鸌巢穴。我想，風到南方會攪動多塞特河谷平靜空氣，撲打艾塞克斯泥灘眾鳥。

我想像風吹過這些地方，還有其他相似土地。那些地方被道路、房屋、柵欄、購物中心、路燈和城市隔開，但當時風中野性使它們跨越空間，連爲一體。我想，我們大多已支離破碎，但荒野仍能讓我們返回自我。

然後我回望眼前風景。公路、鐵路、焚化爐高塔，還有林地——梅格丘林、九泉林、苦艾林。樹林在大地蔓延開來，全都在沸騰。

荒野在這裡，在我所居城鎮南方不遠，被道路與建築包圍，大部分受到威脅，有些正在死去，但就在那一刻，野性光芒似乎響徹大地。

Bradley, Richard, *An Archaeology of Natural Places* (London, 2000)
Harrison, Robert Pogue, *The Dominion of the Dead* (Chicago, 2003)
Household, Geoffrey, *Rogue Male* (London, 1939)
Langewiesche, William, *Sahara Unveiled* (New York, 1996)
McNeillie, Andrew, *An Aran Keening* (Dublin, 2001)
Meloy, Ellen, *The Anthropology of Turquoise* (New York, 2002)
Murray, W. H., *Mountaineering in Scotland* (London, 1947)
——, *Undiscovered Scotland* (London, 1951)
Perrin, Jim, *On and off the Rocks* (London, 1986)
——, *Yes, to Dance* (Oxford, 1990)
Robinson, Tim, *Stones of Aran: Pilgrimage* (Dublin, 1986)
——, *Mementoes of Mortality* (Roundstone, 1991)
——, *Stones of Aran: Labyrinth* (Dublin, 1995)
Shepherd, Nan, *The Living Mountain* (Aberdeen, 1977)
Thomson, David, and George Ewart Evans, *The Leaping Hare* (London, 1972)
Tilley, Christopher, *A Phenomenology of Landscape: Places, Paths, Monuments* (Oxford, 1994)
Worpole, Ken, *Last Landscapes* (London, 2003)

關於樹木

Agee, James, *Let Us Now Praise Famous Men* (New York, 1941)
Calvino, Italo, *Il Barone Rampante* [*The Baron in the Trees*], trans. Archibald Colquhoun (London, 1959)
Deakin, Roger, *Wildwood* (London, 2007)
Fowler, John, *The Scottish Forest Through the Ages* (Edinburgh, 2003)
Gurney, Ivor, *Collected Poems*, ed. P. J. Kavanagh (Oxford, 1984)
Harrison, Robert Pogue, *Forests: The*

精選閱讀

關於水

Bachelard, Gaston, *L'eau et les rêves: essai sur l'imagination de la matière* (Paris, 1947)
Carson, Rachel, *The Sea Around Us* (New York, 1950)
Carver, Raymond, *Where Water Comes Together with Other Water* (New York, 1985)
——, *A New Path to the Waterfall* (New York, 1989)
Coleridge, Samuel Taylor, *Collected Letters*, ed. E. L. Griggs (Oxford, 1956–71)
——, *Notebooks: 1794–1808*, ed. K. Coburn (London, 1957–61)
Cornish, Vaughan, *Waves of the Sea and Other Water Waves* (London, 1910)
——, *Waves of Sand and Snow* (London, 1914)
——, *Ocean Waves and Kindred Geophysical Phenomena* (Cambridge, 1934)
Deakin, Roger, *Waterlog* (London, 1999)
Maclean, Norman, *A River Runs Through It and Other Stories* (Chicago, 1976)
Maxwell, Gavin, *The Ring of Bright Water Trilogy* (London, 1960–68)
Raban, Jonathan, *Coasting* (London, 1986)
Simms, Colin, *Otters and Martens* (Exeter, 2004)
Thomson, David, *The People of the Sea* (London, 1954)
Williamson, Henry, *Tarka the Otter* (New York, 1927)

關於岩石

Ascherson, Neal, *Stone Voices* (London, 2002)
Bagnold, Ralph, *The Physics of Blown Sand and Desert Dunes* (London, 1941)

Colegate, Isobel, *A Pelican in the Wilderness* (London, 2002)
Dillard, Annie, *Pilgrim at Tinker Creek* (New York, 1975)
Hinton, David, trans., *Mountain Home: The Wilderness Poetry of Ancient China* (New York, 2002)
Hughes, Ted, *Wodwo* (London, 1967)
Mabey, Richard, *The Unofficial Countryside* (London, 1973)
——, *Nature Cure* (London, 2005)
Muir, John, *The Eight Wilderness Discovery Books* (California, 1894–1916)
Nash, Roderick, *Wilderness and the American Mind* (New York, 1967)
Rolls, Eric, *A Million Wild Acres* (Melbourne, 1981)
Snyder, Gary, *The Practice of the Wild* (San Francisco, 1990)
Stegner, Wallace, *The Sound of Mountain Water* (New York, 1969)
Thoreau, Henry David, *Walden* (New York, 1854)
White, T. H., *The Once and Future King* (London, 1958)

關於地圖

Borodale, Sean, *Notes for an Atlas* (Isinglass, 2005)
Brody, Hugh, *Maps and Dreams* (Toronto, 1981)
Clifford, Sue, and Angela King, *Local Distinctiveness: Place, Particularity and Identity* (London, 1993)
Davidson, Peter, *The Idea of North* (London, 2005)
Dean, Tacita, *Recent Films and Other Works* (London, 2001)
Harmon, Katharine, *You Are Here: Personal Geographies and Other Maps of the Imagination* (New York, 2004)
Least-Heat Moon, William, *PrairyErth: A Deep Map* (Boston, 1991)
Lopez, Barry, *Arctic Dreams* (New York, *Shadow of Civilisation* (Chicago, 1992)
McNeill, Marian, *The Silver Bough* (Glasgow, 1957–68)
Nash, David, *Pyramids Rise, Spheres Turn and Cubes Stand Still* (London, 2005)
Platt, Rutherford H., *The Great American Forest* (New Jersey, 1977)
Preston, Richard, 'Climbing the Redwoods', *The New Yorker*, 14 and 21 February 2005
Rackham, Oliver, *Trees & Woodland in the British Landscape* (London, 1976, rev. 1990)
——, *Hayley Wood: Its History and Ecology* (Cambridge, 1990)
——, *Woodlands* (London, 2006)
Wilkinson, Gerald, *Epitaph for the Elm* (London, 1978)

關於空氣

Bachelard, Gaston, *L'air et les songes* (Paris, 1951)
——, *La poétique de l'espace* [*The Poetics of Space*], trans. Maria Jolas (Paris, 1958)
Baker, J. A., *The Peregrine* (London, 1967)
Drury, Chris, *Silent Spaces* (Thames & Hudson, 1998)
Ehrlich, Gretel, *The Solace of Open Spaces* (New York, 1985)
Heinrich, Bernd, *Ravens in Winter* (London, 1991)
Macdonald, Helen, *Falcon* (London, 2006)
Saint-Exupéry, Antoine de, *Vol de Nuit* (Paris, 1931)
——, *Terre des Hommes* [*Wind, Sand and Stars*], trans. William Rees (Paris, 1939)
——, *Pilote de Guerre* [*Flight to Arras*], trans. Lewis Galantière (Paris, 1942)
Simms, Colin, *Goshawk Lives* (London, 1995)

關於荒野

Callicott, J. Baird, and Michael Nelson, eds., *The Great New Wilderness Debate* (Atlanta, 1998)

關於動作

Ammons, A. R., 'Cascadilla Falls ', *The Selected Poems* (New York, 1986)
Coleridge, Samuel Taylor, *Coleridge among the Lakes & Mountains: from his Notebooks, Letters and Poems 1794–1804*, ed. Roger Hudson (London, 1991)
Fulton, Hamish, *Selected Walks: 1969–1989* (London, 1990)
Goldsworthy, Andy, *Passage* (London, 2004)
Graham, Stephen, *The Gentle Art of Tramping* (London, 1926)
Heaney, Seamus, and Rachel Giese, *Sweeney's Flight* (London, 1992)
Holmes, Richard, *Coleridge: Early Visions* (London, 1989)
Lopez, Barry, *Crossing Open Ground* (New York, 1988)
——, *About This Life* (New York, 1998)
McCarthy, Cormac, *Blood Meridian* (New York, 1985)
Sebald, W. G., *Die Ringe des Saturn* [*The Rings of Saturn*], trans. Michael Hulse (Frankfurt, 1995)
Sinclair, Iain, *London Orbital* (London, 2000)
——, *The Edge of the Orison* (London, 2005)
Thomas, Edward, *Wales* (London, 1905)
Thoreau, Henry David, 'Walking' (Boston, 1862)
Twain, Mark, *The Adventures of Huckleberry Finn* (New York, 1884)
Worpole, Ken, and Jason Orton, *350 Miles* (Colchester, 2006) 1986)
Macleod, Finlay, ed., *Togail Tír* [*Marking Time: The Map of the Western Isles*] (Stornoway, 1989)
Nelson, Richard, *Make Prayers to the Raven* (Chicago, 1983)
Perrin, Jim, and John Beatty, *River Map* (Llandysul, 2001)
Solnit, Rebecca, *A Field Guide to Getting Lost* (New York, 2005)
Turchi, Peter, *Maps of the Imagination* (San Antonio, 2004)

關於土地

Blythe, Ronald, *Akenfield* (London, 1969)
Craig, David, and David Paterson, *The Glens of Silence: Landscapes of the Highland Clearances* (Edinburgh, 2004)
Fowles, John, *Wormholes* (London, 1998)
Godwin, Fay, *Land* (London, 1985)
——, *Our Forbidden Land* (London, 1990)
——, *The Edge of the Land* (London, 1995)
Goldsworthy, Andy, *Hand to Earth* (London, 1990)
Hunter, James, *A Dance Called America* (Edinburgh, 1994)
——, *The Other Side of Sorrow* (Edinburgh, 1995)
King, Angela, and Sue Clifford, *England in Particular* (London, 2006)
Mabey, Richard, *The Common Ground* (London, 1980)
——, with Sue Clifford and Angela King, *Second Nature* (London, 1984)
Mellor, Leo, *Things Settle* (Norwich, 2003)
Perrin, Jim, *Spirits of Place* (Llandysul, 1997)
Pretty, Jules, *The Earth Only Endures* (London, 2007)
Rowley, Trevor, *The English Landscape in the Twentieth Century* (London, 2006)
Shoard, Marion, *This Land is Our Land* (London, 1987)
Taylor, Kenneth, and David Woodfall, *Natural Heartlands* (Shrewsbury, 1996)

謝辭

我首先要感謝以下所有人：我太太Julia、我孩子百合及Tom、我父母Rosamund和John，還有John及Jan Beatty、Peter Davidson、Roger Deakin、Walter Donohue、Michael England、Henry Hitchings、Sara Holloway、Julith Jedamus、Richard Mabey、Helen Macdonald、Garry Martin、Leo Mellor、Jim Perrin、John Stubbs及Jessica Woollard。本書能成形，上述人士都至關重要，希望我已一一向每位傳達深切感激。

基於不同原因，我也要向以下人士致謝，包括：Stephen Abell、Lisa Allardice、Richard Baggaley、Dick Balharry、Robin Beatty、Martyn Berry、Terence Blacker、Sean Borodale、Aly Bowkett、Sue Brooks、Christopher Burlinson、Ben Butler-Cole、Alan Byford、Jamie Byng、Michael Bywater、David Cobham、Stephanie Cross、Santanu Das、Tom Dawson、Rufus Deakin、Tim Dee、Guy Dennis、Ron Digby、Ed Douglas、Robert Douglas-Fairhurst、Lindsay Duguid、Samantha Ellis、Emmanuel College、Howard Erskine-Hill、Angus Farquhar、William Fiennes、Dan Frank、Edwin Frank、Charlie及Sinéad Garrigan Mattar、Iain Gilchrist、Dinny Gollop、Mark Goodwin、Jay Griffiths、Mike Gross、John Harvey、Alison Hastie、Kitty Hauser、Jonathan Heawood、Caspar Henderson、Jonathan Hird、Mike及Carol Hodges、Andrew Holgate、Jeremy Hooker、Michael Hrebeniak、James Hunter、Michael Hurley、Mary Jacobus、Joanna Kavenna、Peter Kemp、Steve King、Ann Lackie、Bill及Thelma Lovell、Madeleine Lovell、James及Claudia Macfarlane、John MacLennan、Finlay MacLeod、Annalena McAfee、Christina McLeish、Andrew McNeillie、Rod Mengham、Ann Morgan、Jeremy Noel-Tod、Ralph O'Connor、Redmond O'Hanlon、Jason Orton、Jeremy Over、David Parker、Ian Patterson、Donald及Lucy Peck、Sir Edward及Alison Peck、Jules Pretty、Guy Procter、Simon Prosser、Jeremy Purseglove、David Quentin、Satish Raghavan、Nicholas Rankin、Gary Rowland、Corinna Russell、Susanna Rustin、Ray Ryan、Jan 及 Chris Schramm、Nick Seddon、Tom Service、Rachel Simhon、Chris Smith、Rebecca Solnit、Barnaby Spurrier、Kenneth Steven、Peter Straus、Kenneth Taylor、Margot Waddell、Marina Warner、Simon Williams、Ross及Lesley Wilson、Mark Wormald及Ken Worpole。

我非常感謝 Granta 出版社以下人員在本書寫作和出版過程中表現出的專業知識、關懷和耐心：Sajidah Ahmad、Louise Campbell、David Graham、Ian Jack、Gail Lynch、Brigid Macleod、Pru Rowlandson、Bella Shand、Matt Weiland、Lindsay Paterson、Sarah Wasley。

某些書籍、作家和藝術家也影響、激發了我。其中最重要的書籍，我列在精選閱讀中。然而，最大的影響力是地點本身。我盡可能根據語言所涉及的地景形式，來讓語言變得更濃重、精純，或型態化。

地圖是由海倫繪製，〈谷地〉、〈森林〉、〈河口〉、〈岬角〉、〈山巔〉、〈葬墓〉、〈山脊〉、〈鹽沼〉、〈岩丘〉的章首照片，及〈岩丘〉的章末照片，權利人均爲John Beatty。〈櫸林〉、〈沒徑〉、〈風暴海灘〉的章首照片，權利人均爲Rosamund Macfarlane。〈風暴海灘〉的章首照片，權利人爲John Macfarlane。我很感謝以上四人授權我在本書使用他們的傑出作品。

野性之境

The Wild Places

作　　者｜羅伯特・麥克法倫 Robert Macfarlane
譯　　者｜Nakao Eki Pacidal
校　　對｜魏秋綢
責任編輯｜賴淑玲
視覺設計｜格式 InFormat Design Curating
內文排版｜謝青秀
行銷企畫｜陳詩韻
總 編 輯｜賴淑玲
出　　版｜大家出版／遠足文化事業股份有限公司
發　　行｜遠足文化事業股份有限公司（讀書共和國出版集團）
231 新北市新店區民權路 108-2 號 9 樓
電　　話｜(02)2218-1417
傳　　真｜(02)8667-1065
劃撥帳號｜19504465　戶名・遠足文化事業股份有限公司
法律顧問｜華洋國際專利商標事務所　蘇文生律師
定　　價｜400 元
初版一刷｜2024 年 2 月

ISBN 978-626-7283-56-1
ISBN 9786267283585 (PDF)
ISBN 9786267283578 (EPUB)

國家圖書館出版品預行編目 (CIP) 資料

野性之境 / 羅伯特・麥克法倫 (Robert Macfarlane) 作 ; Nakao Eki Pacidal 譯 . -- 初版 . --
新北市 : 大家出版 : 遠足文化事業股份有限公司發行 , 2024.02
面 ;　公分
譯自 : The wild places.

ISBN 978-626-7283-56-1 (平裝)

1. CST: 麥克法倫 (Macfarlane, Robert, 1976-) 2. CST: 遊記 3. CST: 英國 4. CST: 愛爾蘭
741.89　113000007